南秀全初等数学系列

[x] 与 {x}

南秀全　编著

◎ 函数[x]与函数{x}的定义
◎ 解[x]或{x}问题的常用方法与技巧
◎ [x]在初等数论中的应用
◎ 容斥原理及其应用
◎ 格点问题
◎ 整边三角形问题

哈尔滨工业大学出版社

内容简介

本书从国内外各级数学竞赛试题中,选择比较典型的与 $[x]$ 或 $\{x\}$ 有关的数百个问题,通过对这些问题分析和探讨,总结出解 $[x]$ 或 $\{x\}$ 问题的若干方法与技巧,并通过实例的剖析,一一介绍给读者.

本书适合中学师生及数学爱好者参考阅读.

图书在版编目(CIP)数据

$[x]$ 与 $\{x\}$ /南秀全编著. -- 哈尔滨:哈尔滨工业大学出版社,2015.4
ISBN 978 - 7 - 5603 - 5259 - 6

Ⅰ.①x… Ⅱ.①南… Ⅲ.①中学数学课 - 教学参考资料 Ⅳ.①G634.603

中国版本图书馆 CIP 数据核字(2015)第 052307 号

策划编辑　刘培杰　张永芹
责任编辑　张永芹　杨万鑫　杜莹雪
封面设计　孙茵艾
出版发行　哈尔滨工业大学出版社
社　　址　哈尔滨市南岗区复华四道街 10 号　邮编 150006
传　　真　0451 - 86414749
网　　址　http://hitpress.hit.edu.cn
印　　刷　哈尔滨市石桥印务有限公司
开　　本　787mm×960mm　1/16　印张 24　字数 250 千字
版　　次　2015 年 4 月第 1 版　2015 年 4 月第 1 次印刷
书　　号　ISBN 978 - 7 - 5603 - 5259 - 6
定　　价　48.00 元

(如因印装质量问题影响阅读,我社负责调换)

前　言

函数$[x]$是表示不超过x的最大整数,函数$\{x\}$是表示x的小数部分,即对任意一个实数x,有$x=[x]+\{x\}$. 在近年来,有关$[x]$与$\{x\}$的问题越来越受到各级数学竞赛命题者的青睐,无论是初中数学竞赛还是高中数学竞赛,乃至国际数学奥林匹克(IMO)中,经常可以见到这类试题. 鉴于这两个函数的重要性,在这本书里,我们从国内外各级数学竞赛试题中,选择了比较典型的与$[x]$或$\{x\}$有关的数百个问题,通过对这些问题的分析和探讨,总结出了解含$[x]$或$\{x\}$问题的若干方法与技巧,并通过实例的剖析,一一介绍给读者. 例、习题的选择,力争做到齐、全、新、解法构思奇巧等特点,当你阅读时不禁会觉到妙趣横生,拍手叫绝. 对部分例题,我们还给出了多种解法. 同时,通过对一些题目的推广、引申,得到了许多重要的结论,这也是我们今后解题的重要工具. 在本书中,我们还指出了部分试题的来源与背景以及这些试题与某些著名定理的联系.例如,在第9章里,除说明了解含$[x]$的数列问题的方法外,还介绍了周期数列、互补数列、互逆数列的定义及其性质与著名的瑞雷定理及其应用.

鉴于$[x]$与$\{x\}$问题的解法特点,本书中所列习题大都给出了较为详尽的解答,附于书后,以便读者在解答这些问题时参考.在本书的编写过程中,得到了黄振国、何艳庭、吕中浩、毕俊、南山等同志的指导,并参阅了大量的有关书籍和杂志,在此一并对这些书的作者表示感谢!

限于水平,本书虽经多年酝酿,又数度易稿,但仍存在不少缺点和错误,竭诚欢迎广大师生和热心读者提出批评和建议.

作者

目 录

第1章 函数$[x]$与函数$\{x\}$的定义 //1

第2章 $[x]$与$\{x\}$的基本性质 //5

第3章 解$[x]$或$\{x\}$问题的常用方法与技巧 //11

§1 充分利用$[x]$或$\{x\}$的定义与性质 //11

§2 图像法 //14

§3 转化为不等式(组)法 //17

§4 转化为方程求解法 //21

§5 利用共轭因式求解 //28

§6 分区间讨论法 //29

§7 利用夹值法 //37

§8 其他方法 //41

第4章 含$[x]$或$\{x\}$问题的化简、求值问题 //44

练习一 //61

第5章 含$[x]$或$\{x\}$的方程 //64

练习二 //82

第6章　含$[x]$与$\{x\}$的不等式　//85

 练习三　//94

第7章　含$[x]$或$\{x\}$的恒等式　//96

 练习四　//113

第8章　含$[x]$或$\{x\}$的函数　//116

 练习五　//135

第9章　含$[x]$或$\{x\}$的数列　//137

 练习六　//182

第10章　$[x]$在初等数论中的应用　//185

 练习七　//199

第11章　$[x]$在组合数与二项式中的应用　//202

 练习八　//224

第12章　容斥原理及其应用　//226

 练习九　//245

第13章　格点问题　//246

 练习十　//264

第14章　整边三角形问题　//265

 练习十一　//280

第15章　其他问题　//281

附录　练习题解答或提示　//303

编辑手记　//348

函数$[x]$与函数$\{x\}$的定义

对于任意实数 x,我们经常研究它的整数部分和小数部分,为了运算的方便,分别给它们规定了一个简单的记号.

定义 对任意实数 x,函数 $[x]$ 表示不超 x 的最大整数,$[x]$ 称为 x 的整数部分,也有人把 $y=[x]$ 叫作高斯函数. 这大概是因为由德国著名数学家高斯(Gauss, 1777—1855)首先采用这个记号,人们为了纪念他的原因吧.

函数 $\{x\}=x-[x]$,$\{x\}$ 称为 x 的小数部分.

例如,$[4.56]=4$,$[\sqrt{5}]=2$,$[0.42]=0$,$[\frac{1}{\sqrt{2}}]=0$,$[-24.3]=[-25+0.7]=-25,\cdots$.

$\{4.56\}=0.56$,$\{\sqrt{3}\}=0.73\cdots$,$\{-24.3\}=\{-25+0.7\}=0.7$,$\{-\frac{1}{5}\}=\{-1+\frac{4}{5}\}=\frac{4}{5},\cdots$.

第 1 章

[x]与{x}

要注意，{x}是0或是一个正的纯小数，决不能是负数.

由于[x]始终是整数，它在数论中有着广泛的应用，所以$y=[x]$又称为取整函数或数论函数.

由[x]与{x}的定义可知：

$y=[x]$的定义域为实数集 **R**，值域为整数集 **Z**；$y=\{x\}$的定义域为实数集 **R**，值域为$[0,1)$.

在平面直角坐标系中，函数$y=[x]$的图像是长度为1个单位且平行于 x 轴的线段(有左端点而无右端点)，如图1.1所示，呈阶梯形.

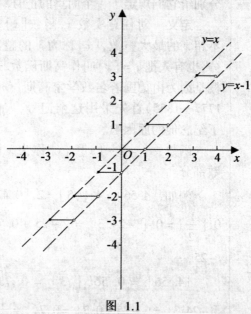

图 1.1

函数$y=\{x\}$的图像是夹在两条平行直线$y=0$与$y=1$之间的无穷多条平行线段(有下端点而无上端点)，如图1.2所示.

第1章 函数[x]与函数{x}的定义

函数[x]与{x},也有人用解析式来表示.

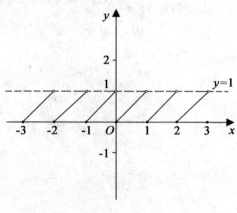

图 1.2

当 $n\pi < x < (n+1)\pi$ 时,$0 < x - n\pi < \pi$,且 $[\dfrac{x}{\pi}] = n$,$n \in \mathbf{Z}$. 于是

$$\mathrm{arccot}(\cot x) = \mathrm{arccot}[\cot(x - n\pi)] = x - n\pi = x - [\dfrac{x}{\pi}]\pi$$

令 $t = \dfrac{x}{t}$,$t \notin \mathbf{Z}$,则

$$\mathrm{arccot}(\cot \pi t) = \pi t - [t]\pi$$

或

$$[t] = t - \dfrac{1}{\pi}\mathrm{arccot}(\cot \pi t)$$

于是得

$$[x] = \begin{cases} x - \dfrac{1}{\pi}\mathrm{arccot}(\cot \pi x), & x \notin \mathbf{Z} \\ x, & x \in \mathbf{Z} \end{cases}$$

$[x]$ 与 $\{x\}$

$$\{x\} = x - [x] = \begin{cases} \dfrac{1}{\pi}\operatorname{arccot}(\cot \pi x,) & x \notin \mathbf{Z} \\ 0, & x \in \mathbf{Z} \end{cases}$$

$[x]$ 与 $\{x\}$ 的基本性质

第 2 章

下面介绍函数 $[x]$ 与函数 $\{x\}$ 的几个基本性质.

由 $[x]$ 与 $\{x\}$ 的定义,易得:

性质 1 对任意实数 x,有
$$x = [x] + \{x\}$$

性质 2 当 $0 \leqslant x < 1$ 时,则:

(1) $[x] = 0$;

(2) $\{x\} = x$.

性质 3 对任意实数 x,有
$$x - 1 < [x] \leqslant x < [x] + 1$$

性质 4 $y = [x]$ 是不减函数,即当 $x \leqslant y$ 时,必有 $[x] \leqslant [y]$.

这个性质很容易从图像上看出,现证明如下:

由定义知,$[x] \leqslant x$,但 $x \leqslant y$,所以 $[x] \leqslant y$,这说明 $[x]$ 是不超过 y 的整数. 又由定义知 $[y]$ 是不超过 y 的最大整数, 故 $[x] \leqslant [y]$.

性质 5 对任意整数 n 和实数 x,有:

(1) $[n + x] = n + [x]$;

(2) $\{n+x\} = \{x\}$.

证明 因为
$$[n+x] = [n+[x]+\{x\}] \qquad ①$$
又因为 n 是整数,$[x]$ 是整数,$0 \leqslant \{x\} < 1$,所以
$$[n+[x]+\{x\}] = [n+[x]] = n+[x] \qquad ②$$
由①和②可得
$$[n+x] = n+[x]$$

性质6 若 x 为整数,则 $[-x] = -[x]$,$\{-x\} = 0$;若 x 不是整数,则 $[-x] = -[x]-1$,$\{x\}+\{-x\} = 1$.

证明 若 x 为整数,$[-x] = -[x]$,$\{-x\} = 0$ 显然成立.

若 x 不是整数,设 $x = [x]+\{x\}$,则
$$[-x] = [-[x]-\{x\}] =$$
$$-[x]+[-\{x\}] = -[x]-1$$
$$\{x\} = \{[x]+\{x\}\} = \{\{x\}\} = \{x\}$$
$$\{-x\} = \{-[x]-\{x\}\} =$$
$$\{-([x]+1)+(1-\{x\})\} =$$
$$\{1-\{x\}\} = 1-\{x\}$$
所以 $\{x\}+\{-x\} = 1$.

性质7 对任意实数 x,y,有:

(1) $[x]+[y] \leqslant [x+y]$;

(2) $\{x\}+\{y\} \geqslant \{x+y\}$.

证明 (1) 因为 $x = [x]+\{x\}$,$y = [y]+\{y\}$,所以
$$x+y = [x]+[y]+\{x\}+\{y\}$$
$$[x+y] = [[x]+[y]+\{x\}+\{y\}] =$$
$$[x]+[y]+[\{x\}+\{y\}]$$
因为 $\qquad [\{x\}+\{y\}] \geqslant 0$

所以 $\qquad [x]+[y] \leqslant [x+y]$

第 2 章 $[x]$ 与 $\{x\}$ 的基本性质

(2)因为 $x=[x]+\{x\}, y=[y]+\{y\}$,所以
$$x+y=[x]+[y]+\{x\}+\{y\}$$
又因为
$$x+y=[x+y]+\{x+y\}$$
所以
$$[x+y]+\{x+y\}=[x]+[y]+\{x\}+\{y\}$$
由(1)知 $[x+y]\geqslant[x]+[y]$,所以
$$\{x+y\}\leqslant\{x\}+\{y\}$$
这个性质可以推广到任意有限多个实数的情形.

推论 若 $x_i\in\mathbf{R}(i=1,2,\cdots,n)$,则:
(1) $[x_1]+[x_2]+\cdots+[x_n]\leqslant[x_1+x_2+\cdots+x_n]$;
(2) $\{x_1\}+\{x_2\}+\cdots+\{x_n\}\geqslant\{x_1+x_2+\cdots+x_n\}$.

性质 8 对任意正整数 n 和实数 x,有
$$\left[\frac{x}{n}\right]=\left[\frac{[x]}{n}\right]$$

证明 设 $\frac{x}{n}=[\frac{x}{n}]+r, 0\leqslant r<1$,所以
$$x=n[\frac{x}{n}]+nr$$
由性质 5
$$[x]=[n[\frac{x}{n}]+nr]=n[\frac{x}{n}]+[nr]$$
即
$$\frac{[x]}{n}=[\frac{x}{n}]+\frac{[nr]}{n}$$
所以
$$\left[\frac{[x]}{n}\right]=[\frac{x}{n}]+[\frac{[nr]}{n}]$$
又因为 $0\leqslant r<1$,所以

[x]与{x}

$$0 \leqslant \frac{[nr]}{n} < 1$$

所以
$$\left[\frac{[nr]}{n}\right] = 0$$

所以
$$\left[\frac{x}{n}\right] = \left[\frac{[x]}{n}\right]$$

性质 9 若 $x \geqslant 0, y \geqslant 0$,则 $[x][y] \leqslant [xy]$.

证明 因为 $x \geqslant 0, y \geqslant 0$,所以
$$0 \leqslant [x] \leqslant x, 0 \leqslant [y] \leqslant y$$
所以 $[x][y] \leqslant xy$,故 $[x][y] \leqslant [xy]$.

性质 10 若 n 为正整数,则:
(1) $[nx] \geqslant n[x]$;
(2) $\{nx\} \leqslant n\{x\}$.

证明 设 $x = [x] + \{x\}$,则
$$[nx] = [n[x] + n\{x\}] = n[x] + [n\{x\}]$$
$$n[x] = n[[x] + \{x\}] = n[x] + n[\{x\}]$$
因为
$$1 > \{x\} \geqslant 0, [n\{x\}] \geqslant 0$$
所以
$$n[\{x\}] = 0, [n\{x\}] \geqslant 0$$
所以
$$[n\{x\}] \geqslant n[\{x\}]$$
当且仅当 x 为整数时,等号成立.

推论 若 n 为正整数,则 $\left[\frac{na}{b}\right] \geqslant n\left[\frac{a}{b}\right]$.

性质 11 设 x, y 都是实数,且 $[x] = [y]$,则
$$|x - y| < 1$$

8

第2章 $[x]$与$\{x\}$的基本性质

证明 不妨设 $x \leq y$,则
$$[x] + \{x\} \leq [y] + \{y\}$$
因为$[x] = [y]$,所以$0 \leq \{x\} \leq \{y\} < 1$. 所以
$$|x - y| = |\{x\} - \{y\}| = |\{y\} - \{x\}| < 1$$

性质 12 若a, b是两个整数,且$b > 0$,则
$$a = b\left[\frac{a}{b}\right] + b\left\{\frac{a}{b}\right\} \left(0 \leq b\left\{\frac{a}{b}\right\} < b\right)$$

证明 根据整除的基本定理,存在两个整数 q, r,使得
$$a = bq + r \, (0 \leq r < b)$$
则
$$\frac{a}{b} = q + \frac{r}{b} \left(0 \leq \frac{r}{b} < 1\right)$$
显然 $\left[\frac{a}{b}\right] = q, \left\{\frac{a}{b}\right\} = \frac{r}{b}$,所以
$$\frac{a}{b} = \left[\frac{a}{b}\right] + \left\{\frac{a}{b}\right\}$$
$$a = b\left[\frac{a}{b}\right] + b\left\{\frac{a}{b}\right\} \left(0 \leq b\left\{\frac{a}{b}\right\} < b\right)$$

通过性质12的证明,我们不难看出,带余除法也可以利用$[x]$来表示,即对任意整数$a, b (b \neq 0)$,存在两个整数q, r,使得
$$a = qb + r \, (0 \leq r < |b|)$$
并且q, r是唯一的.

这里$q = \left[\frac{a}{|b|}\right]$,上式可写为
$$a = \left[\frac{a}{b}\right]b + r \, (b > 0)$$
或

[x]与{x}

$$a = -\left[\frac{a}{b}\right]b + r(b<0)$$

一般地,函数 $y=[kx]$ 有下面的性质:

对任意整数 n,在区间 $[n-1,n]$ 上插入 k 等分点 $x_1=n-1+\dfrac{1}{k}, x_2=n-1+\dfrac{2}{k}, x_3=n-1+\dfrac{3}{k},\cdots,$ $x_{k-1}=n-1+\dfrac{k-1}{k}$,则函数 $y=[kx]$ 在 k 个子区间 $[n-1,n-1+\dfrac{1}{k}],[n-1+\dfrac{1}{k},n-1+\dfrac{2}{k}],\cdots,[n-1+\dfrac{k-1}{k},n]$ 上的值依次为 $k(n-1),k(n-1)+1,\cdots,k(n-1)+k-1=kn-1$.

可知函数 $y=[kx]$ 是把函数 $y=[x]$ 的一个阶梯化为 k 个阶梯,而且易知函数 $y=[kx]$ 在区间 $[n-1,n]$ 的最小值为 $k(n-1)$,最大值为 $kn-1$,这个性质对于解某些题是很有用的.

解[x]或{x}问题的常用方法与技巧

一般来说,解答涉及[x]或{x}的问题并不容易,因为其他的数学工具往往用不上,方法也千变万化,因此,在熟悉了[x]或{x}的定义及其性质后,还需要掌握有关[x]或{x}的一些解题方法与技巧. 这些方法与技巧归纳起来,主要有以下几点.

§1 充分利用[x]或{x}的定义与性质

在解题时,充分利用[x]或{x}的定义与性质,特别是前几条性质,常能收到出奇制胜的效果.

例1 解方程 $x^3 - [x] = 3$.

(1957年第20届莫斯科数学竞赛题)

解 由性质1,得 $[x] = x - \{x\}$,故原方程可化为 $x^3 - x + \{x\} = 3$,即
$$\{x\} = -x^3 + x + 3$$
由于 $0 \leqslant \{x\} < 1$,所以
$$0 \leqslant -x^3 + x + 3 < 1$$

即
$$2 < x(x^2-1) \leqslant 3$$

由此知 x 不会是负数(如若不然,则从 $x<0$ 和 $x(x^2-1)>2$ 得 $x^2-1<0$,这时必有 $0\leqslant|x|<1$,故 $|x^2-1|\leqslant 1$,从而 $|x(x^2-1)|\leqslant 1$,但这显然与 $x(x^2-1)>2$ 相矛盾).

另一方面,从 $x(x^2-1)\leqslant 3$ 可知 $x<2$.

因而 $0<x<2$,故 $[x]=0$ 或 1.

若 $[x]=0$,则代入原方程得 $x=\sqrt[3]{3}$,但此时 $[x]=1\neq 0$,故此情形不可能.

若 $[x]=1$,则代入原方程得 $x=\sqrt[3]{4}$.

经检验知,$x=\sqrt[3]{4}$ 是原方程的根.

例2 对任意实数 x,y,求证
$$[2x]+[2y] \geqslant [x]+[x+y]+[y]$$

证明 因为 $x=[x]+\{x\}, y=[y]+\{y\}$,所以
$$[2x]=[2[x]+2\{x\}]$$
$$[2y]=[2[y]+2\{y\}]$$
$$[x+y]=[([x]+[y])+(\{x\}+\{y\})]$$

由性质 5
$$[2x]=2[x]+[2\{x\}]$$
$$[2y]=2[y]+[2\{y\}]$$
$$[x+y]=[x]+[y]+[\{x\}+\{y\}]$$

代入欲证不等式,抵消两边相同的部分,我们只需证明
$$[2\{x\}]+[2\{y\}] \geqslant [\{x\}+\{y\}]$$

根据 $\{x\},\{y\}$ 的对称性,不妨设 $\{x\}\leqslant\{y\}$,则
$$[2\{x\}]+[2\{y\}] \geqslant [2\{y\}]=[\{y\}+\{y\}]$$

由性质 4,$[x]$ 不减,所以
$$[\{y\}+\{y\}] \geqslant [\{x\}+\{y\}]$$

于是命题获证.

例3 求证方程

$$[x]+[2x]+[4x]+[8x]+[16x]+[32x]=12\,345$$

无实数解.

(1981年第13届加拿大数学竞赛题)

证明 设

$$f(x)=[x]+[2x]+[4x]+[8x]+[16x]+[32x]$$

由性质7得

$$f(x)\leqslant[x+2x+4x+8x+16x+32x]=[63x]\leqslant63x$$

因此,如果方程有解,即存在 x' 使 $f(x')=12\,345$,那么 $12\,345\leqslant63x'$,于是

$$x'\geqslant12\,345\div63=195.952\,3\cdots$$

又因为

$$\begin{aligned}f(196)&=[196]+[2\times196]+[4\times196]+\\&\quad[8\times196]+[16\times196]+[32\times196]\\&=63\times196=12\,345>f(x')\end{aligned}$$

根据性质4,$[x]$ 不减,因此 $f(x)=[x]+[2x]+\cdots+[32x]$ 亦不减,于是由 $f(196)>f(x')$ 知 $196>x'$. 可见 $195<x'<196$.

可令 $x'=195+y(0<y<1)$,代入原方程

$$\begin{aligned}f(x')&=f(195+y)=\\&\quad[195+y]+[2(195+y)]+\cdots+\\&\quad[32(195+y)]\end{aligned}$$

根据性质5

$$f(x')=195\times63+[y]+[2y]+\cdots+[32y]=\\12\,285+f(y)=12\,345$$

于是

$$f(y)=12\,345-12\,285=60$$

但另一方面
$$f(y) = [y] + [2y] + [4y] + [8y] +$$
$$[16y] + [32y] \leq$$
$$0 + 1 + 3 + 7 + 15 + 31 = 57$$

矛盾.

故原方程无实数解.

另证 若方程有实数解 x 在区间 $[n-1, n]$ 上,则必存在某整数 n. 由函数 $y = [kx]$ 的极值性质知,方程的解适合不等式

$$n - 1 + 2(n-1) + 4(n-1) + 8(n-1) + 16(n-1) + 32(n-1) \leq$$
$$[x] + [2x] + [4x] + [8x] + [16x] + [32x] \leq$$
$$n - 1 + 2n - 1 + 4n - 1 + 8n - 1 + 16n - 1 + 32n - 1$$

所以
$$63n - 63 \leq 12\ 345 \leq 63n - 6$$

所以
$$196\frac{3}{63} \leq n \leq 196\frac{60}{63}$$

显然,这样的整数 n 是不存在的.

故原方程无实数解.

§2 图像法

利用已知方程所给的数量关系构造出有关函数,再借助于图像的直观性,可使问题得到比较简便的解决.

例如前面的例1,用图像法求解过程如下:

将原方程化为 $x^3 - 3 = [x]$, 并且作函数 $y = x^3 - 3$

和 $y=[x]$ 的图像(图 3.1). 因为这两个函数的图像相交于唯一的点,所以方程也具有唯一的根,这个根包含在数 1 与 x 之间. 但如果 $1<x<2$,则 $[x]=1$,方程具有形式 $x^3-1=3$,由此 $x=\sqrt[3]{4}$ 是已知方程的根.

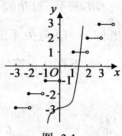

图 3.1

例 4 解方程 $x^2-5\{x\}+4=0$.

解 令 $y=x^2+4, y=5\{x\}$,作它们的图像,如图 3.2. 由此可知 $-1<x<0$,所以 $\{x\}=x+1$,代入原方程,得 $x^2-5x-1=0$.

所以解为 $x=\dfrac{5-\sqrt{29}}{2}$(正值不符合,舍去).

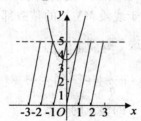

图 3.2

例 5 证明:如果 p 和 q 是互质的正整数,则

$$\left[\frac{p}{q}\right]+\left[\frac{2p}{q}\right]+\left[\frac{3p}{q}\right]+\cdots+\left[\frac{(q-1)p}{q}\right]=\frac{(p-1)(q-1)}{2}$$

证明 如图 3.3,我们考虑平面坐标系上的整点

(x, y).

由于 $1 \leq x \leq q-1, 1 \leq y \leq p-1$,这是位于矩形 $OABC$ 的内部的点,矩形边长 $OA = q, OC = p$,矩形内部格点的数目为 $(p-1)(q-1)$ 个.

引矩形对角线 OB. 显然,对角线 OB 上没格点,因为 OB 上的点的坐标 (x, y) 与关系式 $\dfrac{x}{y} = \dfrac{OA}{AB} = \dfrac{q}{p}$ 有关,但 p 与 q 互质,因此不存在正整数 $x < q$ 和 $y < p$,使 $\dfrac{x}{y} = \dfrac{q}{p}$.

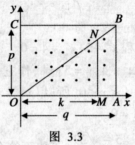

图 3.3

设 k 为小于 q 的某个正整数,横坐标为 k 的整点排在 OB 下方等于线段 MN 长的整数部分. 因为 $MN = \dfrac{OM}{OA}, AB = \dfrac{kp}{q}$,则这个数等于 $\left[\dfrac{kp}{q}\right]$.

因此,$\left[\dfrac{p}{q}\right] + \left[\dfrac{2p}{q}\right] + \left[\dfrac{3p}{q}\right] + \cdots + \left[\dfrac{(q-1)p}{q}\right]$ 等于在对角线 OB 下方的整点的个数.

但矩形内所有整点数为 $(p-1)(q-1)$ 个,这些格点关于 OB 中点为中心对称,并且都不在 OB 上. 因此,OB 下方的格点个数为 $\dfrac{(p-1)(q-1)}{2}$ 个. 因此,有

$$\left[\dfrac{p}{q}\right] + \left[\dfrac{2p}{q}\right] + \left[\dfrac{3p}{q}\right] + \cdots + \left[\dfrac{(q-1)p}{q}\right] = \dfrac{(p-1)(q-1)}{2}$$

§3 转化为不等式(组)法

一般地,解含有$[x]$的方程问题,通常是化归为解不等式或解不等式组.

例6 解方程$\left[\dfrac{5+6x}{8}\right]=\dfrac{15x-7}{5}$.

解 设方程

$$\dfrac{15x-7}{5}=t$$

则

$$x=\dfrac{5t+7}{15}$$

所以原方程可化为$\left[\dfrac{10t+39}{40}\right]=t.$

由定义知

$$0\leqslant\dfrac{10t+39}{40}-t<1$$

解这个不等式,得

$$-\dfrac{1}{30}<t\leqslant\dfrac{13}{10}$$

因为t是整数,则$t=0$或$t=1$.

当$t=0$时,得$x_1=\dfrac{7}{15}$.

当$t=1$时,得$x_2=\dfrac{4}{5}$.

例7 解方程$4x+3y=2x\left[\dfrac{x^2+y^2}{x^2}\right].$

分析 这是含有两个未知数的方程,我们也可以引入参数t,然后用例6的方法求解,不过应先把方程变形.

解 应用性质5,原方程可变形为

$$4x + 3y = 2x\left[1 + \frac{y^2}{x^2}\right] = 2x + 2x\left[\frac{y^2}{x^2}\right]$$

即

$$1 + \frac{3y}{2x} = \left[\frac{y^2}{x^2}\right]$$

令 $\frac{3y}{2x} = t$,则上面的方程变为

$$1 + t = \left[\frac{4}{9}t^2\right]$$

根据$[x]$的定义,得

$$1 + t \leqslant \frac{4}{9}t^2 < 2 + t$$

即

$$\begin{cases} 4t^2 - 9t - 9 \geqslant 0 \\ 4t^2 - 9t - 18 < 0 \end{cases}$$

因为t是整数,解得$t = -1$或$t = 3$.

因此原方程的解为$y = -\frac{2}{3}x$或$y = 2x$(x为实数且$x \neq 0$).

例8 求方程$4x^2 - 40[x] + 51 = 0$的实数解.

(1985年第36届美国中学数学竞赛题)

分析 通过分析可以看出:$40[x]$是偶数,$40[x] - 51$则是奇数.因此,$4x^2$必须是正奇数,那么,利用$[x]$的定义将其转化为不等式,即可求出其解.

解 设$4x^2 = 2k + 1$,则$x = \sqrt{\frac{2k+1}{4}}$,将其代入原方程可得

$$\left[\frac{\sqrt{2k+1}}{2}\right] = \frac{k + 26}{20} \qquad ①$$

要使$[\frac{\sqrt{2k+1}}{2}]$是一个正整数,k至少应等于14,依据$[x]$的性质,得

$$\frac{k+26}{20} \leq \frac{\sqrt{2k+1}}{2} < \frac{k+26}{20}+1$$

即 $\begin{cases} \frac{k+26}{20} \leq \frac{\sqrt{2k+1}}{2} \\ \frac{\sqrt{2k+1}}{2} < \frac{k+26}{20}+1 \end{cases}$

那么 $\begin{cases} (k-74)^2 \leq 70^2 \\ (k-54)^2 > 30^2 \end{cases}$

解此不等式组得 $4 \leq k < 24$ 或 $84 < k \leq 144$.

考虑式①,k的值可以取 14,94,114,134,将其分别代入 $x = [\frac{\sqrt{2k+1}}{2}]$,便可得对应的四个根

$$x_1 = \frac{\sqrt{29}}{2}, x_2 = \frac{\sqrt{189}}{2}, x_3 = \frac{\sqrt{229}}{2}, x_4 = \frac{\sqrt{269}}{2}$$

另解 由 $x-1 < [x] \leq x$ 代入原方程,得不等式组

$$\begin{cases} 4x^2 - 40x + 51 \leq 0 \\ 4x^2 - 40(x-1) + 51 > 0 \end{cases}$$

解这个不等式组得

$$\begin{cases} \frac{3}{2} \leq x \leq \frac{17}{2} \\ x < \frac{7}{2} \text{或} \frac{13}{2} < x \leq \frac{17}{2} \end{cases}$$

所以 $\frac{3}{2} \leq x < \frac{7}{2}$ 或 $\frac{13}{2} < x \leq \frac{17}{2}$.

故 $[x] = 1, 2, 3$ 或 $6, 7, 8.$

[x]与{x}

(1)当$[x]=1,3$时,由原方程分别得$x^2=-\dfrac{11}{4}$,$x^2=\dfrac{69}{4}$均不符合.

(2)当$[x]=6,7,8$或2时,由原方程分别得
$$x=\pm\dfrac{1}{2}\sqrt{189},x=\pm\dfrac{1}{2}\sqrt{229}$$
$$x=\pm\dfrac{1}{2}\sqrt{269},x=\pm\dfrac{1}{2}\sqrt{29}$$

经检验知,$x_1=\dfrac{1}{2}\sqrt{189}$,$x_2=\dfrac{1}{2}\sqrt{229}$,$x_3=\dfrac{1}{2}\sqrt{269}$,$x_4=\dfrac{1}{2}\sqrt{29}$是原方程的解.

为了避免上述解法中解一元二次不等式组,还可以用下面的解法:

设$x=[x]+\alpha,0\leqslant\alpha<1$,代入原方程得
$$4x^2-40(x-\alpha)+51=0$$
即 $$4x^2-40x+(40\alpha+51)=0$$
因为
$$\Delta=(-40)^2-4\times4(40\alpha+51)=16(49-40\alpha)$$
又因为$0\leqslant\alpha<1$,所以
$$9<49-40\alpha\leqslant49$$
于是$3<\sqrt{49-40\alpha}\leqslant7$,所以
$$x_{1,2}=\dfrac{40\pm4\times\sqrt{49-40\alpha}}{2\times4}=\dfrac{10\pm\sqrt{49-40\alpha}}{2}$$
所以
$$\dfrac{10+3}{2}<x_1\leqslant\dfrac{10+7}{2},\dfrac{10-7}{2}<x_2\leqslant\dfrac{10-3}{2}$$
故$[x_1]=6,7,8$;$[x_2]=1,2,3$.

这样就得到和上面相同的结果.

§4 转化为方程求解法

从去掉[ ]的思想出发,利用性质3可将原方程化为不定方程,然后求原方程的解.

例9 若正数的 x 的整数部分的平方等于 x 与它的小数部分的乘积,则 $x - \dfrac{1}{x} = $ _____.

(1988年上海市初三数学竞赛题)

解 已知
$$[x]^2 = x \cdot \{x\} \qquad ①$$
即
$$(x - \{x\})^2 = x \cdot \{x\}$$
于是
$$x^2 - 3\{x\}x + \{x\}^2 = 0 \qquad ②$$
又因为 x 是正数,所以由式②知 $\{x\} > 0$,则 $x \cdot \{x\} \neq 0$,所以 $[x] \neq 0$,所以 $x \neq \dfrac{3-\sqrt{5}}{2}\{x\}$.

只有 $x = \dfrac{3+\sqrt{5}}{2}\{x\}$,即 $1 \leq x \leq \dfrac{3+\sqrt{5}}{2} < 3$. 所以 $[x]$ 只能取 $1,2$. 再分别代入式①,当 $[x] = 1$ 时,$\{x\} = \dfrac{1}{x}$,所以
$$x - \dfrac{1}{x} = x - \{x\} = [x] = 1$$

当 $[x] = 2$ 时,则 $\{x\} = \dfrac{4}{x} = x - [x] = x - 2$,即

[x]与{x}

$$x^2 - 2x - 4 = 0$$

所以

$$x = \frac{2 + 2\sqrt{5}}{2} > 3$$

矛盾,故

$$x - \frac{1}{x} = 1$$

说明 本例的另一种问法是:

一个正数,若其小数部分、整数部分与其自身成等比数列,则这个正数是_____.

(1989 年全国高中数学联赛题)

解 设这个正数为 x,则 $\frac{x}{[x]} = \frac{[x]}{\{x\}}$,令 $y = \frac{[x]}{\{x\}}$,则

$$y = \frac{x}{[x]} = \frac{[x] + \{x\}}{[x]} = 1 + \frac{1}{y}$$

即 $y - \frac{1}{y} = 1$,亦即 $y^2 - y - 1 = 0$,解得

$$y = \frac{1 \pm \sqrt{5}}{2}$$

因为 $x > 0$,所以 $y > 0$,故舍去负根. 于是

$$\frac{[x]}{\{x\}} = \frac{1 + \sqrt{5}}{2} = \frac{1}{\frac{\sqrt{5} - 1}{2}}$$

又因为 $0 < \frac{\sqrt{5} - 1}{2} < 1$,故 $[x] = 1, \{x\} = \frac{\sqrt{5} - 1}{2}$,由此得

$$x = \frac{1 + \sqrt{5}}{2}.$$

例 10 恰有 35 个连续自然数的算术平方根的整数部分相同,那么这个相同整数是( ).

(A)17　(B)18　(C)35　(D)36

(1990年全国初中数学联赛题)

解 设 n 是所求的整数,于是根据题意可设 n^2, $n^2+1, n^2+2, \cdots, (n+1)^2-1$ 中共有 35 个整数,因为它们的算术平方根的整数部分相同,于是
$$(n+1)^2 - 1 - n^2 + 1 = 35$$
即
$$(n+1)^2 - n^2 = 35$$
所以 $2n+1 = 35$,即 $n = 17$.

说明 证明本例的关键是在自然数中有且仅有 $2n+1$ 个自然数:$n^2, n^2+1, n^2+2, \cdots, (n+1)^2-1$,它们的算术平方根的整数部分相同.从而利用方程即可求得所需结论.

例 11 解方程 $\left[\dfrac{1+x}{2}\right] + [3-2x] = 2$.

解 令 $\left[\dfrac{1+x}{2}\right] = m$,则
$$m \leqslant \dfrac{1+x}{2} < m+1$$
即
$$2m - 1 \leqslant x < 2m + 1 \quad\quad ①$$
令 $[3-2x] = n$,则
$$n \leqslant 3 - 2x < n+1$$
即
$$\dfrac{2-n}{2} < x \leqslant \dfrac{3-n}{2} \quad\quad ②$$
故原方程化为
$$m + n = 2 \quad\quad ③$$
于是原方程的解即为同时满足条件①,②,③的

[x]与{x}

x. 为此,先求出满足约束条件①,②的不定方程③的整数解 m,n. 同时考虑条件①,②,则应有

$$\begin{cases} \dfrac{2-n}{2} < 2m+1 \\ 2m-1 < \dfrac{3-n}{2} \end{cases}$$

即 $\begin{cases} 4m+n > 0 \\ 4m+n \leqslant 5 \end{cases}$

从而 $0 < 4m+n \leqslant 5$.

因为 m,n 均为整数,故
$$4m+n = 1,2,3,4 \qquad ④$$

再同时考虑条件③,④,求得两对整数解
$$m=0, n=1 \text{ 及 } m=1, n=1$$

将 $m=0, n=1$ 分别代入①,②,可得 $0 < x \leqslant \dfrac{1}{2}$.

将 $m=1, n=1$ 分别代入①,②可得 $x=1$.

故原方程的解为 $0 < x \leqslant \dfrac{1}{2}$ 或 $x=1$.

下面来讨论一类含$[x]$的方程的一般解法.

以下我们总假定 $(a,b)=1$.

对于方程 $a[a_1x+a_2]+b[b_1x+b_2]=c$,其中 $a \in \mathbf{N}, b,c \in \mathbf{Z}, a_1 \neq 0, b_1 \neq 0$.

令 $a_1x+a_2=y$,即 $x=\dfrac{y-a_2}{a_1}$,则

$$b_1x+b_2 = \dfrac{b_1}{a_1}y - \dfrac{a_2b_1-a_1b_2}{a_1} = dy+e(d \neq 0)$$

原方程可化为 $a[y]+b[dy+e]=c$,那么
$$a[a_1x+a_2]+b[b_1x+b_2]=c$$

的解可以由 $a[y]+b[dy+e]=c$ 的解通过 $x=\dfrac{y-a_2}{a_1}$ 求得.

第3章 解$[x]$或$\{x\}$问题的常用方法与技巧

故以下只讨论 $a[x]+b[dx+e]=c$(其中 $a\in \mathbf{N}$, $b,c\in \mathbf{Z}, b\neq 0, d>0$)这一情况.

令$[x]=u, [dx+e]=v$,得 $au+bv=c$ 的所有整数解为

$$\begin{cases} u=u_0-bt \\ v=v_0+at \end{cases} \quad (t\in \mathbf{Z})$$

从而有
$$u_0-bt\leq x<u_0-bt+1 \qquad ①$$

由 $v_0+at\leq dx+e<v_0+at+1$,有

$$\frac{v_0-e+at}{d}\leq x<\frac{v_0-e+1+at}{d} \qquad ②$$

Ⅰ. 在 $a+bd=0$ 即 $\frac{a}{d}=-b$ 时:

i) 当 $u_0+1\leq \frac{v_0-e}{d}$ 或 $\frac{v_0-e+1}{d}\leq u_0$ 时,①与②的交集为空集,原方程无解.

ii) 当 $\frac{v_0-e}{d}<u_0+1$ 或 $u_0<\frac{v_0-e+1}{d}$ 时,①与②的交集为非空集,其交集就是原方程的解集.

Ⅱ. 在 $a+bd>0$ 时:

i) 当 $u_0+1-bt\leq \frac{v_0-e+at}{d}$ 即 $\frac{d(u_0+1)-v_0+e}{a+bd}\leq t$ 时原方程无解.

ii) 当 $\frac{v_0-e+1+at}{d}\leq u_0-bt$ 即 $t\leq \frac{du_0-v_0+e-1}{a+bd}$ 时原方程无解.

由 i)及 ii)知,在 $d>-1$ 的条件下,当

$$\frac{du_0-v_0+e-1}{a+bd}<t<\frac{d(u_0+1)-v_0+e}{a+bd} \qquad (*)$$

时原方程有解. 此时,由式(∗)定出整数 t 代入①与②,则①与②的交集就是原方程的解.

Ⅲ. 在 $a+bd<0$ 时:

i) 当 $u_0+1-bt \leqslant \dfrac{v_0-e+at}{d}$ 即 $t \leqslant \dfrac{d(u_0+1)-v_0+e}{a+bd}$

时,原方程无解.

ii) 当 $\dfrac{v_0-e+1+at}{d} \leqslant u_0-bt$ 即 $\dfrac{du_0-v_0+e-1}{a+bd} \leqslant t$

时,原方程无解.

由 i) 及 ii) 知,在 $d>-1$ 的条件下,当

$$\dfrac{d(u_0+1)-v_0+e}{a+bd}<t<\dfrac{du_0-v_0+e-1}{a+bd} \quad (**)$$

时原方程有解,此时由式(∗∗)确定出整数 t,代入①与②,①与②的交集就是原方程的解.

上述方法也适合于方程

$$a[x]+b[dx+e]=c$$
$$(a \in \mathbf{N}, b, c \in \mathbf{Z}, (a,b)=1, b \neq 0, d<0)$$

的求解.

下面用上述方法再来解例 11.

原方程等价于 $\left[\dfrac{1+x}{2}\right]+[1-2x]=0$.

令 $\left[\dfrac{1+x}{2}\right]=u, [1-2x]=v$,则 $u+v=0$ 的通解公式为

$$\begin{cases} u=t \\ v=-t \end{cases} (t \in \mathbf{Z})$$

由 $t \leqslant \dfrac{1+x}{2}<1+t$,得 $2t-1 \leqslant x<2t+1$.

由 $-t \leqslant 1-2x<1-t$,得 $\dfrac{t}{2}<x \leqslant \dfrac{t+1}{2}$.

第3章 解[x]或{x}问题的常用方法与技巧

当 $2t+1 \leqslant \dfrac{t}{2}$ 即 $t \leqslant -\dfrac{2}{3}$ 时,原方程无解.

当 $\dfrac{t+1}{2} < 2t-1$ 即 $t>1$ 时,原方程无解.

故当 $-\dfrac{2}{3} < t \leqslant 1$ 即 $t=0,1$ 时,原方程有解. 当 $t=1$ 时, $x=1$; 当 $t=0$ 时, $0 < x \leqslant \dfrac{1}{2}$.

故原方程的解为 $0 < x \leqslant \dfrac{1}{2}$ 或 $x=1$.

例 12 解方程 $3\left[\dfrac{5x-1}{2}\right] - 10\left[\dfrac{3x+1}{4}\right] = 1$.

解 令 $\left[\dfrac{5x-1}{2}\right] = u, \left[\dfrac{3x+1}{4}\right] = v$, 则方程 $3u - 10v = 1$ 的通解为

$$\begin{cases} u = -3 + 10t \\ v = -1 + 3t \end{cases} (t \in \mathbf{Z})$$

由 $-3 + 10t \leqslant \dfrac{5x-1}{2} < -2 + 10t$, 得

$$4t - 1 \leqslant x < 4t - \dfrac{3}{5}$$

由 $-1 + 3t \leqslant \dfrac{3x+1}{4} < 3t$, 得

$$4t - \dfrac{5}{3} \leqslant x < 4t - \dfrac{1}{3}$$

从而有

$$4t - 1 \leqslant x < 4t - \dfrac{3}{5} (t \in \mathbf{Z})$$

故原方程的解为 $4t - 1 \leqslant x < 4t - \dfrac{3}{5} (t \in \mathbf{Z})$ 的所有实数.

§5 利用共轭因式求解

例13 求 $[(\sqrt{7}+\sqrt{3})^6]$.

分析 由于直接展开 $(\sqrt{7}+\sqrt{3})^6$ 很繁琐,此法不宜使用,注意到 $\sqrt{7}+\sqrt{3}$ 的共轭因数是 $\sqrt{7}-\sqrt{3}$,且 $0<\sqrt{7}-\sqrt{3}<1$,因此先求 $(\sqrt{7}+\sqrt{3})^6+(\sqrt{7}-\sqrt{3})^6$ 的整数部分.

解 设 $x=\sqrt{7}+\sqrt{3}, y=\sqrt{7}-\sqrt{3}$,于是
$$x+y=2\sqrt{7}, xy=4$$
所以
$$x^2+y^2=(x+y)^2-2xy=20$$
由此得
$$(\sqrt{7}+\sqrt{3})^6+(\sqrt{7}-\sqrt{3})^6=$$
$$x^6+y^6=(x^2)^3+(y^2)^3=$$
$$(x^2+y^2)(x^4-x^2y^2+y^4)=$$
$$(x^2+y^2)[(x^2+y^2)^2-3x^2y^2]=$$
$$20\times(20^2-3\times4^2)=7\,040$$
又因为 $0<\sqrt{7}-\sqrt{3}<1$,所以
$$0<(\sqrt{7}-\sqrt{3})^6<1$$
所以
$$7\,039<(\sqrt{7}+\sqrt{3})^6<7\,040$$
所以
$$[(\sqrt{7}+\sqrt{3})^6]=7\,039$$

说明 本例利用共轭因数及平方和、立方和公式,

第3章 解$[x]$或$\{x\}$问题的常用方法与技巧

求$[(\sqrt{7}+\sqrt{3})^6]$,关键是先求两个连续整数 7 039 及 7 040. 使 $7\,039<(\sqrt{7}+\sqrt{3})^6<7\,040$,从而获解. 一般地说,为了求$[x]$,关键是先求出两个连续整数 a 及 $a+1$,使得 $a\leqslant x<a+1$.

例 14 找出$(\sqrt{3}+\sqrt{2})^4$的十进制小数表示式中,小数点右面第一位数(即第一位小数)与小数点左面第一位数(即个位数).

解 $(\sqrt{3}+\sqrt{2})^4=(5+2\sqrt{6})^2=49+20\sqrt{6}$

因为
$$2.449<\sqrt{6}<2.45$$
所以
$$48.98<20\sqrt{6}<49$$
$$97.98<49+20\sqrt{6}<98$$
即
$$97.98<(\sqrt{3}+\sqrt{2})^4<98$$

所以$(\sqrt{3}+\sqrt{2})^4$的小数点后第一位数是 9,小数点前第一位数是 7.

§6 分区间讨论法

根据定义,任意实数 $x=[x]+\{x\}$,而 $0\leqslant\{x\}<1$,于是将关于任意实数 x 的问题归结到讨论区间$[0,1)$上的关于$\{x\}$的问题. 因此,常需要对区间$[0,1)$进行划分,分段讨论,又常分成几个相等的小段: $\left[\dfrac{k-1}{n},\dfrac{k}{n}\right)(k=1,2,\cdots,n)$,于是问题的讨论只需在典

型区间 $[\frac{k-1}{n}, \frac{k}{n})$ 上进行. 根据需要，有时也对 $[x]$ 进行穷举.

例 15 记 $S = [\sqrt{1}] + [\sqrt{2}] + [\sqrt{3}] + \cdots + [\sqrt{1988}]$，那么 $[\sqrt{S}] = $ _____.

(1988 年全国理科试验班招生试题)

解 因为自然数集中，有且仅有 $2n+1$ 个连续自然数：$n^2, n^2+1, n^2+2, \cdots, (n+1)^2-1$，它们的算术平方根的整数部分都等于 n，又因为 $45^2 > 1988 > 1936 = 44^2$，而 $1988 - 1936 + 1 = 53$，所以可分别取 $x = 1, 2, \cdots, 43$，就有

$$S = ([\sqrt{1}] + [\sqrt{2}] + [\sqrt{3}]) + ([\sqrt{4}] + [\sqrt{5}] + [\sqrt{6}] + [\sqrt{7}] + [\sqrt{8}]) + \cdots + ([\sqrt{43^2}] + \cdots + [\sqrt{44^2-1}]) + ([\sqrt{44^2}] + \cdots + [\sqrt{1988}]) = 1 \times (2 \times 1 + 1) + 2 \times (2 \times 2 + 1) + \cdots + 43 \times (2 \times 43 + 1) + 44 \times 53 = 2 \times (1^2 + 2^2 + \cdots + 43^2) + (1 + 2 + \cdots + 43) + 44 \times 53 = 58\,146$$

所以

$$[\sqrt{S}] = 241$$

说明 解本题的关键是利用性质："在自然数集中，有且仅有 $2n+1$ 个连续自然数 $n^2, n^2+1, \cdots, (n+1)^2-1$，它们的算术平方根的整数部分都等于 n". 按照这个性质，就可把自然数序列 $1, 2, \cdots, 1988$ 进行分组，从而计算得到.

例 16 在 $[\frac{1^2}{1980}], [\frac{2^2}{1980}], \cdots, [\frac{1980^2}{1980}]$ 中，共有

多少个不同的非负整数出现,为什么?

(1980年全俄数学竞赛题)

分析 在上述一列数中,有些数表示同一个整数,因此,关键是怎样区分它们? 我们知道,当相邻两项中方括号内的数之差小于1时,那么这两项之差为0或1;当相邻两项中方括号内的数之差不小于1,这时相邻两项之差必在1与2之间,那么这两项表示不同的整数.

解 (1)若相邻两项中方括号内的数的差小于1,即

$$\frac{(n+1)^2}{1\,980} - \frac{n^2}{1\,980} = \frac{2n+1}{1\,980} < 1$$

于是 $n \leqslant 989$. 因此,在前989项中,必出现从 $0 = \left[\dfrac{1^2}{1\,980}\right]$ 开始,到 $494 = \left[\dfrac{989^2}{1\,980}\right]$ 之间的每一个整数.

(2)当 $n \geqslant 990$ 时,相邻两项中方括号的数之差大于或等于1,即

$$\frac{(n+1)^2}{1\,980} - \frac{n^2}{1\,980} \geqslant 1$$

所以从 $\left[\dfrac{989^2}{1\,980}\right]$ 开始,到 $\left[\dfrac{1\,980^2}{1\,980}\right]$ 这992项所表示的整数互不相同. 注意到 $\left[\dfrac{989^2}{1\,980}\right]$ 重复算了一次,因此,这列数中共有 $495 + 992 - 1 = 1\,486$ 个不同非负的整数.

利用 $x = [x] + \{x\}$,将关于任意实数 x 的问题,归纳到讨论区间 $[0,1)$ 上关于 $\{x\}$ 的问题.

例17 前1 000个正整数中可以表示成 $[2x] + [4x] + [6x] + [8x]$ 形式的正整数有多少个?

(1985年第三届美国数学邀请赛题)

[x]与{x}

解 考虑到式中各项都在[ ]内含有偶数因子,故不妨设 $x = \frac{1}{2}n + \alpha$,其中 $n = 0, 1, 2, \cdots, 0 \leq \alpha < \frac{1}{2}$,于是

$[2x] + [4x] + [6x] + [8x] =$
$[n + 2\alpha] + [2n + 4\alpha] + [3n + 6\alpha] + [4n + 8\alpha] =$
$10n + [2\alpha] + [4\alpha] + [6\alpha] + [8\alpha]$

当 $0 \leq \alpha < \frac{1}{8}$ 时

上式 $= 10n + 0 + 0 + 0 + 0 = 10n$

当 $\frac{1}{8} \leq \alpha < \frac{1}{6}$ 时

上式 $= 10n + 0 + 0 + 0 + 1 = 10n + 1$

当 $\frac{1}{6} \leq \alpha < \frac{1}{4}$ 时

上式 $= 10n + 0 + 0 + 1 + 1 = 10n + 2$

当 $\frac{1}{4} \leq \alpha < \frac{1}{3}$ 时

上式 $= 10n + 0 + 1 + 1 + 2 = 10n + 4$

当 $\frac{1}{3} \leq \alpha < \frac{3}{8}$ 时

上式 $= 10n + 0 + 1 + 2 + 2 = 10n + 5$

当 $\frac{3}{8} \leq \alpha < \frac{1}{2}$ 时

上式 $= 10n + 0 + 1 + 2 + 3 = 10n + 6$

这表示前 1 000 个自然数中,每依次 10 个数中有 6 个可表示为这类形式,共有 $100 \times 6 = 600$(个).

例18 解方程 $[x^2] - [x] - 2 = 0$.

解 原方程即为 $[x^2] = [x] + 2$,由此可知,$2 + [x] \geq 0$,即 $[x] \geq -2$,且一定有 $[x] \leq 2$(若不然

第3章 解[x]或{x}问题的常用方法与技巧

$[x] \geq 3$,则$[x^2] - [x] \geq [x]([x]-1) > 3 \times 2 = 6$,原方程就不成立).

于是$-2 \leq [x] \leq 2$.

对$[x]$用分区间列表法(表中×表示无解).

$[x]$	-2	-1	0	1	2
x	$[-2,-1)$	$[-1,0)$	$[0,1)$	$[1,2)$	$[2,3)$
x^2	$(1,4]$	$(0,1]$	$[0,1)$	$[1,4)$	$[4,9)$
$[x]+2$	0	1	2	3	4
$[x^2]$	1,2,3,4	0,1	0	1,2,3	4,5,6,8
$[x^2]=[x]+2$	×	1	×	3	4
x^2	×	1	×	$3 \leq x^2 < 4$	$4 \leq x^2 < 5$
x	×	-1	×	$\sqrt{3} \leq x < 2$	$2 \leq x < \sqrt{5}$

所以原方程的解为$x = -1$或$\sqrt{3} \leq x < \sqrt{5}$.

例19 解方程$8[3x] = 3 + 5[2x]$.

解 设$x = [x] + \alpha, 0 \leq \alpha < 1$,代入方程得

$$8[3[x] + 3\alpha] = 3 + 5[2[x] + 2\alpha]$$
$$8[3\alpha] - 5[2\alpha] = 3 - 14[x]$$

所以$[x] = \dfrac{5[2\alpha] - 8[3\alpha] + 3}{14}$.

把区间$[0,1)$用分点$\dfrac{1}{3}, \dfrac{2}{3}$或$\dfrac{1}{2}$,依大小分成互不相交的左闭右开的小区间,分别计算$[3\alpha], [2\alpha]$的值,求出$[x]$的值.

列表如下:

α	$[3\alpha]$	$[2\alpha]$	$[x]$	x
$[0, \dfrac{1}{3})$	0	0	×	×
$[\dfrac{1}{3}, \dfrac{1}{2})$	1	0	×	×
$[\dfrac{1}{2}, \dfrac{2}{3})$	1	1	0	$\dfrac{1}{2} \leq x < \dfrac{2}{3}$
$[\dfrac{2}{3}, 1)$	2	1	×	×

故原方程的解是 $\frac{1}{2} \leq x < \frac{2}{3}$.

例 20　对一切自然数 n 及实数 x，求证

$$[x] + [x + \frac{1}{n}] + [x + \frac{2}{n}] + \cdots + [x + \frac{n-1}{n}] = [nx]$$

这个等式称为厄尔密特（C. Hermit, 1822—1901）恒等式.

证明　设 $x = m + \alpha, m = [x], \alpha = \{x\}$. 则原等式变为

$$[m + \alpha] + [m + \alpha + \frac{1}{n}] + [m + \alpha + \frac{2}{n}] + \cdots +$$

$$[m + \alpha + \frac{n-1}{n}] = [n(m + \alpha)]$$

即

$$[\alpha] + [\alpha + \frac{1}{n}] + [\alpha + \frac{2}{n}] + \cdots + [\alpha + \frac{n-1}{n}] = [n\alpha]$$

注意到这个等式的结构与原等式完全一样，并且 $0 \leq p < 1$. 因此，欲证原等式对一切实数 x 成立，只需证原等式对区间 $[0, 1)$ 上的 x 成立.

再将区间 $[0, 1)$ 细分成 n 个长度为 $\frac{1}{n}$ 的小区间 $[\frac{k-1}{n}, \frac{k}{n})$，$k = 1, 2, \cdots, n$. 由于 $x \in [0, 1)$，所以，必存在一个 k，使 $\frac{k-1}{n} \leq x < \frac{k}{n}$，即 $k - 1 \leq nx < k$，也即 $[nx] = k - 1$.

另一方面，由 $\frac{k-1}{n} \leq x < \frac{k}{n}$，知

$$\frac{k}{n} \leq x + \frac{1}{n} < \frac{k+1}{n}$$

第3章 解[x]或{x}问题的常用方法与技巧

$$\frac{k+1}{n} \leqslant x + \frac{2}{n} < \frac{k+2}{n}$$

$$\vdots$$

$$\frac{k+i}{n} \leqslant x + \frac{i+1}{n} < \frac{k+i+1}{n}$$

$$\vdots$$

$$\frac{k+n-2}{n} \leqslant x + \frac{n-1}{n} < \frac{k+n-1}{n} \leqslant \frac{2n-1}{n} < 2$$

仅当$\frac{k+i}{n} \geqslant 1$时,才有$\left[x + \frac{i+1}{n}\right] = 1$. 即要$k+i \geqslant n \Rightarrow i \geqslant n-k$, 其中$i = -1, 0, 1, 2, \cdots, n-2$. 亦即上述不等式, 从其中$i = n-k$开始, 至$i = n-2$止, 有$\left[x + \frac{i+1}{n}\right] = 1$. 这里, 共有$(n-2) - (n-k) + 1 = k-1[nx]$个. 至于前面的$n-k+1$个不等式中, $\left[x + \frac{i+1}{n}\right] = 0$. 于是

$$[x] + \left[x + \frac{1}{n}\right] + \left[x + \frac{2}{n}\right] + \cdots + \left[x + \frac{n-1}{n}\right] = k-1$$

故原等式成立.

例21 求方程$3x^3 - [x] = 3$的实数解.

(第30届IMO预选题)

解 若$x \leqslant -1$, 则

$$3x^3 - [x] \leqslant 3x - x + 1 < 0$$

若$-1 < x \leqslant 0$, 则

$$3x^3 - [x] = 3x^3 + 1 \leqslant 1$$

若$x \geqslant 2$, 则

$$3x^3 - [x] \geqslant 3x^3 - x > 3x - x \geqslant 4$$

若$0 \leqslant x < 1$, 则

$$3x^3 - [x] = 3x^3 < 3$$

最后,若 $1 \leq x < 2$,则
$$3x^3 - [x] = 3x^3 - 1$$
因此原方程的解为
$$x = \sqrt[3]{\frac{4}{3}}$$

例22 求适合方程 $3[12x] + 2[18x] = 7[11x]$ 的全部实数.

(1983年《中学理科参考资料》第一届有奖数学征答题)

解 设 $x = m + \alpha$(m 为整数,$0 \leq \alpha < 1$),则由性质4,知原方程可化为
$$3[12\alpha] + 2[18\alpha] - 7[11\alpha] = 5m \quad (*)$$
对方程(*)中的 α 用分点
$$\frac{1}{12}, \frac{2}{12}, \cdots, \frac{11}{12}; \frac{1}{18}, \frac{2}{18}, \cdots, \frac{17}{18}; \frac{1}{11}, \frac{2}{11}, \cdots, \frac{10}{11}$$
依次分成34个互不相交的左闭右开的小区间,并分别计算出当属于各个小区间时,$[12\alpha]$,$[18\alpha]$ 和 $[11\alpha]$ 的数值,再由方程(*)求得 m 的值,从而确定 $x = m + \alpha$ 即为原方程的解. 表中 $\times$ 表示在方程(*)中的 m 或 x 无解.

故原方程的解为

α	$[12\alpha]$	$[18\alpha]$	$[11\alpha]$	m	$x = m + \alpha$
$\left[0, \frac{1}{18}\right)$	0	0	0	0	$\left[0, \frac{1}{18}\right)$
$\left[\frac{1}{18}, \frac{1}{12}\right)$	0	1	0	×	×
$\left[\frac{1}{12}, \frac{1}{11}\right)$	1	1	0	1	$\left[1\frac{1}{12}, 1\frac{1}{11}\right)$

续表

$\left[\frac{1}{11}, \frac{1}{9}\right)$	1	1	1	×	×
$\left[\frac{1}{9}, \frac{1}{6}\right)$	1	2	1	0	$\left[\frac{1}{9}, \frac{1}{6}\right)$
$\left[\frac{1}{6}, \frac{2}{11}\right)$	2	3	1	1	$\left[1\frac{1}{6}, 1\frac{2}{11}\right)$
$\left[\frac{2}{11}, \frac{2}{9}\right)$	2	3	2	×	×
$\left[\frac{2}{9}, \frac{1}{4}\right)$	2	4	2	0	$\left[\frac{2}{9}, \frac{1}{4}\right)$
⋮	⋮	⋮	⋮	⋮	⋮
$\left[\frac{11}{12}, \frac{17}{18}\right)$	11	16	10	−1	$\left[-\frac{1}{12}, -\frac{1}{18}\right)$
$\left[\frac{17}{18}, 1\right)$	11	17	10	×	×

$-\frac{1}{12} \leqslant x < -\frac{1}{18}$ 或 $0 \leqslant x < \frac{1}{18}$ 或 $\frac{1}{9} \leqslant x < \frac{1}{6}$ 或 $\frac{2}{9} \leqslant x < \frac{1}{4}$ 或 $1\frac{1}{12} \leqslant x < 1\frac{1}{11}$ 或 $1\frac{1}{6} \leqslant x < 1\frac{2}{11}$.

§7 利用夹值法

这里的夹值法主要是指将所讨论的式子转化为在两个连续自然数之间或者转化为在两个连续完全平方数之间,以便利用$[x]$的定义及性质求解.

例23 当 $n \in \mathbf{N}$ 时, $[\log_2(n+1-\sqrt{n^2+2n})] +$

[x]与{x}

$[\log_2(n+1+\sqrt{n^2+2n})]$ 的值的集合是_____.

(1989年全国数学试验班入学考试题)

解 因为
$$n^2 < n(n+2) < (n+1)^2$$
所以
$$n < \sqrt{n(n+2)} < n+1$$
即 $\sqrt{n^2+2n}$ 是无理数

$$\log_2(n+1-\sqrt{n^2+2n}) = \log_2\frac{1}{n+1+\sqrt{n^2+2n}} = -\log_2(n+1+\sqrt{n^2+2n})$$

令 $\log_2(n+1+\sqrt{n^2+2n}) = \alpha + \beta$,其中
$$0 < \beta < 1, \alpha = [\log_2(n+1+\sqrt{n^2+2n})]$$
所以
$$-\log_2(n+1+\sqrt{n^2+2n}) = -(\alpha+\beta) = -\alpha - 1 + (1-\beta)$$
$$[-\log_2(n+1+\sqrt{n^2+2n})] = -\alpha - 1$$

故所求的和为 $\alpha + (-\alpha - 1) = -1$.

例24 求 $[\sqrt{1+1990\sqrt{1+1991\sqrt{1+1992\sqrt{1+\cdots}}}}]$ 的值.

解 设 $f(x) = \sqrt{1+x\sqrt{1+(1+x)\sqrt{1+\cdots}}}$,则它满足函数方程
$$f^2(x) = 1 + xf(x+1) \qquad (*)$$
又由恒等式 $(x+1)^2 = 1 + x(x+2)$ 知 $(*)$ 有一个解为 $x+1$.

因为

第3章 解[x]或{x}问题的常用方法与技巧

$$f(x) > \sqrt{x\sqrt{x\sqrt{x\sqrt{\cdots}}}} \geq x \geq \frac{1}{2}(x+1)(x \geq 1)$$

$$f(x) < \sqrt{(x+1)\sqrt{(x+2)\sqrt{(x+3)\cdots}}} <$$

$$\sqrt{(x+1)\sqrt{2(x+2)\sqrt{4(x+1)\cdots}}} \leq 2(x+1)$$

所以

$$\frac{1}{2}(x+1) \leq f(x) \leq 2(x+1)$$

所以

$$\frac{1}{2}(x+2) \leq f(x+1) \leq 2(x+2)$$

再由(*)得

$$\frac{1}{2} + xf(x+1) < f^2(x) < 2 + xf(x+1)$$

所以

$$\frac{1}{2}[1+x(x+2)] < f^2(x) < 2[1+x(x+2)]$$

即

$$\sqrt{\frac{1}{2}}(x+1) < f(x) < \sqrt{2}(x+1)$$

重复施行以上步骤 k 次,有

$$\sqrt[2^k]{\frac{1}{2}}(x+1) < f(x) < \sqrt[2^k]{2}(x+1)$$

令 $k \to \infty$,得

$$x+1 \leq f(x) \leq x+1$$

所以 $f(x) = x+1$.

从而知 $x+1$ 为方程(*)的唯一解. 故

$$[f(1\,990)] = [1\,990+1] = 1\,991$$

例25 设 $n \in \mathbf{N}$,求证

$$[\sqrt{n} + \sqrt{n+1}] = [\sqrt{4n+2}]$$

(1948 年第 8 届美国大学生数学竞赛题)

证明　设不超过 n 的最大完全平方数是 m^2，$m^2 \leq n < (m+1)^2$，令 $n = m^2 + k$，则

$$0 \leq k < (m+1)^2 - m^2 = 2m + 1$$

(1) 当 $0 \leq k \leq m-1$ 时

$$m \leq \sqrt{n} \leq \sqrt{m^2 + m - 1} < m + \frac{1}{2}$$

$$m \leq \sqrt{n+1} \leq \sqrt{m^2 + m} < m + \frac{1}{2}$$

故　　　　　$2m \leq \sqrt{n} + \sqrt{n+1} < 2m + 1$

即　　　　　$[\sqrt{n} + \sqrt{n+1}] = 2m$

又因为 $4n + 2 = 4m^2 + 4k$，故

$$2m \leq \sqrt{4n+2} \leq \sqrt{4m^2 + 4m - 2} < 2m + 1$$

即　　　　　$[\sqrt{4n+2}] = 2m$

故　　　　　$[\sqrt{n} + \sqrt{n+1}] = [\sqrt{4n+2}]$

(2) 当 $m \leq k \leq 2m$ 时

$\sqrt{n} + \sqrt{n+1} \leq \sqrt{m^2 + 2m} + \sqrt{m^2 + 2m + 1} < 2m + 2$

$\sqrt{n} + \sqrt{n+1} \geq \sqrt{m^2 + m} + \sqrt{m^2 + m + 1} =$

$2m + 1 + (\sqrt{m^2 + m} - m) - (m + 1 - \sqrt{m^2 + m + 1}) =$

$2m + 1 + \dfrac{m}{\sqrt{m^2 + m} + m} - \dfrac{m}{m + 1 - \sqrt{m^2 + m + 1}} > 2m + 1$

故　　　　　$[\sqrt{n} + \sqrt{n+1}] = 2m + 1$

又因为

$$2m + 1 < \sqrt{4m^2 + 4m + 2} \leq$$
$$\sqrt{4n+2} \leq$$

第3章 解[x]或{x}问题的常用方法与技巧

$$\sqrt{4m^2 + 8m + 2} < 2m + 2$$

所以
$$[\sqrt{4n+2}] = 2m + 1$$

故
$$[\sqrt{n} + \sqrt{n+1}] = [\sqrt{4n+2}]$$

综上所述,对任意正整数 n,等式成立.

§8 其他方法

含有 $[x]$ 或 $\{x\}$ 的问题,除了以上讲述的几种基本解法外,还有其他一些方法,如反证法、构造函数法等.

如例20,也可以用下列方法证明:

作辅助函数

$$f(x) = [nx] - [x] - [x + \frac{1}{n}] - [x + \frac{2}{n}] - \cdots - [x + \frac{n-2}{n}] - [x + \frac{n-1}{n}]$$

则

$$f(x + \frac{1}{n}) = [nx + 1] - [x + \frac{1}{n}] - [x + \frac{2}{n}] - [x + \frac{3}{n}] - \cdots - [x + \frac{n-1}{n}] - [x + \frac{n}{n}] =$$

$$[nx] + 1 - [x + \frac{1}{n}] - [x + \frac{2}{n}] - [x + \frac{3}{n}] - \cdots - [x + \frac{n-1}{n}] - [x] - 1 =$$

$$[nx] - [x] - [x + \frac{1}{n}] - [x + \frac{2}{n}] - \cdots -$$

$$[x+\frac{n-1}{n}]$$

于是 $f(x+\frac{1}{n})=f(x)$,对任意 $x\in \mathbf{R}$ 成立,这说明 $f(x)$ 是周期为 $\frac{1}{n}$ 的周期函数,而当 $x\in[0,\frac{1}{n})$ 时,经直接计算知 $f(x)=0$.

故对任意 $x\in \mathbf{R}$,恒有 $f(x)=0$.

下面再给出例 25 的另一种证法.

对 $n\in \mathbf{N}$,由于 $4n^2+4n+1=(2n+1)^2$,则
$$2\sqrt{n(n+1)}<2n+1$$

两边同时加上 $2n+1$,有
$$n+2\sqrt{n(n+1)}+(n+1)<4n+2$$

即
$$(\sqrt{n}+\sqrt{n+1})^2<4n+2$$

因此
$$\sqrt{n}+\sqrt{n+1}<\sqrt{4n+2}$$

故由 $[x]$ 的不减性,知
$$[\sqrt{n}+\sqrt{n+1}]\leqslant[\sqrt{4n+2}] \qquad ①$$

现用反证法证明
$$[\sqrt{n}+\sqrt{n+1}]\geqslant[\sqrt{4n+2}] \qquad ②$$

设有某一正整数 n,使得
$$[\sqrt{n}+\sqrt{n+1}]<[\sqrt{4n+2}]$$

若令 $m=[\sqrt{4n+2}]$,则
$$\sqrt{n}+\sqrt{n+1}<m\leqslant\sqrt{4n+2}$$

去掉根号后有
$$4n(n+1)<(m^2-2n-1)^2\leqslant 4n(n+1)+1$$

第3章 解[x]或{x}问题的常用方法与技巧

由于 $4n(n+1)$ 与 $4n(n+1)+1$ 是两个连续正整数,因此有
$$(m^2-2n-1)^2 = 4n(n+1)+1 = (2n+1)^2$$
即 $m^2-2n-1 = 2n+1$,亦即 $m^2 = 4n+2$.

由于 $4n+2$ 是偶数,故 m 只能是偶数,设 $m=2k$ ($k \in \mathbf{N}$),于是 $m^2 = 4k^2 = 4n+2$,由此得到 $2k^2 = 2n+1$,这是不可能成立的.

因此,式②成立.

由①,②可知,对任何正整数 n,都有
$$[\sqrt{n}+\sqrt{n+1}] = [\sqrt{4n+2}]$$
成立.

对于含有 $[x]$ 的自然数 n 的问题,也可以用数学归纳法加以证明(例题见后).

含 $[x]$ 或 $\{x\}$ 的化简、求值问题

下面通过数学竞赛中出现过的这类问题,来说明解化简、求值问题的方法.

例1 设 $\dfrac{1}{3-\sqrt{7}}$ 的整数部分是 a,小数部分是 b.

试求 $a^2+(1+\sqrt{7})ab$ 的值.

(1981年北京市初中数学竞赛题)

解 因为

$$\frac{1}{3-\sqrt{7}}=\frac{3+\sqrt{7}}{2}=2+\frac{\sqrt{7}-1}{2}$$

而 $1<\sqrt{7}<3$,则 $0<\dfrac{\sqrt{7}-1}{2}<1$.

所以

$$a=\left[\frac{1}{3-\sqrt{7}}\right]=2$$

$$b=\left\{\frac{1}{3-\sqrt{7}}\right\}=\frac{\sqrt{7}-1}{2}$$

$$a^2+(1+\sqrt{7})ab=2^2+(1+\sqrt{7})\times$$

$$2\times\frac{\sqrt{7}-1}{2}=10$$

第4章　含$[x]$或$\{x\}$的化简、求值问题

例2 （1）计算$[\sqrt{1}]+[\sqrt{2}]+\cdots+[\sqrt{1\,988}]$.

（1988年理科试验班数学复试试题）

（2）设$S=1+\dfrac{1}{\sqrt{2}}+\dfrac{1}{\sqrt{3}}+\cdots+\dfrac{1}{\sqrt{980\,100}}$，试求$[S]$.

（1978年武汉市中学数学竞赛题）

解 （1）注意到对于$x\in M=\{n^2,n^2+1,\cdots,(n+1)^2-1\}$，有$[\sqrt{x}]=n$，而$[(n+1)^2-1]-n^2+1=2n+1$，即集合$M$中共有$(2n+1)$个元素.

$1\,988>1\,936=44^2$，$1\,988-1\,936+1=53$

因此

$S=1\times 3+2\times 5+\cdots+43\times 87+44\times 53=$

$\displaystyle\sum_{i=1}^{43}(2i^2+i)+44\times 53=$

$\dfrac{2}{6}\times 43\times 44\times 87+\dfrac{1}{2}\times 43\times 44+44\times 53=$

$58\,146$

故$\sqrt{S}=241$.

（2）设n为自然数，由于

$$\dfrac{1}{\sqrt{n}}=\dfrac{2}{\sqrt{n}+\sqrt{n}}$$

所以

$$\dfrac{2}{\sqrt{n+1}+\sqrt{n}}<\dfrac{1}{\sqrt{n}}<\dfrac{2}{\sqrt{n}+\sqrt{n-1}}$$

两边分母有理化后，得

$$2(\sqrt{n+1}-\sqrt{n})<\dfrac{1}{\sqrt{n}}<2(\sqrt{n}-\sqrt{n-1})$$

于是

$$1=1=1$$

[x]与{x}

$$2(\sqrt{3}-\sqrt{2}) < \frac{1}{\sqrt{2}} < 2(\sqrt{2}-1)$$

$$2(\sqrt{4}-\sqrt{3}) < \frac{1}{\sqrt{3}} < 2(\sqrt{3}-\sqrt{2})$$

$$\vdots$$

$$2(\sqrt{980\ 101}-\sqrt{980\ 100}) < \frac{1}{\sqrt{980\ 100}}$$
$$< 2(\sqrt{980\ 100}-\sqrt{980\ 099})$$

相加,得左半部为

$$1+2\{(\sqrt{3}-\sqrt{2})+(\sqrt{4}-\sqrt{3})+\cdots+(\sqrt{980\ 101}-\sqrt{980\ 100})\} < S$$

即

$$S > 1+2(\sqrt{980\ 101}-\sqrt{2}) >$$
$$2\sqrt{980\ 101}-\sqrt{8}+1 >$$
$$2\times 990-3+1 = 1\ 978$$

右半部为

$$S < 1+2\{(\sqrt{2}-1)+(\sqrt{3}-\sqrt{2})+\cdots+(\sqrt{980\ 100}-\sqrt{980\ 099})\} =$$
$$1+2(\sqrt{980\ 100}-1) =$$
$$1+1\ 980-2 = 1\ 979$$

于是 $1\ 978 < S < 1\ 979$.

所以 $[S] = 1\ 978$.

类似地可以求得1990年西班牙数学奥林匹克中的一道试题:试求$[S]$,其中

$$S = \frac{1}{\sqrt{1}}+\frac{1}{\sqrt{2}}+\cdots+\frac{1}{\sqrt{1\ 000}}$$

第4章 含$[x]$或$\{x\}$的化简、求值问题

例3 求和式 $\sum\limits_{N=1}^{1024}[\log_2 N]$.

(1986年第37届美国中学数学竞赛题)

解 因为 $[\log_2 N] = \begin{cases} 1, & \text{对于 } 2 \leqslant N < 2^2 \\ 2, & \text{对于 } 2^2 \leqslant N < 2^3 \\ 3, & \text{对于 } 2^3 \leqslant N < 2^4 \\ \vdots & \vdots \\ 9, & \text{对于 } 2^9 \leqslant N < 2^{10} \\ 10, & N = 2^{10} = 1024 \end{cases}$,所以

$$\sum_{N=1}^{1024}[\log_2 N] = 1\times(2^2-2)+2\times(2^3-2^2)+\cdots+$$
$$9\times(2^{10}-2^9)+10 =$$
$$9\times 2^{10}-(2^9+2^8+\cdots+2)+10 =$$
$$9\times 2^{10}-(2^9+2^8+\cdots+2+1)+11 =$$
$$9\times 2^{10}-(2^{10}-1)+11 =$$
$$8\times 2^{10}+12 = 8204$$

例4 计算和式 $\sum\limits_{n=0}^{502}\left[\dfrac{305n}{503}\right]$ 的值.

(1986年首届东北三省数学邀请赛题)

解 我们首先来证明:

如果 $\{x\}+\{y\}=1$,那么 $[x+y]=[x]+[y]+1$.

这是因为

$$x+y=[x]+[y]+\{x\}+\{y\} =$$
$$[x]+[y]+1$$

所以得证. 其次,注意到 503 是一个素数,因此,对于 $n=1,2,\cdots,502$ 而言,$\dfrac{305n}{503}$ 不会是整数. 但是

$$\frac{305n}{503}+\frac{305(503-n)}{503}=305$$

[x]与{x}

可见左边的两数的小数部分之和等于1,这样

$$\left[\frac{305n}{503}\right] + \left[\frac{305(503-n)}{503}\right] = 304$$

故

$$\sum_{n=0}^{502}\left[\frac{305n}{503}\right] = \sum_{n=1}^{502}\left[\frac{305n}{503}\right] =$$

$$\sum_{n=1}^{251}\left(\left[\frac{305}{503}n\right] + \left[\frac{305(503-n)}{503}\right]\right) =$$

$$304 \times 251 = 76\ 304$$

例5 若实数 r 使得 $\left[r + \frac{19}{100}\right] + \left[r + \frac{20}{100}\right] + \cdots + \left[r + \frac{91}{100}\right] = 546$,求 $[100r]$.

(1991年第九届美国数学邀请赛试题)

解 题目所给的和有73项,每一项为 $[r]$ 或 $[r+1]$,这是因为 $\frac{19}{100}, \frac{20}{100}, \cdots, \frac{91}{100}$ 都小于1. 为使和数为546,$[r]$ 必须等于7,这是因为 $73 \times 7 < 546 < 73 \times 8$.

假设

$$\left[r + \frac{k}{100}\right] = 7 \quad (19 \leqslant k \leqslant m)$$

$$\left[r + \frac{k}{100}\right] = 8 \quad (m+1 \leqslant k \leqslant 91)$$

则 $7(m-18) + 8(91-m) = 546$,所以 $m = 56$. 所以 $\left[r + \frac{56}{100}\right] = 7, \left[r + \frac{57}{100}\right] = 8$.

解之,得 $7.43 \leqslant r \leqslant 7.44$.

故 $[100r] = 743$.

例6 在数列 $\left[\frac{1^2}{1\ 980}\right], \left[\frac{2^2}{1\ 980}\right], \left[\frac{3^2}{1\ 980}\right], \cdots,$

第4章 含[x]或{x}的化简、求值问题

$\left[\dfrac{1\,980^2}{1\,980}\right]$ 中,有多少个不同的数?

(1980年第6届全俄数学竞赛题)

解 首先注意到,当 $\alpha-\beta>1$ 时,$[\alpha]$ 与 $[\beta]$ 的值一定不同,由此得

$$\dfrac{(k+1)^2}{1\,980}-\dfrac{k^2}{1\,980}>1$$

即 $2k+1>1\,980, k>989$.

于是从第990项起至1 980项,即

$$\left[\dfrac{990^2}{1\,980}\right],\left[\dfrac{991^2}{1\,980}\right],\cdots,\left[\dfrac{1\,980^2}{1\,980}\right]$$

都不相同,这里共有991个不同的数.

另一方面,当 $k\leqslant 44$ 时,$0<\dfrac{k^2}{1\,980}<1$,$\left[\dfrac{k^2}{1\,980}\right]=0$,从而前44个数均为零,当 $45\leqslant k\leqslant 62$ 时,$1<\dfrac{k^2}{1\,980}<2$,$\left[\dfrac{k^2}{1\,980}\right]=1$,于是前62个数只能为0或1. 又因为

$$\left[\dfrac{989^2}{1\,980}\right]=494,\left[\dfrac{990^2}{1\,980}\right]=495$$

从而前989项必出现 $0,1,2,\cdots,494$ 共495个不同的数.

于是有 $991+495=1\,486$ 个不同的数.

例7 设 a,b,m 是整数,如果 a 和 m 互质,求和

$$\left\{\dfrac{b}{m}\right\}+\left\{\dfrac{a+b}{m}\right\}+\left\{\dfrac{2a+b}{m}\right\}+\cdots+\left\{\dfrac{(m-1)a+b}{m}\right\}$$

解 我们首先证明 $\left\{\dfrac{ax+b}{m}\right\}$,当 $x=0,1,\cdots,m-1$ 时,它们的值互不相等.

用反证明:若存在不同的 $x_1,x_2\in\{0,1,2,\cdots,m-$

49

[x]与{x}

$1\}$,使得

$$\left\{\frac{ax_1+b}{m}\right\} = \left\{\frac{ax_2+b}{m}\right\}$$

则

$$\frac{ax_1+b}{m} - \frac{ax_2+b}{m}$$

是整数,即 $\frac{a(x_1-x_2)}{m}$ 是整数.

由于 m 和 a 互质,则 $x_1 - x_2$ 是 m 的倍数,然而由 x_1 和 x_2 的取值可证 $|x_1 - x_2| < m$,于是 $x_1 - x_2 = 0$,这与 x_1, x_2 不同相矛盾.

于是可得

$$\sum_{x=0}^{m-1} \left\{\frac{ax+b}{m}\right\} = \frac{0}{m} + \frac{1}{m} + \frac{2}{m} + \cdots + \frac{m-1}{m} = \frac{m-1}{2}$$

例8 求和:$\left[\frac{x+1}{2}\right] + \left[\frac{x+2}{2^2}\right] + \left[\frac{x+4}{2^3}\right] + \cdots$.

(1968 年第 10 届 IMO 试题)

解 首先,不难看出,无论 x 取何值,总会从某个 n 开始,使得 $\frac{x}{2^n}$ 的绝对值小于 $\frac{1}{2}$,此时,$\frac{x}{2^n} + \frac{1}{2}$ 取 0 与 1 之间的值,而 $\left[\frac{x}{2^n} + \frac{1}{2}\right] = 0$,即所求的和是一有限值.

其次,等式

$$\left[x + \frac{1}{2}\right] = [2x] - [x] \qquad ①$$

的两边都是以 1 为周期的,且为一恒等式.

令 $x = t + 1$,分别代入式①左、右两边,则

$$\left[t + 1 + \frac{1}{2}\right] = 1 + \left[t + \frac{1}{2}\right]$$

$$[2(t+1)] - [t+1] = [2t] + 2 - [t] - 1 =$$

第4章 含[x]或{x}的化简、求值问题

$$[2t] - [t] + 1$$

所以 $[x + \frac{1}{2}]$ 和 $[2x] - [x]$ 都是以 1 为周期的.

由此,只要分 $0 \leq x < \frac{1}{2}$ 及 $\frac{1}{2} \leq x < 1$ 两种情况,容易证明①是恒等式.

现在利用式①求和

$$[\frac{x}{2} + \frac{1}{2}] = [x] - [\frac{x}{2}]$$

$$[\frac{x}{4} + \frac{1}{2}] = [\frac{x}{2}] - [\frac{x}{4}]$$

$$[\frac{x}{8} + \frac{1}{2}] = [\frac{x}{4}] - [\frac{x}{8}]$$

$$[\frac{x}{16} + \frac{1}{2}] = [\frac{x}{8}] - [\frac{x}{16}]$$

$$\vdots$$

$$[\frac{x}{2^n} + \frac{1}{2}] = [\frac{x}{2^{n-1}}] - [\frac{x}{2^n}]$$

将以上 n 个等式相加,得

$$[\frac{x}{2} + \frac{1}{2}] + [\frac{x}{4} + \frac{1}{2}] + \cdots + [\frac{x}{2^n} + \frac{1}{2}] = [x] - [\frac{x}{2^n}]$$

当 n 充分大时,若 $x \geq 0$,则 $[\frac{x}{2^n}] = 0$;

若 $x < 0$,则 $[\frac{x}{2^n}] = -1$.

因此

$$[\frac{x+1}{2}] + [\frac{x+2}{2^2}] + [\frac{x+2^2}{2^3}] + \cdots =$$

$$\begin{cases} [x], & \text{当 } x \geq 0 \text{ 时} \\ [x] - 1, & \text{当 } x < 0 \text{ 时} \end{cases}$$

[x]与{x}

例9 前1 000个正整数中,可以表示成下列形式$[2x]+[4x]+[6x]+[8x]$的正整数有多少个？其中x表示实数.

(1985年第三届美国数学邀请赛试题)

解法1 令$f(x)=[2x]+[4x]+[6x]+[8x]$,由此知

$$f(x+\frac{1}{2})=f(x)+10$$

我们只需考虑当$x\in[0,\frac{1}{2})$时,$f(x)$能表成哪些自然数. 在此范围内,$[2x]=0$,因此

$$f(x)=[4x]+[6x]+[8x]$$

分以下几种情况讨论:

i) 当$x\in[0,\frac{1}{8})$时

$$f(x)=0$$

ii) 当$x\in[\frac{1}{8},\frac{1}{6})$时,$[4x]=0,[6x]=0$,而

$$f(x)=[8x]=1$$

iii) 当$x\in[\frac{1}{6},\frac{1}{4})$时,$[4x]=0$,而

$$f(x)=[6x]+[8x]=1+1=2$$

iv) 当$x\in[\frac{1}{4},\frac{2}{6})$时

$$f(x)=1+1+2=4$$

v) 当$x\in[\frac{2}{6},\frac{3}{8})$时

$$f(x)=1+2+2=5$$

vi) 当$x\in[\frac{3}{8},\frac{1}{2})$时

$$f(x) = 1 + 2 + 3 = 6$$

注意 $f(\frac{1}{2}) = 0$, 也就是说, 当 $x \in (0, \frac{1}{2}]$, $f(x)$ 能表成 $1,2,4,5,6,10$ 这 6 个自然数. 这些数加上 10 的倍数也能表成这种形式. 因此, 前 1 000 个自然数中, 有 $6 \times 100 = 600$ 个正整数能表成这种形式.

解法2 设 $f(x) = [2x] + [4x] + [6x] + [8x]$, n 为整数, 则 x 可取以下实数:

(1) 当 $x = \dfrac{n}{2} + \dfrac{1}{8}$ 时, 则

$$f(x) = [n + \frac{1}{4}] + [2n + \frac{1}{2}] + [3n + \frac{3}{4}] +$$
$$[4n + 1] = 10n + 1$$

(2) 当 $x = \dfrac{n}{2} + \dfrac{1}{6}$ 时, 则

$$f(x) = [n + \frac{1}{3}] + [2n + \frac{2}{3}] + [3n + 1] +$$
$$[4n + 1 + \frac{1}{3}] = 10n + 2$$

(3) 当 $x = \dfrac{n}{2} + \dfrac{1}{4}$ 时, 则

$$f(x) = [n + \frac{1}{2}] + [2n + 1] + [3n + 1 + \frac{1}{2}] +$$
$$[4n + 2] = 10n + 4$$

(4) 当 $x = \dfrac{n}{2} + \dfrac{1}{3}$ 时, 则

$$f(x) = [n + \frac{2}{3}] + [2n + 1 + \frac{1}{3}] + [3n + 2] +$$
$$[4n + 2 + \frac{2}{3}] = 10n + 5$$

(5) 当 $x = \dfrac{n}{2} + \dfrac{2}{5}$ 时,则

$$f(x) = [n + \dfrac{4}{5}] + [2n + 1 + \dfrac{3}{5}] + [3n + 2 + \dfrac{2}{5}] +$$
$$[4n + 3 + \dfrac{1}{5}] = 10n + 6$$

(6) 当 $x = \dfrac{n}{2}$ 时,则

$$f(x) = [n] + [2n] + [3n] + [4n] = 10n$$

所以当 n 为 $0 \leqslant n \leqslant 100$ 的整数时,必有上述 6 种情况中的一种成立,即个位数为 $0,1,2,4,5,6$ 的均可表示,所以前 1 000 个整数中有 $1\ 000 \times \dfrac{6}{10} = 600$ 个正整数可以表示成 $[2x] + [4x] + [6x] + [8x]$ 的形式.

现证明 $f(x) = 10n + 3$ 不可能成立.

设

$$x = \dfrac{n}{2} + y (y \text{ 为实数})$$

所以

$$f(x) = 10n + [2y] + [4y] + [6y] + [8y]$$

i) 若 $[4y] = 1, [6y] = 1, [8y] = 1, [2y] = 0$,则有

$$[4y]: \dfrac{1}{4} \leqslant y < \dfrac{1}{2} \qquad ①$$

$$[6y]: \dfrac{1}{6} \leqslant y < \dfrac{1}{3} \qquad ②$$

$$[8y]: \dfrac{1}{8} \leqslant y < \dfrac{1}{4} \qquad ③$$

显然①与③没有公共交点,所以情况 i) 不可能成立.

同理,ii) 若 $[2y] = 0, [4y] = 0, [6y] = 1, [8y] = 2$,可推得 $[4y] = 0$ 与 $[8y] = 2$ 矛盾.

第4章 含[x]或{x}的化简、求值问题

所以,末位数是 3 不可能成立.

同理可推得末位数是 7,8,9 也不可能成立.

解法 3 设
$$y = f(x) = [2x] + [4x] + [6x] + [8x] \leqslant$$
$$2x + 4x + 6x + 8x = 20x \leqslant 1\,000$$

所以 $x \leqslant 50$.

若 x 为整数时,$x = 1, 2, 3, \cdots, 50$,共有 50 个
$$y = 20, 40, 60, \cdots, 1\,000$$

若 x 为非整数时,由
$$[x+1] = [x] + 1$$
$$[2(x+1)] = [2x] + 2$$
$$[4(x+1)] = [4x] + 4$$
$$[6(x+1)] = [6x] + 6$$
$$[8(x+1)] = [8x] + 8$$

所以 $f(x+1) = f(x) + 20$.

当 n 为自然数时,问当 k 为什么数时,有
$$[n(x+k)] = [nx] + 1 = [nx+1] = [n(x+\frac{1}{n})]$$

所以当 $k = \frac{1}{n}$ 时,有
$$[n(x+k)] = [nx] + 1$$

即当 x 每增加 $\frac{1}{n}$,$[nx]$ 增加 1. 由此可知,$[2x]$ 当 $k = \frac{1}{2}$ 时,$[4x]$ 当 $k = \frac{1}{4}$ 时,$[6x]$ 当 $k = \frac{1}{6}$ 时,$[8x]$ 当 $k = \frac{1}{8}$ 时都增加 1.

所以 $a = 0, 1, 2, \cdots, 49$,这 50 个区间 $a < x < a + 1$ 中,x 每增加 $\frac{k}{8}$ ($k = 1, 2, \cdots, 8$),共有 8 个,都增加 1,另

外 x 每增加 $\frac{l}{6}(l=1,2,\cdots,6)$，共有 6 个，也都增加 1，在这 $8+6=14$ 个中有 2 个重合，即 $\frac{3}{6}=\frac{4}{8}, \frac{6}{6}=\frac{8}{8}$，因此总共只有 12 个. 例如，在 $[0,1]$ 中共有 12 个这样的分数（从小到大排列）

$$\frac{1}{8}, \frac{1}{6}, \frac{1}{4}, \frac{1}{3}, \frac{3}{8}, \frac{1}{2}, \frac{5}{8}, \frac{2}{3}, \frac{3}{4}, \frac{5}{6}, \frac{7}{8}, 1$$

即在前 20 个正整数中只有 12 个可以表示为所要求的形式. 1 000 个正整数共分成 50 段，每段连续 20 个相邻的正整数，都只有 12 个满足要求，故适合要求的总数共有 $50 \times 12 = 600$ 个.

下面讨论比例 9 更一般的问题：

定理 1 当 $x \in (0,1]$ 时，函数

$$f(x) = [n_1 x] + [n_2 x] + \cdots + [n_s x] \qquad ①$$

所取不同正整数值的个数 M 为

$$M = \sum_{i=1}^{s} n_i - \sum_{1 \leq i < j \leq s} (n_i, n_j) +$$

$$\sum_{1 \leq i < j < k \leq s} (n_i, n_j, n_k) - \cdots +$$

$$(-1)^{s-1} (n_1, n_2, \cdots, n_s) \qquad ②$$

其中 $n_1, n_2, \cdots, n_s$ 为互不相等的自然数，$(n_1, n_2, \cdots, n_s)$ 表示括号内各数的最大公约数.

当 $x \in (0, M], M \in \mathbf{N}$ 时，$f(x)$ 所取不同正整数值的个数为 mM.

证明 当 $x \in (0,1]$ 时，设 $A_i (i=1,2,\cdots,s)$ 为使 $n_i x$ 取正整数的 x 值的集合. 则 $A_i = \{\frac{1}{n_i}, \frac{2}{n_i}, \cdots, \frac{n_i-1}{n_i}, 1\}$，其元素个数 $|A_i| = n_i$. 显然有

第4章 含$[x]$或$\{x\}$的化简、求值问题

$$A_i \cap A_j = \left\{\frac{1}{(n_i,n_j)}, \frac{2}{(n_i,n_j)}, \cdots, 1\right\}$$

$$|A_i \cap A_j| = (n_i, n_j)$$

$$\vdots$$

$$A_1 \cap A_2 \cap \cdots \cap A_s =$$

$$\left\{\frac{1}{(n_1,n_2,\cdots,n_s)}, \frac{2}{(n_1,n_2,\cdots,n_s)}, \cdots, 1\right\}$$

$$|A_1 \cap A_2 \cap \cdots \cap A_s| = (n_1, n_2, \cdots, n_s)$$

因为 $f(x)$ 的值当且仅当 $n_1 x, n_2 x, \cdots, n_s x$ 至少有一个为正整数时才会发生变化. 所以 $f(x)$ 取正整数值的个数 M 为 $|A_1 \cup A_2 \cup \cdots \cup A_s|$,由第12章中的容斥原理得

$$M = \sum_{i=1}^{s} |A_i| - \sum_{1 \leq i < j \leq s} |A_i \cap A_j| +$$

$$\sum_{1 \leq i < j < k \leq s} |A_i \cap A_j \cap A_k| - \cdots +$$

$$(-1)^{s-1} |A_1 \cap A_2 \cap \cdots \cap A_s| =$$

$$\sum_{i=1}^{s} n_i - \sum_{1 \leq i < j \leq s} (n_i, n_j) +$$

$$\sum_{1 \leq i < j < k \leq s} (n_i, n_j, n_k) - \cdots +$$

$$(-1)^{s-1} (n_1, n_2, \cdots, n_s)$$

推论1 设 $m_1, m_2, \cdots, m_k$ 是 k 个不同的自然数且两两互质,则当 $0 \leq x < 1$ 时, $[m_1 x] + [m_2 x] + \cdots + [m_k x]$ 的不同整数的个数为 $\sum_{i=1}^{k} m_i - (k-1)$.

证明 因为 $m_1, m_2, \cdots, m_k$ 两两互质,式②中所有的最大公约数均为1,由定理1,得

$$M = \sum_{i=1}^{k} m_i - C_k^2 + C_k^3 - \cdots + (-1)^{t-1} C_k^t + \cdots +$$

$$(-1)^{k-1}C_k^k = \sum_{i=1}^{k} m_i + 1 - k -$$
$$[C_k^0 - C_k^1 + C_k^2 - C_k^3 + \cdots + (-1)^t C_k^t + \cdots +$$
$$(-1)^k C_k^k] = \sum_{i=1}^{k} m_i - (k-1)$$

故推论1得证.

推论 2 设 m_1, m_2 是两个不同的自然数且 $m_1 | m_2$,则当 $0 \leq x < 1$ 时,$[m_1 x] + [m_2 x]$ 的不同整数的个数与 $[m_2 x]$ 的不同整数的个数相同.

证明 因为 $m_1 | m_2$,所以 $(m_1, m_2) = m_1$.

由定理1得,当 $0 \leq x < 1$ 时,$[m_1 x] + [m_2 x]$ 的不同整数的个数为 $m_1 + m_2 - m_1 = m_2$. 这与 $[m_2 x]$ 的不同整数个数相同.

定理 2 设 $m_1, m_2, \cdots, m_k$ 是 k 个不同的自然数,当 $0 \leq x \leq Q$(Q 为自然数),则 $[m_1 x] + [m_2 x] + \cdots + [m_k x]$ 的所有不同整数的个数为 $M' = QM + 1$.

证明 当 $0 \leq x < 1$ 时,$0 \leq m_j x < m_j$. 所以
$$0 \leq [m_j x] \leq m_j - 1 < m_j (j = 1, 2, \cdots, k)$$
所以
$$0 \leq [m_1 x] + [m_2 x] + \cdots + [m_k x] < m_1 + m_2 + \cdots + m_k$$

由定理1知,$[m_1 x] + [m_2 x] + \cdots + [m_k x]$ 在 $[0, m_1 + m_2 + \cdots + m_k)$ 中取 M 个不同的整数.

当 $p - 1 \leq x < p (p = 2, 3, \cdots, Q)$ 时,令 $x = p - 1 + x'$,这里 $0 \leq x' < 1$,则
$$[m_1 x] + [m_2 x] + \cdots + [m_k x] =$$
$$(p-1)(m_1 + m_2 + \cdots + m_k) +$$
$$[m_1 x'] + [m_2 x'] + \cdots + [m_k x']$$

即 $[m_1 x] + [m_2 x] + \cdots + [m_k x]$ 取 $[(p-1)(m_1 + m_2 + \cdots +$

第4章 含$[x]$或$\{x\}$的化简、求值问题

$m_k), p(m_1+m_2+\cdots+m_k)]$中的$M$个不同整数$(p=2, 3,\cdots,Q)$. 故$[m_1 x]+[m_2 x]+\cdots+[m_k x]$得整数$Q(m_1+m_2+\cdots+m_k)$与上面$QM$个整数都不同，故有$M'=QM+1$个.

例10 求$[6x]+[8x]+[15x]$，当$0 \leqslant x \leqslant 5$时，取不同整数的个数.

解 因为$(6,8)=2,(6,15)=3,(8,15)=1,(6,8,15)=1$.

由定理1，得

$$M=6+8+15-(2+3+1)+1=24$$

再由定理2，得

$$M'=5 \times 24+1=121$$

例11 求$[7x]+[9x]+[10x]+[17x]$，当$0 \leqslant x \leqslant 4$时，取不同整数的个数.

解 因为$7,9,10,17$两两互质，由推论1，得

$$M=(7+9+10+17)-(4-1)=40$$

再由定理2，得

$$M'=4 \times 40+1=161$$

例12 求$[3x]+[5x]+[6x]+[8x]+[12x]+[20x]$，当$0 \leqslant x < 3\frac{1}{11}$时，取不同整数的个数.

解 因为$3|6,6|12,5|20$，所以可将$[3x],[6x],[5x]$去掉，仅考虑$[8x]+[12x]+[20x]$.

当$0 \leqslant x < 1$时，利用定理1，得

$$M=8+12+20-(8,12)-(8,20)-(12,20)+(8,12,20)=32$$

当$0 \leqslant x \leqslant 3$时，由定理2，得

$$M'=3 \times 32+1=97$$

59

易知 $3 \leqslant x < 4$ 时,开头的几个分点依为 $3, 3\frac{1}{20}$, $3\frac{1}{12}, 3\frac{1}{10}, \cdots$.

故当 $0 \leqslant x < 3\frac{1}{20}$ 时, $M' = 97$. 由此可得 $0 \leqslant x < 3\frac{1}{11}$ 时, $[3x] + [5x] + [6x] + [8x] + [12x] + [20x]$ 的不同整数的个数为 $97 + 2 = 99$(多 2 个对应分点 $3\frac{1}{20}, 3\frac{1}{12}$ 的整数值).

如在例 9 中

$$\sum n_i = 2 + 4 + 6 + 8 = 20$$

$$\sum_{1 \leqslant i < j \leqslant 4}(n_i, n_j) = (2,4) + (2,6) + (2,8) +$$
$$(4,6) + (4,8) + (6,8) =$$
$$2 + 2 + 2 + 2 + 4 + 2 = 14$$

$$\sum_{1 \leqslant i < j < k \leqslant 4}(n_i, n_j, n_k) = (2,4,6) + (2,4,8) +$$
$$(2,6,8) + (4,6,8) =$$
$$2 + 2 + 2 + 2 = 8$$

$$(n_1, n_2, n_3, n_4) = (2,4,6,8) = 2$$

得

$$M = 20 - 14 + 8 - 2 = 12$$

因为

$$f(x) = [2x] + [4x] + [6x] + [8x] \leqslant$$
$$2x + 4x + 6x + 8x = 20x \leqslant 1\ 000$$

所以 $x \leqslant 50$.

故前 1 000 个正整数中,可以表示成 $[2x] + [4x] + [6x] + [8x]$ 形式的正整数有 $12 \times 50 = 600$ 个.

第4章 含[x]或{x}的化简、求值问题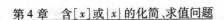

类似地,由 $20x \leqslant 10\,000$,所以 $x \leqslant 500$.所以前 10 000 个正整数中,可以表示成 $[2x]+[4x]+[6x]+[8x]$ 形式的正整数有 $12 \times 500 = 6\,000$ 个.

练 习 一

1. 若 $y = 4(\frac{x+[u]}{4} - [\frac{x+[u]}{4}])$ 且当:

   $x = 1,8,11,14$ 时,$y = 1$;

   $x = 2,5,12,15$ 时,$y = 2$;

   $x = 3,6,9,16$ 时,$y = 3$;

   $x = 4,7,10,13$ 时,$y = 0$.

   则表达式中的 u 等于( ).

   A. $\frac{x+2}{4}$ B. $\frac{x+1}{4}$ C. $\frac{x}{4}$ D. $\frac{x-1}{4}$

   (1985 年全国初中数学联赛题)

2. $a \in \mathbf{N}$,求 $[\sqrt{a^2+a+1}]$.

3. (1) 若 $x = 29 + 17\frac{46}{\sqrt{3}}$,求 $x^2 - x[x]$ 的值.

   (1993 年浙江省初中数学竞赛题)

   (2) 求 $[\sqrt[3]{1+\sqrt[3]{2+\sqrt[3]{3+\sqrt[3]{\cdots+\sqrt[3]{1\,987}}}}}]$.

4. 设 $S = 1 + \frac{1}{\sqrt{3}} + \frac{1}{\sqrt{5}} + \cdots + \frac{1}{\sqrt{2k-1}} + \cdots + \frac{1}{\sqrt{1\,981^2}}$,求 $[S]$.

5. 利用 n 的一个式子表示 $\sum_{k=1}^{n^2}[\sqrt{k}]$.

6. 计算 $\left[\dfrac{2+\sqrt{2}}{2}\right]+\left[\dfrac{3+\sqrt{3}}{3}\right]+\left[\dfrac{4+\sqrt{4}}{4}\right]+\cdots+\left[\dfrac{1\,990+\sqrt{1\,990}}{1\,990}\right]$.

(1990年第一届"希望杯"高一数学竞赛题)

7. 计算 $[\sqrt{1}]+[\sqrt{2}]+[\sqrt{3}]+\cdots+[\sqrt{1\,989\times 1\,990}]+[-\sqrt{1}]+[-\sqrt{2}]+[-\sqrt{3}]+\cdots+[-\sqrt{1\,989\times 1\,990}]$.

(1990年第一届"希望杯"高二数学竞赛题)

8. 设 $S=\sqrt{2+\sqrt[3]{3+\sqrt[4]{4+\cdots+\sqrt[1\,989]{1\,989+\sqrt[1\,990]{1\,990}}}}}$,求 S 的整数部分的值.

(1990年福州市高中数学竞赛题)

9. 设 $S=1+\dfrac{1}{2^2}+\dfrac{1}{3^2}+\cdots+\dfrac{1}{n^2}$,求 $[S]$.

10. 设 $S=\dfrac{1}{1!}+\dfrac{1}{2!}+\dfrac{1}{3!}+\cdots+\dfrac{1}{n!}$,求 $[S]$.

11. 求 $\left[\dfrac{1}{\sqrt[3]{4}}+\dfrac{1}{\sqrt[3]{5}}+\cdots+\dfrac{1}{\sqrt[3]{1\,000\,000}}\right]$.

(1986年第一届数学奥林匹克国家集训队训练题)

12. 设 $a_i=i(i+1)(i+10)(i+11)$,$i=1,2,\cdots,n$,求和式 $\sum\limits_{i=1}^{n}[\sqrt{a_i}]$.

13. 设 $\lambda=\dfrac{1}{\sqrt{1+1\,993^2}}+\dfrac{1}{\sqrt{2+1\,993^2}}+\cdots+\dfrac{1}{\sqrt{1\,993+1\,993^2}}$,求 $[1\,993\lambda]$.

(1993年北京市高一数学竞赛题)

14. 设 m,n 为自然数,试求 $\sum\limits_{k=0}^{mn-1}(-1)^{\left[\frac{k}{m}\right]+\left[\frac{k}{n}\right]}$.

(1992年独联体数学冬令营试题)

15. 问 1 至 1 990 中有多少个整数 m 使得 $\dfrac{m^2+7}{m+4}$ 不是既约分数?

(1990 年第 41 届美国中学生数学竞赛题)

16. 试求所有这样的数 a, 使 $[a], [2a], \cdots, [na]$ 互不相同, $\left[\dfrac{1}{a}\right], \left[\dfrac{2}{a}\right], \cdots, \left[\dfrac{n}{a}\right]$ 也互不相同 (n 是固定的自然数).

(第 18 届莫斯科数学奥林匹克试题)

17. 当 $0 \leqslant x \leqslant 10$ 时, $f(x) = [x] + [2x] + [3x] + [4x]$, 则有不同的整数的个数为多少?

(1992 年江苏省高二数学竞赛题)

含$[x]$或$\{x\}$的方程

解含有$[x]$的方程,其解法的基本思想是利用$[x]$的定义与性质,把含有$[x]$的方程转化为只含x的普通方程或不等式(组). 即设法先求出$[x]$的值,再代入求解的方程,从而使含$[x]$的方程化为关于x的普通方程来求解.

解关于$\{x\}$的方程的方法与上面的解法相仿或由$\{x\}=x-[x]$转化为含$[x]$的方程求解.

例1 求方程$[3x+1]=2x-\dfrac{1}{2}$的所有根之和.

(1987年全国初中数学联赛题)

解法1 利用$[3x+1]=3x+1-\{3x+1\}$,把方程变形为仅含$\{3x+1\}$形式的方程,得

$$3x+1-\{3x+1\}=2x-\dfrac{1}{2}$$

即

$$\{3x+1\}=x+\dfrac{3}{2}$$

这样就可以根据 $0 \leqslant \{3x+1\} < 1$，求出 x 的取值范围，从而估出 $[3x+1]$ 的可能值. 故
$$0 \leqslant x + \frac{3}{2} < 1$$
所以
$$-\frac{3}{2} \leqslant x < -\frac{1}{2} \qquad ①$$
所以
$$-\frac{7}{2} \leqslant 3x+1 < -\frac{1}{2}$$
所以 $[3x+1] = -3, -2, -1.$

当 $[3x+1] = -3$ 时, 代入原方程得
$$-3 = 2x - \frac{1}{2}$$

解得 $x = -\frac{5}{4}$.

当 $[3x+1] = -2$ 时, 代入原方程得
$$-2 = 2x - \frac{1}{2}$$

解得 $x = -\frac{3}{4}$.

当 $[3x+1] = -1$ 时, 代入原方程得
$$-1 = 2x - \frac{1}{2}$$

解得 $x = -\frac{1}{4}$.

由于 $x = -\frac{1}{4}$ 不满足①, 应舍去.

故原方程所有根之和为 $-\frac{5}{4} + (-\frac{3}{4}) = -2.$

解法2 设 $[3x+1] = t$, 则 $2x - \frac{1}{2} = t$, 那么 $x =$

[x]与{x}

$\frac{1}{2}t + \frac{1}{4}$,因此

$$3x + 1 = \frac{3}{2}t + \frac{7}{4}$$

所以 $0 \leqslant (\frac{3}{2}t + \frac{7}{4}) - t < 1$.

解此不等式,得 $-\frac{7}{2} \leqslant t < -\frac{3}{2}$.因为 t 是整数,所以 $t = -2$ 或 $t = -3$.

当 $t = -2$ 时,$x = -\frac{3}{4}$;当 $t = -3$ 时,$x = -\frac{5}{4}$.故原方程的所有根之和为 -2.

解法 3 原方程可化为

$$[3x] + 1 = 2x - \frac{1}{2}$$

即

$$[3x] = 2x - \frac{3}{2}$$

则解题过程将更简便些,请读者自行解之.

例 2 (1)求方程 $[1.9x] + [8.8y] = 36$ 的正整数解.
(1988 年广州、武汉、福州、重庆、洛阳五市初中数学联赛题)

(2)求方程 $[x]^2 = x\{x\}$ 的正数解.

(1989 年全国高中数学联赛题)

解 (1)因为 $x \geqslant 1, y \geqslant 1$,所以 $[x] \geqslant 1, [y] \geqslant 1$.
所以

$$[8.8y] \geqslant [8.8][y] = 8[y]$$
$$[1.9x] \geqslant [1.9][x] = [x] \geqslant 1$$

所以 $1 \leqslant [y] \leqslant [\frac{35}{8}] = 4$.

当 $y=1$ 时,代入原方程求得 $x=15$;
当 $y=2$ 时,代入原方程求得 $x=10$;
当 $y=3$ 时,代入原方程知 x 无整数解;
当 $y=4$ 时,代入原方程求得 $x=1$.
故所求方程的正整数的解为

$$\begin{cases} x=1 \\ y=4 \end{cases}, \begin{cases} x=10 \\ y=2 \end{cases}, \begin{cases} x=15 \\ y=1 \end{cases}$$

(2)因为 $x=[x]+\{x\}$,代入原方程得

$$\{x\}^2+[x]\{x\}-[x]^2=0$$

所以 $\{x\}=\dfrac{-1\pm\sqrt{5}}{2}[x]$.

因为 $\{x\}\geqslant 0$,所以 $\{x\}=\dfrac{\sqrt{5}-1}{2}[x]$. 又 $\dfrac{1}{2}(\sqrt{5}-1)>\dfrac{1}{2}$,$\{x\}<1$,所以 $[x]=1$.

所以 $\{x\}=\dfrac{\sqrt{5}-1}{2}$. 故原方程的正数解为

$$x=1+\dfrac{\sqrt{5}-1}{2}=\dfrac{\sqrt{5}+1}{2}$$

例3 解方程 $\left[\dfrac{2x-1}{3}\right]=\left[\dfrac{2x+5}{5}\right]$.

解 由性质 11 可得

$$-1<\dfrac{2x-1}{3}-\dfrac{2x+5}{5}<1$$

解这个不等式,得

$$\dfrac{5}{4}<x<\dfrac{35}{4} \qquad ①$$

设 $\left[\dfrac{2x-1}{3}\right]=\left[\dfrac{2x+5}{5}\right]=n(n\in\mathbf{N})$. 由不等式①和

[x]与{x}

原方程确定 n 的值是:1,2,3,4. 由此得出方程组

$$\text{I}\begin{cases}[\dfrac{2x-1}{3}]=1\\[\dfrac{2x+5}{5}]=1\end{cases},\quad \text{II}\begin{cases}[\dfrac{2x-1}{3}]=2\\[\dfrac{2x+5}{5}]=2\end{cases}$$

$$\text{III}\begin{cases}[\dfrac{2x-1}{3}]=3\\[\dfrac{2x+5}{5}]=3\end{cases},\quad \text{IV}\begin{cases}[\dfrac{2x-1}{3}]=4\\[\dfrac{2x+5}{5}]=4\end{cases}$$

相应的不等式组为

$$\text{I}'\begin{cases}1\leqslant\dfrac{2x-1}{3}<2\\1\leqslant\dfrac{2x+5}{5}<2\end{cases},\quad \text{II}'\begin{cases}2\leqslant\dfrac{2x-1}{3}<3\\2\leqslant\dfrac{2x+5}{5}<3\end{cases}$$

$$\text{III}'\begin{cases}3\leqslant\dfrac{2x-1}{3}<4\\3\leqslant\dfrac{2x+5}{5}<4\end{cases},\quad \text{IV}'\begin{cases}4\leqslant\dfrac{2x-1}{3}<5\\4\leqslant\dfrac{2x+5}{5}<5\end{cases}$$

其解分别是

$$\text{I}''\ \ 2\leqslant x<\dfrac{5}{2},\quad \text{II}''\ \ \dfrac{7}{2}\leqslant x<5$$

$$\text{III}''\ \ 5\leqslant x<\dfrac{13}{2},\quad \text{IV}''\ \ \dfrac{15}{2}\leqslant x<8$$

满足以上任何一个不等式的数都是原方程的解（其中 II″ 和 III″ 可合并为 $\dfrac{7}{2}\leqslant x<\dfrac{13}{2}$）.

例4 解关于 x 的方程
$$ax+b[x]=c\ (a>0,b>0)$$

解 因为 $x=[x]+\{x\}$，则有
$$a([x]+\{x\})+b[x]=c$$

第5章 含$[x]$或$\{x\}$的方程

$$(a+b)[x]+a\{x\}=c$$

所以
$$\{x\}=\frac{c-(a+b)[x]}{a}$$

因为$0 \leqslant \{x\} < 1$,所以
$$0 \leqslant \frac{c-(a+b)[x]}{a} < 1$$

从而
$$-\frac{a-c}{a+b} \leqslant [x] \leqslant \frac{c}{a+b}$$

由于
$$\frac{c}{a+b}-(-\frac{a-c}{a+b})=\frac{a}{a+b}, a>0, b>0$$

所以$0 < \frac{c}{a+b}-(-\frac{a-c}{a+b}) < 1$.

即$[x]$在长度小于1的区间里,其中最多有一个整数. 如果有,它就是方程的解;如果没有,则方程无解.

例5 若a,b都是整数,求满足方程组$[x]+2y=a$和$[y]+2x=b$的实数对(x,y).

(1992年第33届IMO加拿大训练题)

解 $2y=a-[x]$和$2x=b-[y]$都是整数,假定x和y都是整数,则$(x,y)=(\frac{2b-a}{3},\frac{2a-b}{3})$,当且仅当$2b-a$和$2a-b$都能被3整除,或等价地$a+b \equiv 0 \pmod{3}$,这是方程的解.

假定x是一个整数,而y与这个整数相差$\frac{1}{2}$,则
$$(x,y)=(\frac{2b-a+1}{3},\frac{2a-b-2}{3}+\frac{1}{2})$$

[x]与{x}

当$2b-a+1$和$2a-b-2$能被3整除,或等价地,$a+b\equiv1(\bmod 3)$,它是方程的解.

假定x不是整数,y是整数,同理
$$(x,y)=(\frac{2b-a-2}{3}+\frac{1}{2},\frac{2a-b+1}{3})$$
是方程的解.假定x,y都不是整数,同理知
$$(x,y)=(\frac{2b-a-1}{3}+\frac{1}{2},\frac{2a-b-1}{3}+\frac{1}{2})$$
是方程的解.

总之,当$a+b\equiv1(\bmod 3)$时,方程有两解,否则,有唯一解.

例6 求满足$[x^2-2x]=[x]^2-2[x]$的一切实数x.

(1991年上海市高三数学竞赛题)

解 设$[x]=n,x-[x]=y$,则$n\in\mathbf{Z},y\in[0,1)$.原方程化为
$$[(n+y)^2-2(n+y)]=n^2-2n$$
即
$$[y^2+2(n-1)y]=0$$
所以
$$0\leqslant y^2+2(n-1)y<1 \qquad ①$$

当$n\leqslant 0$时,即n是非正的整数时,只有$y=0$满足式①;当$n=1$时,此时y取$[0,1)$中的数都满足式①;当$n\geqslant 1$时,不等式①的解为
$$[0,\sqrt{(n-1)^2+1}-n+1)$$
综上所述,满足方程的全部实数是:

非正的整数,$[1,\sqrt{2}+1)$,$[n,\sqrt{(n-1)^2+1}+1)$其中$n=3,4,5,\cdots$.

例7 (1)找出一个实数x,满足$\{x\}+\{\frac{1}{x}\}=1$;

(2)证明满足上述等式的 x 都不是有理数.

(1990年全国初中数学联赛题)

这是一道旧题,原题见1988年北京大学出版社出版的《第一届数学奥林匹克国家集训队资料选编(1986)》第52页6题. 下面给出此题的几种解法.

解法1 设 $x = m + \alpha, \frac{1}{x} = n + \beta$ (m, n 是整数, $0 \leq \alpha, \beta < 1$). 则由题设条件知

$$\{x\} + \left\{\frac{1}{x}\right\} = 1 \Rightarrow \{m + \alpha\} + \{n + \beta\} = 1 \Rightarrow \alpha + \beta = 1$$

从而

$$x + \frac{1}{x} = m + \alpha + n + \beta = m + n + 1$$

因为 m, n 是整数,$m + n + 1$ 为整数,设为 k,则有

$$x + \frac{1}{x} = k \Rightarrow x^2 - kx + 1 = 0$$

所以

$$x = \frac{1}{2}(k \pm \sqrt{k^2 - 4}) \qquad ①$$

当 $|k| = 2$ 时,$|x| = 1$,它不满足题设条件.

当 $|k| \geq 3$ 时,$x = \frac{1}{2}(k \pm \sqrt{k^2 - 4})$ 是满足题设条件的全体实数.

由于 $k^2 - 4$ 不是完全平方数(事实上,设 $k^2 - 4 = h^2$,则 $k^2 - h^2 = 4$,但当 $|k| \geq 3$ 时,两个平方数之差不小于5),故知 x 是无理数,即满足等式的 x 都不是有理数.

解法2 因为

$$\{x\} + \left\{\frac{1}{x}\right\} = 1$$

[x]与{x}

所以
$$x - [x] + \frac{1}{x} - \left[\frac{1}{x}\right] = 1$$
$$x + \frac{1}{x} = [x] + \left[\frac{1}{x}\right] + 1$$

设 $[x] + \left[\frac{1}{x}\right] + 1 = k(k \in \mathbf{Z})$，则有
$$x + \frac{1}{x} = k$$

以下同解法 1.

解法 3 应用反证法，设满足题设条件的 x 为整数，则 $\{x\} = 0$，从而 $\left\{\frac{1}{x}\right\} = 1$，这与 $0 \leqslant \left\{\frac{1}{x}\right\} < 1$ 矛盾.

设满足题设条件的 x 为非整数的有理数，令
$$x = n + \frac{q}{p}$$

（其中 p, q, n 都是整数 $1 \leqslant q < p, (p, q) = 1$）

则
$$\frac{1}{x} = \frac{p}{np + q} = \rho + \frac{r}{np + q}$$

其中 ρ, r 为整数，当 $n \geqslant 0$ 时，$0 \leqslant r < np + q$，当 $n \leqslant -1$ 时，$np + q < r \leqslant 0$. 所以
$$\left\{\frac{1}{x}\right\} = \frac{r}{np + q}$$

以此代入题设条件 $\{x\} + \left\{\frac{1}{x}\right\} = 1$，得
$$\frac{q}{p} + \frac{r}{np + q} = 1$$

即
$$q(np + q) + pr = p(np + q)$$

第5章 含[x]或{x}的方程

$$q^2 = p[np+(1-n)q-r]$$

故知 p 可整除 q^2，这与条件 $(p,q)=1$ 矛盾.

综上所述，满足 $\{x\}+\{\dfrac{1}{x}\}=1$ 的 x 都不是有理数.

在①中，取 $k=3$，则 $x=\dfrac{1}{2}(3\pm\sqrt{5})$，这就是满足方程 $\{x\}+\{\dfrac{1}{x}\}=1$ 的一个实数.

例8 设 n 为自然数，问关于 x 的方程
$$x^2-[x^2]=(x-[x])^2$$
在 $1\leqslant x\leqslant n$ 中共有多少个解？

(1982年瑞典数学竞赛题)

解 显然 $x=n$ 是方程的一个解. 设 $1\leqslant x<n$，$m=[x]$，$r=\{x\}$，则

$$x = m+r(0\leqslant r<1)$$
$$x^2 = m^2+2mr+r^2$$
$$[x^2] = m^2+[2mr+r^2]$$
$$x-[x] = r$$

所以原方程可化为
$$m^2+2mr+r^2-m^2-[2mr+r^2]=r^2$$
即
$$2mr=[2mr+r^2]$$

这就是说，当且仅当 $2mr$ 是整数时，$x=m+r$ 就是原方程的一个解. 因为 $0\leqslant r<1$，所以 r 可取 $0,\dfrac{1}{2m},\dfrac{2}{2m},\cdots,\dfrac{2m-1}{2m}$，共有 $2m$ 个值，又在 $[1,n)$ 中，m 可取 $1,2,3,\cdots,n-1$. 因此这类解的总数为
$$2\times 1+2\times 2+\cdots+2\times(n-1)=$$
$$2\times(1+2+\cdots+(n-1))=n(n-1)$$

再加上 $x=n$ 这一个解,故共有 n^2-n+1 个解.

例9 求适合方程 $3[12x]+2[18x]=7[11x]$ 的全部实数解.

(1983年第一届《中学理科参考资料》有奖征答题(广西))

本题在第36页的例22中给出了一种解法,下面来研究另一种解法.

解 先证明一个结论:

对任意实数 x 和 y,恒有
$$[x]-[y]-1 \leqslant [x-y] \leqslant [x]-[y]$$

证明 设 $x=m_1+r_1, y=m_2+r_2$,其中 $m_1, m_2 \in \mathbf{Z}$, $0 \leqslant r_1, r_2 < 1$,则
$$x-y=(m_1-m_2)+(r_1-r_2)$$
从而
$$m_1-m_2-r_2 \leqslant x-y \leqslant m_1-m_2+r_2$$
所以
$$m_1-m_2-1 \leqslant [m_1-m_2-r_2] \leqslant [x-y] \leqslant [m_1-m_2+r_1]=m_1-m_2$$
但因 $m_1=[x], m_2=[y]$,所以
$$[x]-[y]-1 \leqslant [x-y] \leqslant [x]-[y]$$

下面再来解例9.

设 $x=m+r$,其中 $m \in \mathbf{Z}, 0 \leqslant r < 1$,则由原方程得
$$5m=3[12r]+2[18r]-7[11r] \qquad ①$$
运用上述结论,有
$$5m=3([12r]-[11r])+2([18r]-[11r])-2[11r] \geqslant$$
$$3[12r-11r]+2[18r-11r]-2[11r]=$$
$$3[r]+2[7r]-2[11r]=-2([11r]-[7r]) \geqslant$$
$$-2([11r-7r]+1)=-2[4r]-2 >$$

$$-2\times 4-2=-10$$

所以 $m>-12$.

另一方面
$$5m=3([12r]-[11r]-1)+2([18r]-$$
$$[11r]-1)-2[11r]+5\leqslant$$
$$3[r]+2[7r]-2[11r]+5=$$
$$5-2([11r]-[7r])\leqslant 5$$

所以 $m\leqslant 1$.

由 $-2<m\leqslant 1$,且 $m\in \mathbf{Z}$ 知: $m=-1,0,1$. 为了求出 r,分别设 $[12r]=2k$ 及 $[12r]=2k+1(k\in \mathbf{Z})$ 两种情况进行讨论.

(1) 若 $[12r]=2k$,则由 $0\leqslant r<1$ 可知 $0\leqslant k\leqslant 5$,且 $3k\leqslant 18r<3k+\dfrac{3}{2}$. 从而 $[18r]=3k$ 或 $3k+1$.

i) 若 $[12r]=2k,[18r]=3k$ 代入式 (*),有
$$5m=12k-7[11r]$$
即
$$7[11r]=12k-5m$$

从而 $7|(12k-5m)$, $7|5(k-m)$,所以 $7|(k-m)$. 由 $0\leqslant k\leqslant 5, m=-1,0,1$ 知 $-1\leqslant k-m\leqslant 6$.

故 $k-m=0$,即 $m=k$. 所以 $m=k=0$ 或 $m=k=1$.

当 $m=k=0$ 时
$$[12r]=0,[18r]=0$$
$$[11r]=\dfrac{12}{7}k-\dfrac{5}{7}m=0$$

即有
$$0\leqslant 12r<1, 0\leqslant 18r<1, 0\leqslant 11r<1$$

解得 $0\leqslant r<\dfrac{1}{18}$. 从而由 $x=m+r$ 得

$$0 \leqslant x < \frac{1}{18}$$

当 $m = k = 1$ 时,$[12r] = 2,[18r] = 3,[11r] = 1$,即有 $2 \leqslant 12r < 3, 3 \leqslant 18r < 4, 1 \leqslant 11r < 2$,解之得 $\frac{1}{6} \leqslant r < \frac{2}{11}$,从而

$$1\frac{1}{6} \leqslant x < 1\frac{2}{11}$$

ii) 以 $[12r] = 2k, [18r] = 3k + 1$ 代入式(*),并利用与i)类似的方法可知:

当 $m = -1, k = 0; m = 1, k = 2$ 时,均无解.

当 $m = 0, k = 1$ 时,$\frac{2}{9} \leqslant x < \frac{1}{4}$.

(2) 若 $[12r] = 2k + 1$,则易知 $0 \leqslant k \leqslant 5$ 且 $[18r] = 3k + 1$ 或 $3k + 2$.

对于这一情况,读者可以仿(1)进行讨论,从而得到原方程的解为

$$1\frac{1}{12} \leqslant x < 1\frac{1}{11}, -\frac{1}{12} \leqslant x < -\frac{1}{18}, \frac{1}{9} \leqslant x < \frac{1}{6}$$

综上所述,原方程的解集为

$$x = [-\frac{1}{12}, -\frac{1}{18}) \cup [0, \frac{1}{18}) \cup [\frac{1}{9}, \frac{1}{6}) \cup$$

$$[\frac{2}{9}, \frac{1}{4}) \cup [1\frac{1}{12}, 1\frac{1}{11}) \cup [1\frac{1}{6}, 1\frac{2}{11})$$

例 10 求出方程 $[n\sqrt{2}] = [2 + m\sqrt{2}]$ 的所有整数解.

(1987 年第 28 届 IMO 候选题)

解法 1 先设 m 为正整数,n 当然也是正整数,显然 $n > m$,而

$$[(m+3)\sqrt{2}] = [m\sqrt{2} + 3\sqrt{2}] > [m\sqrt{2}] + 4$$

所以 $n = m+1$ 或 $n = m+2$

当 $n = m+1$ 时

$$[m\sqrt{2}] + 2 = [m\sqrt{2} + \sqrt{2}] =$$
$$[m\sqrt{2}] + [\{m\sqrt{2}\} + \sqrt{2}] \Leftrightarrow$$
$$\{m\sqrt{2}\} \geq 2 - \sqrt{2}$$

当 $n = m+2$ 时

$$[m\sqrt{2}] + 2 = [m\sqrt{2} + 2\sqrt{2}] = [m\sqrt{2}] +$$
$$[\{m\sqrt{2}\} + 2\sqrt{2}] \Leftrightarrow$$
$$\{m\sqrt{2}\} < 3 - 2\sqrt{2}$$

我们熟知,在 α,β 为正无理数并且 $\dfrac{1}{\alpha} + \dfrac{1}{\beta} = 1$ 时,集 $\{[m\alpha], m = 1, 2, \cdots\}$ 与集 $\{[n\beta], n = 1, 2, \cdots\}$ 是互补的,即它们的交集为空集,并集为自然数集 **N**. 现在有 $\dfrac{1}{\sqrt{2}} + \dfrac{1}{2+\sqrt{2}} = 1$,所以集 $\{[m\sqrt{2}], m = 1, 2, \cdots\}$ 与集 $\{[(2+\sqrt{2})h], h = 1, 2, \cdots\}$ 互补.

若 $n = m+1$,则 $[m\sqrt{2}]$ 与 $[(m+1)\sqrt{2}]$ 之间恰有一个整数 $[(2+\sqrt{2})h]$,所以

$$m\sqrt{2} < (2+\sqrt{2})h < (m+1)\sqrt{2}$$

即 $m < (\sqrt{2}+1)h < m+1$

这时必有 $m = [(\sqrt{2}+1)h]$.

若 $n = m+2$,则 $[m\sqrt{2}], [(m+1)\sqrt{2}], [(m+2)\sqrt{2}]$ 是三个连续整数,由于

$$3 < [(2+\sqrt{2})(h+1)] - [(2+\sqrt{2})h] \leq$$
$$[2+\sqrt{2}-1] = 4$$

所以$[m\sqrt{2}]$前面的整数为$[(2+\sqrt{2})h]$,$[n\sqrt{2}]$后面的整数为$[(2+\sqrt{2})(h+1)]$,并且$[(2+\sqrt{2})h]$前面的整数是
$$[(m-1)\sqrt{2}]$$
从而
$$(m-1)\sqrt{2}<(2+\sqrt{2})h<m\sqrt{2}<$$
$$(m+2)\sqrt{2}<(2+\sqrt{2})(h+1)$$
即
$$m-1<(1+\sqrt{2})h<m<m+2<(1+\sqrt{2})(h+1)$$
这时必有
$$m=[(1+\sqrt{2})h]+1=$$
$$[(1+\sqrt{2})h]+$$
$$\left[\frac{(1+\sqrt{2})(h+1)-[(1+\sqrt{2})h]}{3}\right]$$
于是方程
$$[m\sqrt{2}+2]=n\sqrt{2} \qquad ①$$
的正整数解必为
$$\begin{cases} m=[(1+\sqrt{2})h]+\left[\dfrac{[(1+\sqrt{2})(h+1)]-[(1+\sqrt{2})h]}{3}\right] \\ n=[(1+\sqrt{2})h]+1+2\left[\dfrac{(1+\sqrt{2})(h+1)-[(1+\sqrt{2})h]}{3}\right] \end{cases} \qquad ②$$
其中$h=1,2,3,\cdots$.

我们证明这样的(m,n)确实是①的解.

令$\sqrt{2}h=l+t$,l是正整数,$0<t<1$. 若$t<2-\sqrt{2}$,则
$$[(1+\sqrt{2})(h+1)]-[(1+\sqrt{2})h]=$$

$$[1+\sqrt{2}+\{(1+\sqrt{2})h\}]=[1+\sqrt{2}+t]=2$$

所以

$$m=[(1+\sqrt{2})h]=h+l, n=h+l+1=m+1$$

由于

$$\{m\sqrt{2}\}=\{(h+1)\sqrt{2}\}=\{l+t+(\sqrt{2}h-t)\sqrt{2}\}=$$
$$\{1-t(\sqrt{2}-1)\}\geqslant 1-(\sqrt{2}-1)=2-\sqrt{2}$$

所以式①成立.

若 $t>2-\sqrt{2}$,则

$$m=[(1+\sqrt{2})h]+1=h+l+1, n=m+2$$
$$\{m\sqrt{2}\}=\{(h+l+1)\sqrt{2}\}=$$
$$\{\sqrt{2}-1+t(\sqrt{2}-1)\}=$$
$$(\sqrt{2}-1)(1-t)<(\sqrt{2}-1)(\sqrt{2}-1)=$$
$$3-2\sqrt{2}$$

所以式①成立.

$t=2-\sqrt{2}$ 的情况不会发生,因为若

$$\sqrt{2}h=l+2-\sqrt{2}$$

则 $\sqrt{2}=\dfrac{l+2}{h+1}$ 为有理数,矛盾!

于是②是①的解,并包括了所有正整数解.

如果 $m=0$,则 $n=2$.

如果 $m<0$,则 $n\leqslant 0$. 由于 $[-x]=-[x]-1$,所以由①得

$$-[-m\sqrt{2}-2]-1=-[-n\sqrt{2}]-1$$

即

$$[-m\sqrt{2}]=[-n\sqrt{2}+2]$$

从而

$$\begin{cases} n = -[(\sqrt{2}+1)h] - \left[\dfrac{[(\sqrt{2}+1)(h+1)] - [(\sqrt{2}+1)h]}{3}\right] \\ m = -[(\sqrt{2}+1)h] - 1 - 2\left[\dfrac{[(\sqrt{2}+1)(h+1)] - [(\sqrt{2}+1)h]}{3}\right] \end{cases}$$

$$h = 0, 1, 2, \cdots$$

解法 2 对于 $n = m + 2$ 的情况,由前面的推导可得

$$\begin{cases} [m\sqrt{2}] = [(2+\sqrt{2})h] + 1 \\ [(2+\sqrt{2})(h+1)] = [(2+\sqrt{2})h] + 4 \end{cases}$$

根据对前一情况的讨论,由第一式得(m 相当于 n)

$$m = [(1+\sqrt{2})h] + 1$$

第二式即

$$[\sqrt{2}(h+1)] = [\sqrt{2}h + 2]$$

仍由对前一种情况的讨论,得(h 相当于 m)

$$h = [(1+\sqrt{2})k]$$

于是

$$m = [(1+\sqrt{2})][(1+\sqrt{2})k] + 1 = 3k + 2[\sqrt{2}k]$$

从而 $\begin{cases} m = h + [\sqrt{2}h] \\ n = h + 1 + [\sqrt{2}h] \end{cases},\begin{cases} m = 3h + 2[\sqrt{2}h] \\ n = 3h + 2 + 2[\sqrt{2}h] \end{cases}.$

在 $h \in \mathbf{N}$ 时,都是①的解,将推导过程逆过去,或令 $\sqrt{2}h = l + t$,如同前面那样证明,即知它们是①的全部正整数解.

例 11 设 α 是方程

$$x^2 - 1989x - 1 = 0 \qquad ①$$

的正根. 证明存在无穷多个自然数 n,满足方程

$$[\alpha n + 1989\alpha[\alpha n]] = 1989n + (1989^2 + 1)[\alpha n] \quad ②$$

(1989 年第 30 届 IMO 候选题)

解 事实上,对每个自然数 n,②均成立.

首先,$-\dfrac{1}{\alpha}$ 也是式①的根,并且由韦达定理

$$\alpha = \dfrac{1}{\alpha} + 1\,989 > 1\,989$$

代入式②得

$$\left[\left(1\,989 + \dfrac{1}{\alpha}\right)n + 1\,989\left(1\,989 + \dfrac{1}{\alpha}\right)[\alpha n]\right] =$$

$$1\,989n + (1\,989^2 + 1)[\alpha n] \Leftrightarrow$$

$$\left[\dfrac{n}{\alpha} + \dfrac{1\,989}{\alpha}[\alpha n]\right] = [\alpha n]$$

令 $\{\alpha n\} = \alpha n - [\alpha n]$,则 $0 \leqslant \{\alpha n\} < 1$.

式②等价于

$$\left[\dfrac{n}{\alpha} + \dfrac{1989}{\alpha}(\alpha n - \{\alpha n\})\right] = [\alpha n] \Leftrightarrow$$

$$\left[n\left(\dfrac{1}{\alpha} + 1989\right) - \dfrac{1989}{\alpha}\{\alpha n\}\right] = [\alpha n] \Leftrightarrow$$

$$\left[n\alpha - \dfrac{1989}{\alpha}\{\alpha n\}\right] = [\alpha n] \Leftrightarrow$$

$$\left[\{n\alpha\} - \dfrac{1989}{\alpha}\{n\alpha\}\right] = 0$$

由于

$$0 < \left(1 - \dfrac{1989}{\alpha}\right)\{n\alpha\} < \{n\alpha\} < 1$$

所以

$$\left[\{n\alpha\} - \dfrac{1989}{\alpha}\{n\alpha\}\right] = 0$$

从而式②成立.

[x]与{x}

练 习 二

1. 解方程:$x + 2[x] + \dfrac{11}{2} = 0$.

2. 解方程:$3x + 5[x] - 50 = 0$.

3. 解方程:$\left[\dfrac{4x+3}{5}\right] = \dfrac{3(2x+1)}{4}$.

4. 解方程:$[-x^2 + 3x] = \left[x^2 + \dfrac{1}{2}\right]$.

5. 解方程:$x + \{x\} = 2[x]\ (x \neq 0)$.

6. 解方程:$\{x^2\} = \{x\}^2$.

7. 解方程:$\left\{\dfrac{6x+5}{8}\right\} = \dfrac{81-90x}{40}$.

8. 解方程:$4x^3 + \{x\} - 1 = 0$.

9. 解方程:$[x-1] = \left[\dfrac{x+2}{2}\right]$.

10. 解方程:$x^2 + [x] - 2 = 0$.

11. 解方程:$x^3 - 3[x] + 2 = 0$.

12. 设x, y满足下列方程组$\begin{cases} y = 2[x] + 3 \\ y = 3[x-2] + 5 \end{cases}$,假设$x$不是一个整数,则$x + y$必是( ).

    A. 一个整数　　　　B. 在4与5之间

    C. 在-4与4之间　D. 在15与16之间

    E. 16.5

    (1982年第33届美国中学数学竞赛题)

13. (1)解方程:$x^2 - 8[x] + 7 = 0$.

    (1987年全俄罗斯数学竞赛题)

(2)解方程:$\sin[x]\sec\{x\} = -1$.

(1990年苏州市高中数学竞赛题)

14. 解方程:$[x^3]+[x^2]+[x]=\{x\}-1$.

(1990年全国部分省市初中数学竞赛题)

15. 解方程:$x^2-2x-3=12\left[\dfrac{x-1}{2}\right]$.

(1990年四川省初中数学竞赛题)

16. (1)解方程:$1-|x+1|=\dfrac{[x]-x}{|x-1|}$.

(1973年奥地利竞赛题)

(2)解方程:$[\tan x]=2\cos^2 x$.

(1992年第18届全俄罗斯竞赛题)

17. 解方程:

① $8[3x]-5[2x]=3$.

② $7[2x]-4[3x]=[5x]-3$.

③ $x^2-[x^2]=x-[x](0<x<2)$.

18. n 为一正整数,试确定有多少个实数 x,满足 $1\leqslant x\leqslant n$ 和 $x^3-[x^3]=(x-[x])^3$.

(1992年澳大利亚数学竞赛题)

19. 当自然数 n 最小为多少时,方程 $\left[\dfrac{10^n}{x}\right]=1989$ 具有整数解.

(1989年第23届全苏联数学奥林匹克试题)

20. 求方程 $\left[\dfrac{x}{1!}\right]+\left[\dfrac{x}{2!}\right]+\cdots+\left[\dfrac{x}{10!}\right]=1001$ 的整数解.

(1990年第24届全苏联数学奥林匹克试题)

21. 解方程:$[x]\{x\}+x=2\{x\}+10$.

(1991年苏联教委推荐试题)

[x]与{x}

22. 证明:存在有无限多个数 B,使得方程 $[x^{\frac{3}{2}}] + [y^{\frac{3}{2}}] = B$ 至少具有 1 980 个解,其中 x,y 都是自然数.

(1981 年第 14 届全苏联数学奥林匹克试题)

23. 设正实数 $a > 1$,自然数 $n \geq 2$,且方程 $[ax] = x$ 恰有 n 个不同的解,试求 a 的取值范围.

(1992 年四川省高中数学竞赛题)

24. 解方程:$x + \dfrac{92}{x} = [x] + \dfrac{92}{[x]}$.

(1992 年第 18 届全俄罗斯数学奥林匹克试题)

25. 求方程 $[\sqrt[3]{1}] + [\sqrt[3]{2}] + \cdots + [\sqrt[3]{x^3 - 1}] = 400$ 的自然数解.

(1975 年英国数学竞赛题)

含$[x]$与$\{x\}$的不等式

证明含$\{x\}$的不等式,通常是先把所讨论的实数转换为$[0,1]$之中来,再分区间来分别考虑,类似于穷举法. 有时还要利用一些技巧性的方法.

例1 解不等式$x-[-x]>[3x-2]-3$.

解 当$x\in \mathbf{Z}$,则$[-x]=-x$,$[3x-2]=3x-2$代入不等式解得$x<5$,故原不等式的解集是$A=\{x|x<5,x\in \mathbf{Z}\}$.

当$x\notin \mathbf{Z}$,原不等式变形为
$$x+3>[3x-2]+[-x]$$
$$x+3>[3x]-2+(-[x]-1)$$
$$x+6>[3x]-[x]$$

设$x=n+\alpha$,$n\in \mathbf{Z}$,$0\leqslant \alpha<1$,所以
$$n<6+\alpha-[3\alpha]$$

把$(0,1)$用分点$\dfrac{1}{3}$,$\dfrac{2}{3}$依次分成互不相交的区间.

第6章

[x]与{x}

α	$[3\alpha]$	n 的范围	解 集
$(0, \frac{1}{3})$	0	$n \leq 6$	$B = \{x \mid n < x < n + \frac{1}{3}, n \in \mathbf{Z}, n \leq 6\}$
$[\frac{1}{3}, \frac{2}{3})$	1	$n \leq 5$	$C = \{x \mid n + \frac{1}{3} \leq x < n + \frac{2}{3}, n \in \mathbf{Z}, n \leq 5\}$
$[\frac{2}{3}, 1)$	2	$n \leq 4$	$D = \{x \mid n + \frac{2}{3} \leq x < x + 1, n \in \mathbf{Z}, n \leq 4\}$

故原不等式的解集为

$$A \cup B \cup C \cup D = \{x \mid x < 5, x \in \mathbf{R}\} \cup$$
$$\{x \mid 5 < x < 5\frac{2}{3}, x \in \mathbf{R}\} \cup$$
$$\{x \mid 6 < x < 6\frac{1}{3}, x \in \mathbf{R}\}$$

例2 对任意实数 x, y,求证:

(1) $[2x] + [2y] \geq [x] + [x+y] + [y]$;

(2) $\{2x\} + \{2y\} \leq \{x\} + \{x+y\} + \{y\}$.

证法1 (1)设 $x = m + \alpha, y = n + \beta, m = [x], n = [y], \alpha = \{x\}, \beta = \{y\}$.

当 $\alpha \geq \beta$ 时,根据函数 $[x]$ 的性质,有

$[2x] + [2y] = [2m + 2\alpha] + [2n + 2\beta] =$
$2m + 2n + [2\alpha] + [2\beta] \geq$
$2m + 2n + [2\alpha] \geq$
$m + n + m + n + [\alpha + \beta] =$
$[m + \alpha] + [n + \beta] = [m + n + \alpha + \beta] =$
$[x] + [y + x] + [y]$

同理,对于 $\alpha < \beta$ 上式也成立.

所以问(1)得证.

证法2 令 $x = m + \alpha, y = n + \beta$,其是 $n = [x], m = [y], 0 \leq \alpha, \beta < 1$. 利用高斯函数的性质,则要证的不等式化为等价的不等式

$$[2\alpha] + [2\beta] \geq [\alpha+\beta] \qquad ①$$

从而把对任意的 $x,y \in \mathbf{R}$ 的(1)问中的不等式的证明化成对 $[0,1)$ 区间上的不等式①的证明.

现证明式①成立. 由对称性,不妨设 $0 \leq \alpha \leq \beta < 1$.

当 $0 \leq \beta < \dfrac{1}{2}, 0 \leq \alpha < \dfrac{1}{2}$ 时, $0 \leq \alpha+\beta < 1$, $[\alpha+\beta]=0$,故式①成立.

当 $\dfrac{1}{2} \leq \beta < 1$ 时, $1 \leq 2\beta < 2$, $[2\beta]=1$,但因

$$0 \leq \alpha+\beta < 1+1 = 2$$

则 $[\alpha+\beta]=0$ 或 $[\alpha+\beta]=1$,因而

$$[2\alpha]+[2\beta] \geq [2\beta] = 1 \geq [\alpha+\beta]$$

式①仍然成立.

综上两种情况知,式①成立,即问(1)得证.

(2)不妨设 $0 \leq x, y < 1$.

若 $0 \leq x, y < \dfrac{1}{2}$,原不等式取等号;

若 $\dfrac{1}{2} \leq x, y < 1$,可设 $x = \alpha + \dfrac{1}{2}, y = \beta + \dfrac{1}{2}, 0 < \alpha, \beta < \dfrac{1}{2}$,则 $\{2x\}+\{2y\} = 2\alpha+2\beta$,而

$$\{x\}+\{x+y\}+\{y\} = x+\alpha+\beta+y = 1+2\alpha+2\beta$$

不等式显然成立.

其他情况由对称性,不妨设 $0 < x < \dfrac{1}{2} < y < 1$,令 $y = \beta + \dfrac{1}{2}, 0 < \beta < \dfrac{1}{2}$,则原不等式可化为

$$x+\beta \leq \left\{x+\beta+\dfrac{1}{2}\right\}+\dfrac{1}{2}$$

这是显然的. 事实上, 若 $0 \leqslant x + \beta < \frac{1}{2}$, 此为 $x + \beta \leqslant x + \beta + 1$, 若 $\frac{1}{2} \leqslant x + \beta < 1$, 此为 $x + \beta \leqslant x + \beta$.

例3 若 n 是 $n \geqslant 3$ 的自然数, 求证
$$\left\{\frac{n(n+1)}{4n-2}\right\} > \left\{\frac{n+1}{4}\right\}$$

证明 当 $n \geqslant 3$ 时, 有
$$\frac{n+1}{4} < \frac{n(n+1)}{4n-2} < \frac{n+2}{4}$$

设 $n + 1 = 4q + r (0 \leqslant r \leqslant 3), q \in \mathbf{N}$, 则有
$$q + \frac{r}{4} < \frac{n(n+1)}{4n-2} < q + \frac{r+1}{4}$$

所以
$$\frac{r}{4} < \left\{\frac{n(n+1)}{4n-2}\right\} < \frac{r+1}{4}$$

而 $\frac{n+1}{4} = q + \frac{r}{4}$, 所以 $\left\{\frac{n+1}{4}\right\} = \frac{r}{4}$. 因此
$$\left\{\frac{n(n+1)}{4n-2}\right\} > \left\{\frac{n+1}{4}\right\}$$

例4 设 $x \in \mathbf{R}^+, k \in \mathbf{N}$, 试证
$$\frac{[k! \ x]}{k!} \geqslant \frac{[kx]}{k}$$

证明 由性质 11 知, 当 $x \geqslant 0, y \geqslant 0$ 时, 有 $[xy] \geqslant [x][y]$.

当 $k = 1$ 时, 原不等式显然成立.

当 $k \geqslant 2$ 时, 有
$$\frac{[k! \ x]}{k!} = \frac{[(k-1)! \cdot kx]}{k!} \geqslant \frac{[(k-1)!][kx]}{k!} = \frac{(k-1)! \ [kx]}{k!} = \frac{[kx]}{k}$$

第 6 章 含[x]与{x}的不等式

故原不等式成立.

例 5 设 x 为实数,n 为自然数,求证:

(1) $[nx] \geqslant \dfrac{[x]}{1} + \dfrac{[2x]}{2} + \cdots + \dfrac{[nx]}{n}$.

(1981 年第 10 届美国中学数学竞赛题)

(2) $\{nx\} \leqslant \dfrac{\{x\}}{1} + \dfrac{\{2x\}}{2} + \cdots + \dfrac{\{nx\}}{n}$.

证明 (1)用数学归纳法证明.

①当 $n = 1$ 时,左边 $= [x]$,右边 $= [x]$.
所以结论成立.

②令 $A_k = [x] + \dfrac{[2x]}{2} + \cdots + \dfrac{[kx]}{k}$.

假设 $A_1 \leqslant [x], A_2 \leqslant [2x], \cdots, A_{n-1} \leqslant [(n-1)x]$
成立,由于

$$nA_n - nA_{n-1} = [nx]$$
$$(n-1)A_{n-1} - (n-1)A_{n-2} = [(n-1)x]$$
$$\vdots$$
$$2A_2 - 2A_1 = [2x]$$
$$A_1 = [x]$$

将以上各式分别相加,得

$nA_n - (A_1 + A_2 + \cdots + A_{n-1}) = [x] + [2x] + \cdots + [nx]$

由归纳假设与基本性质 5,可得

$nA_n = [x] + [2x] + \cdots + [nx] + A_{n-1} + A_{n-2} + \cdots + A_1 \leqslant$
$[x] + [2x] + \cdots + [nx] + [(n-1)x] +$
$[(n-2)x] + \cdots + [x] \leqslant [x + (n-1)x] +$
$[2x + (n-2)x] + \cdots + [(n-1)x + x] +$
$[nx] = n[nx]$

所以 $A_n \leqslant [nx]$.

(2)仿(1)可证(证明由读者自己完成).

$[x]$ 与 $\{x\}$

例6 已知 $x, y \in \mathbf{N}$,试求最大的 y 值,使得存在唯一的 x 值,满足下列不等式

$$\frac{9}{17} < \frac{x}{x+y} < \frac{8}{15}$$

(1987年武汉市夏令营数学奥林匹克试题)

解 原不等式组等价于

$$\begin{cases} 8x - 9y > 0 \\ 7x - 8y > 0 \end{cases} \Leftrightarrow \frac{9y}{8} < x < \frac{8y}{7}$$

要使区间 $\left(\frac{9}{8}y, \frac{8}{7}y\right)$ 内存在唯一的整数 x,其充要条件是下面的(1)或(2):

(1) 若 $\frac{8}{7}y \in \mathbf{N}$,则

$$\frac{8y}{7} = \left[\frac{9y}{8}\right] + 2$$

(2) 若 $\frac{8}{7}y \notin \mathbf{N}$,则

$$\left[\frac{8y}{7}\right] = \left[\frac{9y}{8}\right] + 1$$

为方便起见,设 $y = 8t + r, t \in \mathbf{N}, r = 0, 1, 2, \cdots, 7$.
由(1)有

$$9t + \frac{t + 8r}{7} = 9t + \left[\frac{9r}{8}\right] + 2$$

即 $\qquad \frac{t+r}{7} = \left[\frac{r}{8}\right] + 2$

这里 $\left[\frac{r}{8}\right] = 0$,而 $\frac{t+r}{7} \in \mathbf{N}$. 此时 $r = 0$. $t = 14$ 时,y 取最大值112. 相应的 $x = 127$,其值唯一.

由(2),类似地有 $\left[\frac{t+r}{7}\right] = \left[\frac{r}{8}\right] + 1 = 1$. 由于

$\left[\dfrac{t+r}{7}\right] \in \mathbf{N}$,可取 $t+r=13$,即 $t=13, r=0$,此时 $y_{\max}=104$. 对应的 $x=118$.

综上所知,所求 $y_{\max}=112$.

例7 设 $x_1, x_2, \cdots, x_n$ 是给定的实数,证明存在实数 x,使得

$$\{x-x_1\}+\{x-x_2\}+\cdots+\{x-x_n\} \leqslant \dfrac{n-1}{2}$$

证明 首先注意到对任何实数 y,由 $\{y\}$ 的定义易知

$$\{y\}+\{-y\}=\begin{cases}1, & \text{若 } y \text{ 不是整数} \\ 0, & \text{若 } y \text{ 是整数}\end{cases}$$

于是总有 $\{y\}+\{-y\} \leqslant 1$. 对 $1 \leqslant i \leqslant n$,记

$$f_i=\{x_i-x_1\}+\{x_i-x_2\}+\cdots+\{x_i-x_n\}$$

所说的结论可以由一个简单的平均论证导出. 事实上,成对地考虑 $\{x_i-x_j\}$ 与 $\{x_j-x_i\}$,并利用上面说过的事实,有

$$f_1+f_2+\cdots+f_n=\sum_{1 \leqslant i<j \leqslant n}(\{x_i-x_j\}+\{x_j-x_i\}) \leqslant$$

$$\sum_{1 \leqslant i<j \leqslant n} 1 = C_n^2 = \dfrac{(n-1)n}{2}$$

从而必有一个 $j(1 \leqslant j \leqslant n)$,使得 $f_j \leqslant \dfrac{1}{n} C_n^2 = \dfrac{n-1}{2}$,即 $x=x_j$ 便符合要求.

例8 如果 $n \in \mathbf{N}, m \geqslant 1, 0 \leqslant \lambda \leqslant m-1, S_k=\sum_{i=0}^{n}\left[x+\dfrac{mi+k}{mn+\lambda}\right]$. 那么,当 $0 \leqslant p-q \leqslant \lambda$ 时,有 $0 \leqslant S_p-S_q \leqslant 1$.

在证明此题之前,先给出一个引理:

引理 若实数 u, v 满足 $0 \leqslant u-v \leqslant 1$,则 $[u]-$

[x]与{x}

$[v]=0$ 或 1.

证明 因为 $0 \leq u - v$, 所以 $u \geq v$. 所以 $[u] \geq [v]$.

即 $[u] - [v] \geq 0$

因为 $u - v \leq 1$, 所以 $u \leq v + 1$. 所以 $[u] \leq [v+1]$.

所以 $[u] \leq [v] + 1$, 即 $[u] - [v] \leq 1$. 又 $[u] - [v] \geq 0$, 所以 $[u] - [v] = 0$ 或 1.

下面再来证明例 8.

证明 令 $Q = (x + \dfrac{mi+q}{mn+\lambda}) - [x + \dfrac{mi+q}{mn+\lambda}]$, 显然, $0 \leq Q_i < 1$, 而

$$S_p = \sum_{i=0}^{n} [x + \frac{mi+p}{mn+\lambda}] = \sum_{i=0}^{n} [x + \frac{mi+q}{mn+\lambda} + \frac{p-q}{mn+\lambda}] =$$

$$\sum_{i=0}^{n} [[x + \frac{mi+q}{mn+\lambda}] + Q_i + \frac{p-q}{mn+\lambda}] =$$

$$\sum_{i=0}^{n} [x + \frac{mi+q}{mn+\lambda}] + \sum_{i=0}^{n} [Q_i + \frac{p-q}{mn+\lambda}] =$$

$$S_q + \sum_{i=0}^{n} [Q_i + \frac{p-q}{mn+\lambda}] \geq S_q$$

所以 $S_p - S_q \geq 0$

下面再证 $S_p - S_q \leq 1$.

i) 对 $t = 0, 1, 2, \cdots, n$, 当至多有一个 $Q_t \geq 1 - \dfrac{p-q}{mn+\lambda}$ 时, 有

$$S_p - S_q = \sum_{i=0}^{n} [Q_i + \frac{p-q}{mn+\lambda}] \leq [1 + \frac{p-q}{mn+\lambda}] \leq$$

$$[1 + \frac{\lambda}{mn+\lambda}] \leq [1 + \frac{m-1}{mn+\lambda}] \leq$$

$$[1 + \frac{m-1}{m}] = 1$$

ii) 对 $t = 0, 1, 2, \cdots, n$, 如果至少有两个 $Q_t \geq 1 - \dfrac{p-q}{mn+\lambda}$, 不妨设其中的两个为 Q_v 和 $Q_t (0 \leq S < v \leq n)$.

因为
$$1 - \frac{p-q}{mn+\lambda} \leq Q_v < 1$$
$$1 - \frac{p-q}{mn+\lambda} \leq Q_s < 1$$

所以
$$|Q_v - Q_s| < 1 - (1 - \frac{p-q}{mn+\lambda}) = \frac{p-q}{mn+\lambda} \quad \text{①}$$

另一方面
$$|Q_v - Q_s| = |(x + \frac{mv+q}{mn+\lambda}) - [x + \frac{mv+q}{mn+\lambda}] -$$
$$(x + \frac{ms+q}{mn+\lambda}) + [x + \frac{ms+q}{mn+\lambda}]| =$$
$$|\frac{m(v-s)}{mn+\lambda} - ([x + \frac{mv+q}{mn+\lambda}] -$$
$$[x + \frac{ms+q}{mn+\lambda}])|$$

由引理
$$\begin{cases} \dfrac{m(v-s)}{mn+\lambda} \geq \dfrac{m}{mn+\lambda} > \dfrac{\lambda}{mn+\lambda} & \text{②} \\ \dfrac{m(n-v+s)+\lambda}{mn+\lambda} \geq \dfrac{\lambda}{mn+\lambda} \geq \dfrac{p-q}{mn+\lambda} & \text{③} \end{cases}$$

②,③显然与①相矛盾,这说明不存在两个或两个以上的 Q_t 使得 $Q_t \geq 1 - \dfrac{p-q}{mn+\lambda}$.

由 i), ii) 知, $S_p - S_q \leq 1$ 成立.

[x]与{x}

练 习 三

1. 若 $x \geq 1, y > 0$,求证
$$\left[\frac{y}{x}\right] \leq \frac{[y]}{[x]}$$

2. 设 $x \in \mathbf{R}^+$,试证
$$\sum_{k=1}^{n}\frac{[kx]}{k} \geq n[x]$$

3. 解不等式
$$[x]\{x\} < x - 1$$

(苏联数学竞赛题)

4. 求证
$$[x_1] + [x_2] + \cdots + [x_n] \leq [x_1 + x_2 + \cdots + x_n]$$
$$n \in \mathbf{N}, x \in \mathbf{R}$$

5. 已知 $x \geq 0, y \geq 0$,求证
$$[5x] + [5y] \geq [3x+y] + [3y+x]$$

(1975年第四届美国中学数学竞赛题)

6. 设自然数 m 与 n 互质且 $n < m$. 试比较下列二数的大小

$$\left[1 \cdot \frac{m}{n}\right] + \left[2 \cdot \frac{m}{n}\right] + \cdots + \left[n \cdot \frac{m}{n}\right]$$

与

$$\left[1 \cdot \frac{n}{m}\right] + \left[2 \cdot \frac{n}{m}\right] + \cdots + \left[n \cdot \frac{n}{m}\right]$$

(第35届莫斯科数学奥林匹克试题)

7. 已知 n 个正整数 $a_i (1 \leq i \leq n)$ 满足 $a_1 < a_2 < \cdots < a_n \leq 2n$,其中任意两个 $a_i, a_j (i \neq j)$ 的最小公倍数都

第6章 含[x]与{x}的不等式

大于$2n$. 求证:$a_1 > \left[\dfrac{2n}{3}\right]$. ($\left[\dfrac{2n}{3}\right]$表示$\dfrac{2n}{3}$的整数部分) (1994年上海市高中数学竞赛题)

8. 设a为自然数,则当$a \geqslant 385$时,必有

$$\left[\dfrac{a}{7}\right] + \left[\dfrac{a}{5}\right] > \left[\dfrac{a}{3}\right] + 2$$

含$[x]$或$\{x\}$的恒等式

证明含$[x]$或$\{x\}$的等式,其方法是多种多样的,下面通过举例加以介绍.

例1 对任何非负实数x,有
$$[\sqrt{[\sqrt{x}]}] = [\sqrt{\sqrt{x}}]$$

(1985年北京市高一数学竞赛题)

证明 因为$x \geq 0$,则$\sqrt{\sqrt{x}} = \sqrt[4]{x} \geq 0$,由实数性质知,存在非负整数$n$,使得
$$0 \leq n \leq \sqrt[4]{x} < n+1 \qquad ①$$

因而$[\sqrt[4]{x}] = n$,即
$$[\sqrt{\sqrt{x}}] = n \qquad ②$$

又由①知
$$n^2 \leq \sqrt{x} < (n+1)^2$$

则由函数$[x]$的单调不减性有
$$[n^2] \leq [\sqrt{x}] < [(n+1)^2]$$

即
$$n^2 \leq [\sqrt{x}] < (n+1)^2$$

于是
$$n \leq \sqrt{[\sqrt{x}]} < n+1$$

故由定义知

第 7 章 含 $[x]$ 或 $\{x\}$ 的恒等式

$$[\sqrt{[\sqrt{x}]}\,] = n \qquad ③$$

综上,由式②,③即得

$$[\sqrt{[\sqrt{x}]}\,] = [\sqrt{\sqrt{x}}\,]$$

对任何实数 $x \geqslant 0$ 均成立.

例 2 下列说法中哪些是正确的?

(1) $[x+1] = [x]+1$,对所有 x;

(2) $[x+y] = [x]+[y]$,对所有 x 和 y;

(3) $[xy] = [x][y]$,对所有 x 和 y.

(1977 年美国中学数学竞赛题)

解 (1) 设 $[x] = n$,则

$$n \leqslant x < n+1$$

所以

$$n+1 \leqslant x+1 < n+2$$

所以

$$[x+1] = n+1 = [x]+1$$

故(1)是正确的.

(2) 设 $x = [x]+\{x\}, y = [y]+\{y\}$,则

$$x+y = [x]+\{x\}, y = [y]+\{y\}$$

所以

$$[x+y] = [[x]+[y]+\{x\}+\{y\}\,] = [x]+[y]+[\{x\}+\{y\}\,]$$

但 $0 \leqslant \{x\} < 1, 0 \leqslant \{y\} < 1$,所以 $0 \leqslant \{x\}+\{y\} < 2$.

故仅当 $[\{x\}+\{y\}\,] = 0$ 时

$$[x+y] = [x]+\{y\}$$

当 $[\{x\}+\{y\}\,] > 0$ 时

$$[x+y] > [x]+[y]$$

故(2)不正确.

例如,当 $x=y=3.6$ 时
$$[x+y]=7, [x]+[y]=6$$
(3)同理
$$xy=([x]+\{x\})([y]+\{y\})=$$
$$[x][y]+\{x\}[y]+[x]\{y\}+\{x\}\{y\}$$
所以
$$[xy]=[[x][y]+\{x\}[y]+[x]\{y\}+\{x\}\{y\}]=$$
$$[x][y]+[\{x\}[y]+[x]\{y\}+\{x\}\{y\}]$$
当 $[\{x\}[y]+[x]\{y\}+\{x\}\{y\}]>0, [xy]>[x][y]$.

故(3)也不正确.

例如,当 $x=4.5, y=2.5$ 时
$$[xy]=11, [x][y]=8$$

例3 试证:对一切 $n \in \mathbf{N}$,有
$$[\sqrt{n}]+[\sqrt[3]{n}]+\cdots+[\sqrt[n]{n}]=[\log_2 n]+[\log_3 n]+\cdots+$$
$$[\log_n n]$$

证明 考虑满足 $y^x \leqslant n$ 与 $x, y \geqslant 2$ 的整点 (x,y) 的个数,如果一列一列地数,$x=2$ 时,有 $[\sqrt{n}]$ 个;$x=3$ 时,有 $[\sqrt[3]{n}]$ 个,$\cdots$,共有 $[\sqrt{n}]+[\sqrt[3]{n}]+\cdots+[\sqrt[n]{n}]$ 个.

如果一行一行地数,$y=2$ 时,有 $[\log_2 n]$ 个;$y=3$ 时,有 $[\log_3 n]$ 个;$\cdots$;共有 $[\log_2 n]+[\log_3 n]+\cdots+[\log_n n]$ 个.

所以原等式成立.

例4 求证:$\sum_{k=1}^{n}\{\dfrac{k}{2}\}=\dfrac{n}{4}+\{\dfrac{n^2}{4}\}$.

证明 因为
$$\sum_{k=1}^{n}\{\dfrac{k}{2}\}=\sum_{k=1}^{n}(\dfrac{k}{2}-[\dfrac{k}{2}])=$$

第7章 含$[x]$或$\{x\}$的恒等式

$$\sum_{k=1}^{n}\frac{k}{2} - \sum_{k=1}^{n}\left[\frac{k}{2}\right] =$$

$$\frac{n^2+n}{4} - \sum_{k=1}^{n}\left[\frac{k}{2}\right]$$

且 $\quad \dfrac{n}{4} + \left\{\dfrac{n^2}{4}\right\} = \dfrac{n^2+n}{4} - \left[\dfrac{n^2}{4}\right]$

所以问题转化为证明

$$\sum_{k=1}^{n}\left[\frac{k}{2}\right] = \left[\frac{n^2}{4}\right]$$

事实上,当 $n=2m$ 时

$$\sum_{k=1}^{n}\left[\frac{k}{2}\right] = \left[\frac{1}{2}\right] + \left[\frac{2}{2}\right] + \cdots + \left[\frac{2m}{2}\right] =$$

$$\left(\left[\frac{2}{2}\right] + \left[\frac{3}{2}\right]\right) + \left(\left[\frac{4}{2}\right] + \left[\frac{5}{2}\right]\right) + \cdots +$$

$$\left(\left[\frac{2m-2}{2}\right] + \left[\frac{2m-1}{2}\right]\right) + m =$$

$$2[1+2+\cdots+(m-1)] + m = m^2 = \frac{n^2}{4}$$

当 $n=2m-1$ 时

$$\sum_{k=1}^{n}\left[\frac{k}{2}\right] = \left[\frac{1}{2}\right] + \left[\frac{2}{2}\right] + \cdots + \left[\frac{2m-1}{2}\right] =$$

$$\left(\left[\frac{2}{2}\right] + \left[\frac{3}{2}\right]\right) + \cdots +$$

$$\left(\left[\frac{2m-2}{2}\right] + \left[\frac{2m-1}{2}\right]\right) =$$

$$m^2 - m = \frac{n^2-1}{4}$$

所以 $\sum_{k=1}^{n}\left[\dfrac{k}{2}\right] = \left[\dfrac{n^2}{4}\right]$,从而有

$$\sum_{k=1}^{n}\{\frac{k}{2}\}=\frac{n}{4}+\{\frac{n^2}{4}\}$$

例5 求证:如果 $x \in \mathbf{R}, n \in \mathbf{N}$,则

$$\{x\}+\{x+\frac{1}{n}\}+\{x+\frac{2}{n}\}+\cdots+$$

$$\{x+\frac{n-1}{n}\}=\frac{n-1}{2}+\{nx\}$$

证明 设 $f(x)=\{x\}+\{x+\frac{1}{n}\}+\{x+\frac{2}{n}\}+\cdots+$

$\{x+\frac{n-1}{n}\}$,由 $\{m+x\}=\{x\}(m \in \mathbf{N})$,可设 $0 \leqslant x < 1$.

将 $[0,1)$ 均分为 n 个区间 $[\frac{k}{n},\frac{k+1}{n})(k=0,1,2,\cdots,n-1)$.

若 $0 \leqslant x < \frac{1}{n}$,则 $0 \leqslant nx < 1$,从而

$$f(x)=x+(x+\frac{1}{n})+\cdots+(x+\frac{n-1}{n})=nx+\frac{n-1}{2}$$

且 $\{nx\}=nx$,所以 $f(x)=\frac{n-1}{2}+\{nx\}$.

又不难得证 $f(x+\frac{1}{n})=f(x)$. 所以,当 $\frac{1}{n} \leqslant x < \frac{2}{n}$ 时,令 $x=y+\frac{1}{n}$,则 $0 \leqslant y < \frac{1}{n}$,于是由上面的证明得

$$f(x)=f(y+\frac{1}{n})=f(y)=\frac{n-1}{2}+\{nx\}=$$

$$\frac{n-1}{2}+\{ny+1\}=$$

$$\frac{n-1}{2}+\{n(y+\frac{1}{n})\}=$$

第7章 含[x]或{x}的恒等式

$$\frac{n-1}{2} + \{nx\}$$

对于 $[\frac{2}{n}, \frac{3}{n})$, $[\frac{3}{n}, \frac{4}{n})$, $\cdots$, $[\frac{n-1}{n}, 1)$ 同样可得

$$f(x) = \frac{n-1}{2} + \{nx\}$$

从而得证.

例6 设 x 是正实数,n 是正整数,求证

$$[x] + [x + \frac{2}{2n+1}] + [x + \frac{4}{2n+1}] + \cdots +$$
$$[x + \frac{2n}{2n+1}] = [\frac{(2n+1)x + 1 + [x]}{2}] \quad (*)$$

证明 (1) 当 $0 \leq x < 1$ 时:

① 当 $0 \leq x < \frac{1}{2n+1}$ 时,显然式($*$)成立.

② 当 $\frac{2i-1}{2n+1} \leq x < \frac{2i+1}{2n+1}$ ($1 \leq i \leq n$) 时,对于满足 $n-i+1 \leq t \leq n$ 的 t,有

$$[\frac{2i-1}{2n+1} + \frac{2t}{2n+1}] = [\frac{2i+1}{2n+1} + \frac{2t}{2n+1}] = 1$$

所以

$$1 = [\frac{2i-1}{2n+1} + \frac{2t}{2n+1}] \leq [x + \frac{2t}{2n+1}] \leq [\frac{2i+1}{2n+1} + \frac{2t}{2n+1}]$$

所以 $[x + \frac{2t}{2n+1}] = 1$. 对于满足 $0 \leq t \leq n-i$ 的 t,有

$$0 \leq \frac{2i-1}{2n+1} + \frac{2t}{2n+1} \leq x + \frac{2t}{2n+1} < \frac{2i+1}{2n+1} + \frac{2t}{2n+1} \leq 1$$

所以 $[x + \frac{2t}{2n+1}] = 0$.

由以上可知,式($*$)左端为 i. 又

[x]与{x}

$$i = \left[\frac{(2n+1)\cdot\frac{2i-1}{2n+1}+1+[x]}{2}\right] \leqslant$$

$$\frac{(2n+1)x+[x]}{2} <$$

$$\frac{(2n+1)\cdot\frac{2i+1}{2n+1}+1+[x]}{2} = i+1$$

所以 $\left[\frac{(2n+1)x+1+[x]}{2}\right] = i.$

故由①,②知,当 $0 \leqslant x < 1$ 时,式(*)成立.

(2)当 $x \geqslant 1$ 时:

令 $x = [x] + \alpha, \alpha = \{x\}$,代入式(*)左端,并利用(1)的结果,得

$$(n+1)[x] + [\alpha] + \left[\alpha + \frac{2}{2n+1}\right] +$$

$$\left[\alpha + \frac{4}{2n+1}\right] + \cdots + \left[\alpha + \frac{2n}{2n+1}\right] =$$

$$(n+1)x + \left[\frac{(2n+1)\alpha+1}{2}\right]$$

而

$$(n+1)[x] + \left[\frac{(2n+1)\alpha+1}{2}\right] =$$

$$\left[\frac{(2n+1)\alpha+(2n+2)[x]}{2}\right] =$$

$$\left[\frac{(2n+1)([x]+\alpha)+1+[x]}{2}\right] =$$

$$\left[\frac{(2n+1)x+1+[x]}{2}\right]$$

所以,当 $x \geqslant 1$ 时,式(*)也成立.

例7 对于任意自然数 a, m,如果 $(a, m) = 1$,则

有

$$[x]+\left[x+\frac{1}{m}a\right]+\left[x+\frac{2}{m}a\right]+\cdots+\left[x+\frac{m-1}{m}a\right]=$$

$$[mx]+\frac{(m-1)(a-1)}{2} \qquad (*)$$

此例是厄尔密特等式的一种加强.

证明 设 $n_1, n_2 \in \{1,2,\cdots,m-1\}, n_1 \neq n_2$.

先证 $\frac{n_1}{m}a$ 和 $\frac{n_2}{m}a$ 的小数部分是互异的. 因为

$$\frac{n_1}{m}a - \frac{n_2}{m}a = \frac{a}{m}(n_1 - n_2)$$

$$(a,m)=1, |n_1 - n_2| < m$$

所以 $\frac{a}{m}(n_1 - n_2)$ 不可能是整数.

从而 $\left\{\frac{n_1}{m}a\right\} \neq \left\{\frac{n_2}{m}a\right\}$. 由此可见,集合

$$\left\{0, \left\{\frac{1}{m}a\right\}, \left\{\frac{2}{m}a\right\},\cdots,\left\{\frac{m-1}{m}a\right\}\right\} = \left\{0, \frac{1}{m}, \frac{2}{m},\cdots,\frac{m-1}{m}\right\}$$

所以

$$[x]+\left[x+\frac{1}{m}a\right]+\left[x+\frac{2}{m}a\right]+\cdots+\left[x+\frac{m-1}{m}a\right]=$$

$$[x]+\left[x+\left[\frac{1}{m}a\right]+\left\{\frac{1}{m}a\right\}\right]+\left[x+\left[\frac{2}{m}a\right]+\right.$$

$$\left.\left\{\frac{2}{m}a\right\}\right]+\cdots+\left[x+\left[\frac{m-1}{m}a\right]+\left\{\frac{m-1}{m}a\right\}\right]=$$

$$\left[\frac{1}{m}a\right]+\left[\frac{2}{m}a\right]+\cdots+\left[\frac{m-1}{m}a\right]+\left([x]+\right.$$

$$\left[x+\left\{\frac{1}{m}a\right\}\right]+\left[x+\left\{\frac{2}{m}a\right\}\right]+\cdots+$$

$$\left.\left[x+\left\{\frac{m-1}{m}a\right\}\right]\right)=$$

[x]与{x}

$$[\frac{1}{m}a] + [\frac{2}{m}a] + \cdots + [\frac{m-1}{m}a] + ([x] +$$

$$[x + \frac{1}{m}] + [x + \frac{2}{m}] + \cdots + [x + \frac{m-1}{m}]) =$$

$$[\frac{1}{m}a] + [\frac{2}{m}a] + \cdots + [\frac{m-1}{m}a] + [mx]$$

下面只要证明

$$[\frac{1}{m}a] + [\frac{2}{m}a] + \cdots + [\frac{m-1}{m}a] = \frac{(m-1)(a-1)}{2}$$

事实上

$$[\frac{1}{m}a] + [\frac{2}{m}a] + \cdots + [\frac{m-1}{m}a] =$$

$$\frac{1}{m}a + \frac{2}{m}a + \cdots + \frac{m-1}{m}a - (\{\frac{1}{m}a\} + \{\frac{2}{m}a\} + \cdots +$$

$$\{\frac{m-1}{m}a\}) = \frac{a(m-1)}{2} - (\frac{1}{m} + \frac{2}{m} + \cdots + \frac{m-1}{m}) =$$

$$\frac{a(m-1)}{2} - \frac{m-1}{2} = \frac{(m-1)(a-1)}{2}$$

所以有等式

$$[x] + [x + \frac{1}{m}a] + \cdots + [x + \frac{m-1}{m}a] =$$

$$[mx] + \frac{(m-1)(a-1)}{2}$$

下面利用上式计算一道题目：

计算和式 $\sum_{n=0}^{502} [\frac{305n}{503}]$ 的值.

解 因为 $(305, 503) = 1$，将 $m = 503$，$a = 305$ 代入例 7 中的等式得

$$\sum_{n=0}^{502} [\frac{305n}{503}] = \frac{(503-1)(305-1)}{2} = 251 \times 304 = 76\,304$$

104

第7章 含$[x]$或$\{x\}$的恒等式

在例 7 中,可去掉条件 $(m,a)=1$,得出更一般的等式:

设 $x\in\mathbf{R}, m,a\in\mathbf{N}, (m,a)=d$,则有

$$[x]+\left[x+\frac{1}{m}a\right]+\cdots+\left[x+\frac{m-1}{m}a\right]=$$

$$d\left[\frac{mx}{d}\right]+\frac{(m-1)(a-1)+d-1}{2} \qquad (**)$$

证明 对 d 作归纳证明:当 $d=1$ 时,由 $(*)$ 知 $(**)$ 成立. 假定 $d=R(R\geqslant 1)$ 时,$(**)$ 成立,$d=k+1$ 时,因为 $(m,a)=d=k+1$,令 $m=(k+1)m_1, a=(k+1)a_1$,知 $(m_1,a_1)=1$.

又令 $\overline{a}=ka_1, \overline{m}=km_1$,有 $(\overline{a},\overline{m})=k$,则

$$[x]+\left[x+\frac{1}{m}a\right]+\left[x+\frac{2}{m}a\right]+\cdots+\left[x+\frac{m-1}{m}a\right]=$$

$$\left([x]+\left[x+\frac{1}{m}a\right]+\left[x+\frac{2}{m}a\right]+\cdots+\right.$$

$$\left.\left[x+\frac{km_1-1}{m}a\right]\right)+\left(\left[x+\frac{km_1}{m}a\right]+\right.$$

$$\left[x+\frac{km_1+1}{m}a\right]+\left[x+\frac{km_1+2}{m}a\right]+\cdots+$$

$$\left.\left[x+\frac{km_1+m_1-1}{m}a\right]\right)=$$

$$\left([x]+\left[x+\frac{1}{m_1}a_1\right]+\cdots+\left[x+\frac{2}{m_1}a_1\right]+\cdots+\right.$$

$$\left.\left[x+\frac{km_1-1}{m_1}a_1\right]\right)+\left(\left[x+\frac{km_1}{m_1}a_1\right]+\right.$$

$$\left[x+\frac{km_1+1}{m_1}a_1\right]+\left[x+\frac{km_1+2}{m_1}a_1\right]+\cdots+$$

$$\left.\left[x+\frac{km_1+m_1-1}{m_1}a_1\right]\right)=$$

$[x]$ 与 $\{x\}$

$$([x]+[x+\frac{1}{m}\overline{a}]+[x+\frac{2}{m}\overline{a}]+\cdots+$$

$$[x+\frac{\overline{m}-1}{\overline{m}}\overline{a}])+([x]+[x+\frac{1}{m_1}a_1]+$$

$$[x+\frac{2}{m_1}a_1]+\cdots+[x+\frac{m_1-1}{m_1}a_1])+km_1a_1$$

注意 $(\overline{m},\overline{a})=k,(m_1,a_1)=1.$ 由归纳假定与 $(*)$ 知

$$[x]+[x+\frac{1}{m}a]+[x+\frac{2}{m}a]+\cdots+[x+\frac{m-1}{m}a]=$$

$$k[\frac{\overline{m}}{k}x]+\frac{(\overline{m}-1)(\overline{a}-1)+k-1}{2}+[m_1x]+$$

$$\frac{(m-1)(a_1-1)}{2}+km_1a_1=k[m_1x]+[m_1x]+$$

$$\frac{k^2m_1a_1-ka_1-km_1+m_1a_1-a_1-m_1+2km_1a_1+k+1}{2}=$$

$$(k+1)[m_1x]+$$

$$\frac{((k+1)m_1-1)((k+1)a_1-1)+(k+1)-1}{2}=$$

$$d[\frac{m}{d}x]+\frac{(m-1)(a-1)+d-1}{2}$$

所以 $d=k+1$ 时,$(**)$ 也成立.

例8 如果 $n\in\mathbf{N},m\geq 1,0\leq\lambda\leq m-1,[m]-1-\lambda\leq k\leq\lambda$,并令 $S_j=\sum_{i=0}^{n}[x+\frac{mi+j}{mn+\lambda}],A=\sum_{j=0}^{[m]-1}S_j$,那么:

(1) 当 k 为整数时,有 $S_k=[\frac{A+k}{[m]}]$;

(2) 当 k 不为整数时,有

$$\frac{A+[k]+1}{[m]}-1\leq S_k\leq\frac{A+[k]+1}{[m]}$$

第7章 含[x]或{x}的恒等式

证明 因为当 $j=0,1,\cdots,[m]-1$ 时,有
$$j-\lambda \leqslant [m]-1-\lambda \leqslant k \leqslant \lambda \leqslant j+\lambda$$
即 $|k-j| \leqslant k$.

(1) 当 k 为整数时,由上节例8,得
$$S_0 \leqslant S_k \leqslant S_0+1$$
$$S_1 \leqslant S_k \leqslant S_1+1$$
$$\vdots$$
$$S_{k-1} \leqslant S_k \leqslant S_{k-1}+1$$
$$S_k = S_k = S_k$$
$$S_{k+1}-1 \leqslant S_k \leqslant S_{k+1}$$
$$\vdots$$
$$S_{[m]-1}-1 \leqslant S_k \leqslant S_{[m]-1}$$

把上面 $[m]$ 个不等式组相加,有
$$\sum_{j=0}^{[m]-1} S_j - ([m]-1-k) \leqslant [m]S_k \leqslant \sum_{j=0}^{[m]-1} S_j + k$$

因为
$$[m] \geqslant 1, \sum_{j=0}^{[m]-1} S_j = A$$

所以
$$\frac{A+k}{[m]}-1 < \frac{A+k-([m]-1)}{[m]} \leqslant S_k \leqslant \frac{A+k}{[m]}$$

又因为 S_k 为整数,所以 $S_k = \left[\dfrac{A+k}{[m]}\right]$.

(2) 当 k 不为整数时,同样由引理2可得
$$S_0 \leqslant S_k \leqslant S_0+1$$
$$S_1 \leqslant S_k \leqslant S_1+1$$
$$\vdots$$
$$S_{[k]-1} \leqslant S_k \leqslant S_{[k]-1}+1$$
$$S_{[k]} \leqslant S_k \leqslant S_{[k]}+1$$

$$S_{[k]+1} - 1 \leqslant S_k \leqslant S_{[k]+1}$$
$$\vdots$$
$$S_{[m]-1} - 1 \leqslant S_k \leqslant S_{[m]-1}$$

把上面$[m]$个不等式组相加并整理,即得
$$\frac{A + [k] + 1}{[m]} - 1 \leqslant S_k \leqslant \frac{A + [k] + 1}{[m]}$$

特别地,若$\frac{A + [k] + 1}{[m]}$不为整数时,则$S_k = [\frac{A + [k] + 1}{[m]}]$.

例 8 也可以看作是厄尔密特等式的另一种加强形式.

例如,在例 8 中,取m, λ, k均为整数,并且$\lambda = m - 1$,则
$$0 \leqslant k \leqslant m - 1$$
$$A = \sum_{j=0}^{m-1} S_j = \sum_{j=0}^{m-1} \sum_{i=0}^{n} [x + \frac{mi + j}{mn + m - 1}] =$$
$$\sum_{i=0}^{mn+m-1} [x + \frac{1}{mn + m - 1}] =$$
$$\sum_{i=0}^{mn+m-2} [x + \frac{i}{mn + m - 1}] + [x + 1] =$$
$$[(mn + m - 1)x] + [x] + 1$$

所以
$$S_k = \sum_{i=0}^{n} [x + \frac{mi + k}{mn + m + 1}] = [\frac{A + k}{m}] =$$
$$[\frac{[(mn + m - 1)x] + 1 + k + [x]}{m}] =$$
$$[\frac{(mn + m - 1)x + [x] + k + 1}{m}]$$

第7章 含$[x]$或$\{x\}$的恒等式

再令 $m=2, k=1$,则有

$$S_1 = \sum_{i=0}^{n}\left[x + \frac{2i+1}{2n-1}\right] = \left[\frac{(2n+1)x + [x] + 2}{2}\right]$$

而令 $m=1, k=0$,则有

$$S_0 = \sum_{i=0}^{n}\left[x + \frac{i}{n}\right] =$$

$$\sum_{i=0}^{n-1}\left[x + \frac{i}{n}\right] + [x] + 1 = [nx + [x]] + 1$$

即 $\sum_{i=0}^{n-1}\left[x + \frac{i}{n}\right] = [nx]$,这正是厄尔密特等式.

下面利用例 8 的等式,解几道求值的问题:

1. 求 $\sum_{i=0}^{25}\left[1.25 + \frac{15i+17}{370}\right]$ 的值.

解

$$\sum_{i=0}^{25}\left[1.25 + \frac{15i+17}{370}\right] =$$

$$\sum_{i=0}^{25}\left[1.25 + \frac{15(i+1)+2}{15\times 24+10}\right] =$$

$$\sum_{i=0}^{24}\left[1.25 + \frac{15i+2}{15\times 24+10}\right] +$$

$$\sum_{i=25}^{26}\left[1.25 + \frac{15i+2}{15\times 24+10}\right] - \left[1.25 + \frac{2}{15\times 24+10}\right]$$

$$\sum_{i=0}^{24}\left[1.25 + \frac{3i+\frac{2}{5}}{3\times 24+2}\right] + 2 + 2 - 1$$

现在来求 $\sum_{i=0}^{24}\left[1.25 + \frac{3i+\frac{2}{5}}{3\times 24+2}\right]$ 的值. 在这里

[x]与{x}

$m=3, \lambda=2, k=\dfrac{2}{5}, n=24, x=1.25$ 满足例 8 的条件,则

$$A = \sum_{j=0}^{2}\sum_{i=0}^{24}[1.25+\dfrac{3i+j}{3\times 24+2}] =$$

$$\sum_{i=0}^{3\times 24+2}[1.25+\dfrac{i}{3\times 24+2}] =$$

$$[(3\times 24+2)\times 1.25]+[1.25+1] = 94$$

$$\dfrac{A+[k]+1}{[m]} = \dfrac{94+[\dfrac{2}{5}]+1}{3} = \dfrac{95}{3}$$

不是整数.

所以

$$S_k = \sum_{i=0}^{24}[1.25+\dfrac{3i+\dfrac{2}{5}}{3\times 24+2}] = [\dfrac{95}{3}] = 31$$

所以

$$\sum_{i=0}^{25}[1.25+\dfrac{15i+17}{370}] = 31+2+2-1 = 34$$

2. 求 $\sum\limits_{i=0}^{100}[2.3+\dfrac{2\pi i+\sqrt{2}+\sqrt{3}}{200\pi+\sqrt{17}}]$ 的值.

解

$$\sum_{i=0}^{100}[2.3+\dfrac{2\pi i+\sqrt{2}+\sqrt{3}}{200\pi+\sqrt{17}}] =$$

$$\sum_{i=0}^{100}[2.3+\dfrac{10i+\dfrac{5(\sqrt{2}+\sqrt{3})}{\pi}}{10\times 100+\dfrac{5\sqrt{17}}{\pi}}]$$

这里 $m=10, \lambda=\dfrac{5\sqrt{17}}{\pi}, k=\dfrac{5(\sqrt{2}+\sqrt{3})}{\pi}, n=100$,

$\lambda=2.5$ 符合例 8 的条件

$$A=\sum_{j=0}^{9}\sum_{i=0}^{100}\left[2.3+\dfrac{10i+j}{10\times 100+\dfrac{5\sqrt{17}}{\pi}}\right]=$$

$$\sum_{i=0}^{1009}\left[2.3+\dfrac{i}{1\,000+\dfrac{5\sqrt{17}}{\pi}}\right]$$

因为 $6<\dfrac{5\sqrt{17}}{\pi}<7$,所以

$$\sum_{i=0}^{1009}\left[2.3+\dfrac{i}{1\,007}\right]\leqslant A\leqslant \sum_{i=0}^{1009}\left[2.3+\dfrac{i}{1\,006}\right]$$

即

$$2\,325=[1\,007\times 2.3]+[2.3+1]\times 3\leqslant A\leqslant$$
$$[1\,006\times 2.3]+[2.3+1]\times 4=2\,325$$

所以 $\qquad A=2\,325$

又

$$\dfrac{A+[k]+1}{[m]}=\dfrac{2\,325+\left[\dfrac{5(\sqrt{2}+\sqrt{3})}{\pi}\right]+1}{10}=\dfrac{2\,331}{10}$$

不为整数.

所以

$$\sum_{i=0}^{100}\left[2.3+\dfrac{2\pi i+\sqrt{2}+\sqrt{3}}{200\pi+\sqrt{17}}\right]=\left[\dfrac{2\,331}{10}\right]=233$$

例 8 中的等式是一个非常重要的等式,对式中的 m,λ,k 取不同的值,可以得到许多恒等式. 又如,设 m,λ,k 都为整数,取 $\lambda=m-2$,则

[x]与{x}

$$1 \leqslant k \leqslant m-2$$

$$A = \sum_{j=0}^{m-1}\sum_{i=0}^{n}\left[x+\frac{mi+j}{mn+m-2}\right] =$$

$$\sum_{i=0}^{mn+m-1}\left[x+\frac{i}{mn+m-2}\right] =$$

$$[(mn+m-2)x] + \left[x+\frac{1}{mn+m-2}\right] + [x] + 2$$

所以

$$S_k = \sum_{i=0}^{n}\left[x+\frac{mi+k}{mn+m-2}\right] =$$

$$\left[\frac{(mn+m-2)x+\left[x+\frac{1}{mn+m-2}\right]+[x]+2+k}{m}\right]$$

若再令满足要求的 m,k,能得到许多恒等式. 令 $m=4,k=1$,则有

$$\sum_{i=0}^{n}\left[x+\frac{4i+1}{4n+2}\right] = \left[\frac{(4n+2)x+\left[x+\frac{1}{4n+2}\right]+[x]+3}{4}\right]$$

例9 设 α 是方程 $x^2 = 1991x+1$ 的正根,对于任何自然数 m,n 定义

$$m*n = mn + [\alpha m][\alpha n]$$

求证:对所有自然数 p,q,r 有 $(p*q)*r = p*(q*r)$.

(第32届IMO预选题)

证明 记 $k=1991$,则 $\alpha > 1991$ 且 $\alpha(\alpha-k) = 1$. 对任何自然数 p,q,由于

$$\alpha(p*q) = \alpha pq + \alpha[\alpha p][\alpha q] =$$

$$\frac{1}{2}(\alpha^2 pq + \alpha^2[\alpha p][\alpha q]) =$$

$$\frac{1}{\alpha}(\alpha^2 pq + [\alpha p][\alpha q] + k\alpha[\alpha p][\alpha q]) =$$

112

第7章 含[x]或{x}的恒等式

$$\frac{1}{\alpha}(\alpha p - [\alpha q])(\alpha q - [\alpha q] +$$
$$k[\alpha p][\alpha q] + p[\alpha q] + q[\alpha p])$$

又

$$0 < \frac{1}{\alpha}(\alpha p - [\alpha p])(\alpha q - [\alpha q]) < 1$$

所以

$$[a(p*q)] = p[aq] + q[ap] + k[ap][aq]$$

所以

$$(p*q)*r = (p*q)r + [a(p*q)][ar] =$$
$$pqr + [ap][aq]r + p[aq][ar] +$$
$$q[ap][ar] + [ap][aq][ar]$$
$$p*(q*r) = p(q*r) + [a(q*r)][ap] =$$
$$pqr + p[aq][ar] + q[ar][ap] +$$
$$r[aq][ap] + k[aq][ap][ar]$$

于是

$$(p*q)*r = p*(q*r)$$

练 习 四

1. 若 $n \geqslant 1, p = n(n+1)(n+2)\cdots(n+7)$,求证

$$[\sqrt[4]{p}] = n^2 + 7n + 6$$

2. 求证:$[\dfrac{n}{k}] + [\dfrac{n+1}{k}] + \cdots + [\dfrac{n+k-1}{k}] = n.$

3. 设 $n > 1$,证明:$[\sum\limits_{k=1}^{n^2} \dfrac{1}{\sqrt{k}}]$ 是偶数.

4. 求证:$\sum\limits_{k=1}^{n}[\dfrac{k}{2}] = [\dfrac{n^2}{4}]$.

5. 求证:$\sum_{k=1}^{n}[\frac{k}{3}]=[\frac{n(n-1)}{6}]$.

6. 设与 $x(x\neq m+\frac{1}{2}, m\in \mathbf{Z})$ 最接近的整数记为 $\langle x \rangle$,试证:当 $n\in \mathbf{N}$ 时,$\langle\sqrt{n}\rangle = [\sqrt{n+[\sqrt{n}]}]$.

7. 设 $t>1$ 是一个整数,$x\in \mathbf{R}$,求证

$$\sum_{k=0}^{\infty}([\frac{x+t^k}{t^{k+1}}]+[\frac{x+2t^k}{t^{k+1}}]+\cdots+[\frac{x+(t-1)t^k}{t^{k+1}}])=\begin{cases}[x], & x\geq 0\\ [x]+1, & x<0\end{cases}$$

8. 设 $1<a<2$,k 为一整数,求证

$$[a[\frac{k}{2-a}]+\frac{a}{2}]=[\frac{ak}{2-a}]$$

9. 设 N 为任意正整数,$[\log_2 N]=\alpha$,求证

$$N-\alpha-1=[\frac{N-1}{2}]+[\frac{N-2}{2^2}]+[\frac{N-2^2}{2^3}]+\cdots+[\frac{N-2^{\alpha-1}}{2^\alpha}]$$

10. 对每一整数 n,证明

$$[\sqrt{n}+\sqrt{n+1}]=[\sqrt{4n+1}]=[\sqrt{4n+2}]=[\sqrt{4n+3}]$$

(1987 年加拿大数学竞赛题)

11. 以 $A(n)$ 表示具有如下性质的平面上不同点的最小数目:对于每个 $k\in\{1,2,\cdots,n\}$,至少存在一条直线,它刚好包含着其中的 k 个点. 证明:$A(n)=[\frac{n+1}{2}]\cdot[\frac{n+2}{2}]$.

12. 求正整数 n,使得

第7章 含$[x]$或$\{x\}$的恒等式

$$[\log_2 1] + [\log_2 2] + [\log_2 3] + \cdots + [\log_2 n] = 1\ 994$$

(1994年第十二届美国数学邀请赛试题)

13. 证明:如果自然数 A 不是完全平方数,则可找到自然数 n,使得 $A = \left[n + \sqrt{n} + \dfrac{1}{2}\right]$.

(1992年圣彼得堡市数学选拔考试题)

含$[x]$或$\{x\}$的函数

有关含$[x]$或$\{x\}$的函数问题,也是数学竞赛中的热门题型.下面通过例题来说明这类问题的解法.

例1 若$0 < x < 100$,求函数$f(x) = \left[\dfrac{x}{10.5}\right] \cdot \left[\dfrac{-10.5}{x}\right]$的取值范围.

解 (1)当$0 < x < 10.5$时,$\left[\dfrac{x}{10.5}\right] = 0$,所以$f(x) = 0$.

(2)当$10.5 < x < 100$时,$\left[\dfrac{-10.5}{x}\right] = -1$,于是$f(x) = -\left[\dfrac{x}{10.5}\right]$.

当$10.5 \leqslant x < 10.5 \times 2$时,$\left[\dfrac{x}{10.5}\right] = 1$;

当$10.5 \times 2 \leqslant x < 10.5 \times 3$时,$\left[\dfrac{x}{10.5}\right] = 2$;

……

当$10.5 \times 9 \leqslant x < 100$时,$\left[\dfrac{x}{10.5}\right] = 9$.

第 8 章 含 $[x]$ 或 $\{x\}$ 的函数

故 $f(x)$ 的值此时依次为 $-1,-2,\cdots,-9$.

综上可知,$f(x)$ 的取值为 $0,-1,-2,-3,-4,-5,-6,-7,-8,-9$.

例 2 (1) 在平面 (x,y) 上指出满足 $[x]^2+[y]^2=4$ 的一切 (x,y).

(1975 年加拿大第七届数学竞赛题)

(2) 作出函数 $y=|x|(x-[x])$ 在 $[-1,1]$ 上的图像.

解 (1) 因为 $[x],[y]$ 都是整数,所以有 4 种可能情况:

i) $[x]=2,[y]=0$,即 $2\leqslant x<3,0\leqslant y<1$;

ii) $[x]=-2,[y]=0$,即 $-2\leqslant x<-1,0\leqslant y<1$;

iii) $[x]=0,[y]=2$,即 $0\leqslant x<1,2\leqslant y<3$;

iv) $[x]=0,[y]=-2$,即 $0\leqslant x<1,-2\leqslant y<-1$.

故满足 $[x]^2+[y]^2=4$ 的图像如图 8.1 中阴影部分.

(2) 当 $x\in[-1,0)$ 时,$[x]=-1$;当 $x\in[0,1)$ 时,$[x]=0$;当 $x=1$ 时,$[x]=1$. 故原函数可化为

$$y=\begin{cases}-x(x+1), & x\in[-1,0)\\ x^2, & x\in[0,1)\\ 0, & x=1\end{cases}$$

其图像如图 8.2 所示.

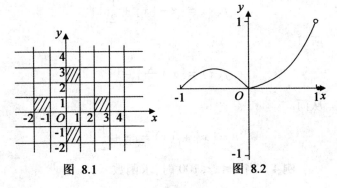

图 8.1   图 8.2

[x]与{x}

例3 已知 $x \in \mathbf{R}^+$，按四舍五入取整得 u：

i) 用 x 表示 u；

ii) 化简 i) 的表达式，使其不再出现分段的式子.

解 i) 由定义可知

$$u = \begin{cases} [x], & x < [x] + \dfrac{1}{2} \\ [x] + 1, & x \geq [x] + \dfrac{1}{2} \end{cases} \quad ①$$

ii) 记 $u = [x] + f(x)$，这里

$$f(x) = \begin{cases} 0, & x < [x] + \dfrac{1}{2} \\ 1, & x \geq [x] + \dfrac{1}{2} \end{cases}$$

或者写成

$$f(x) = \begin{cases} 0, & 0 \leq x - [x] < \dfrac{1}{2} \\ 1, & \dfrac{1}{2} \leq x - [x] < 1 \end{cases}$$

所以

$$f(x) = \left[x - [x] + \dfrac{1}{2} \right]$$

所以

$$f(x) = \left[x + \dfrac{1}{2} \right] - [x]$$

从而

$$u = [x] + f(x) = \left[x + \dfrac{1}{2} \right]$$

例4 当 $0 \leq x \leq 100$ 时，求函数

$$f(x) = [x] + [2x] + \left[\frac{5x}{3}\right] + [3x] + [4x]$$

所取的不同整数的个数.

(1993 年亚太地区数学奥林匹克试题)

解 下面分三种情况来讨论:

i) 若 $x = 3k + \alpha, k$ 是非负整数,$0 < \alpha < 1$,则

$$f(x) = 35k + \left[\frac{5x}{3}\alpha\right] + [2\alpha] + [3\alpha] + [4\alpha] =$$

$$\begin{cases} 0, & \text{若 } \alpha < \dfrac{1}{4} \\ 1, & \text{若 } \dfrac{1}{4} \leq \alpha < \dfrac{1}{3} \\ 2, & \text{若 } \dfrac{1}{3} \leq \alpha < \dfrac{1}{2} \\ 4, & \text{若 } \dfrac{1}{2} \leq \alpha < \dfrac{3}{5} \\ 5, & \text{若 } \dfrac{3}{5} \leq \alpha < \dfrac{2}{3} \\ 6, & \text{若 } \dfrac{2}{3} \leq \alpha < \dfrac{3}{4} \\ 7, & \text{若 } \alpha \geq \dfrac{3}{4} \end{cases}$$

若固定的 k, $f(x)$ 有 7 个不同的值,当 α 从图 8.3 的一个区间变到另一个区间时,$f(x)$ 的值变动一次.

图 8.3

ii) 若 $x = 3k + 1 + \alpha, k$ 是非负整数,$0 < \alpha < 1$,则

$$f(x) = 35k + 11 + [2\alpha] + [3\alpha] + [4\alpha] + \left[\frac{5}{3}\alpha + \frac{2}{3}\right] =$$

$$35k+11+\begin{cases}0, & 若\ \alpha<\dfrac{1}{5}\\1, & 若\ \dfrac{1}{5}\leqslant\alpha<\dfrac{1}{4}\\2, & 若\ \dfrac{1}{4}\leqslant\alpha<\dfrac{1}{3}\\3, & 若\ \dfrac{1}{3}\leqslant\alpha<\dfrac{1}{2}\\5, & 若\ \dfrac{1}{2}\leqslant\alpha<\dfrac{2}{3}\\6, & 若\ \dfrac{2}{3}\leqslant\alpha<\dfrac{3}{4}\\7, & 若\ \dfrac{3}{4}\leqslant\alpha<\dfrac{4}{5}\\8, & 若\ \alpha\geqslant\dfrac{4}{5}\end{cases}$$

对固定的 k, $f(x)$ 有 8 个不同的值. 当 α 从图 8.4 的一个区间变到另一个区间时, $f(x)$ 的值变动一次.

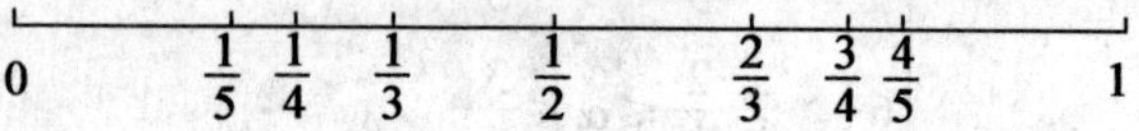

$$0\quad\dfrac{1}{5}\ \dfrac{1}{4}\ \dfrac{1}{3}\qquad\dfrac{1}{2}\qquad\dfrac{2}{3}\ \dfrac{3}{4}\ \dfrac{4}{5}\qquad 1$$

图 8.4

iii) 若 $x=3k+2+\alpha$, k 为非负整数, $0<\alpha<1$, 则
$f(x)=35k+23+\left[\dfrac{5}{3}\alpha+\dfrac{1}{3}\right]+[2\alpha]+[3\alpha]+[4\alpha]=$

第8章　含[x]或{x}的函数

$$35k+23+\begin{cases}0, & 若\ \alpha>\dfrac{1}{4}\\ 1, & 若\ \dfrac{1}{4}\leq\alpha<\dfrac{1}{3}\\ 2, & 若\ \dfrac{1}{3}\leq\alpha<\dfrac{2}{5}\\ 3, & 若\ \dfrac{2}{5}\leq\alpha<\dfrac{1}{2}\\ 5, & 若\ \dfrac{1}{2}\leq\alpha<\dfrac{2}{3}\\ 6, & 若\ \dfrac{2}{3}\leq\alpha<\dfrac{3}{4}\\ 7, & 若\ \alpha\geq\dfrac{3}{4}\end{cases}$$

对于固定的 k，$f(x)$ 有 7 个不同的值. 当 α 从图 8.5 中的一个区间变到另一个区间时，$f(x)$ 的值变动一次.

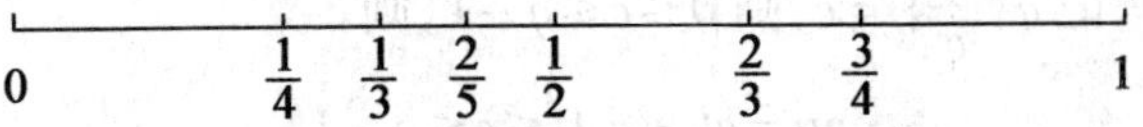

```
0        1/4  1/3  2/5  1/2    2/3  3/4        1
```
图 8.5

由于 $0\leq x\leq 100$，所以在第一种情况中，k 可取从 0 至 33 这 34 个整数值. 而在第二种情况，当 $k=33$ 时，$\alpha=0$，$f(x)$ 只有一个值 $11+35\times 33$. 在第三种情况中，$k\leq 32$.

所以，$f(x)$ 共可取 $34\times 7+(33\times 8+1)+33\times 7=734$ 个整数值.

例5　已知 $N=\{1,2,3,\cdots\}$，对实灵敏 x,y，令 $S(x,y)=\{S\mid S=[nx+y],n\in\mathbf{N}\}$. 证明：

若 $r>1$ 为有理数，则存在实数 u,v，使得
$$S(r,0)\cap S(u,v)=\varnothing$$

$$S(r,0) \cup S(u,v) = \mathbf{N}$$

(1985年第26届IMO候选题)

证明 设 $r = \dfrac{p}{q}, p,q \in \mathbf{N}, p > q$.

我们证明当 $u = \dfrac{p}{p-q}, v$ 满足 $-\dfrac{1}{p-q} \leqslant v < 0$ 时,即为所求.

先证明 $S(r,0) \cap S(u,v) = \varnothing$.

用反证法.

如果 $S(r,0) \cap S(u,v) \neq \varnothing$,则存在一个 $S(r,0)$ 和 $S(u,v)$ 的公共元素,设为 k. 此时有

$$k = [nr] = [mu+v]$$

由 $r = \dfrac{p}{q}$,得 $k = \left[\dfrac{np}{q}\right]$. 即

$$\dfrac{np}{q} = k + \left\{\dfrac{np}{q}\right\}, np = qk + q\left\{\dfrac{np}{q}\right\}$$

记 $q\left\{\dfrac{np}{q}\right\} = c$,则 $0 \leqslant c \leqslant q-1$,则

$$np = qk + c, 0 \leqslant c \leqslant q-1 \qquad ①$$

又由

$$k = [mu+v] = \left[m\dfrac{p}{p-q}+v\right]$$

$$mp + v(p-q) = k(p-q) + d \qquad ②$$

其中

$$d = \{mp + v(p-q)\}, 0 \leqslant d < p-q$$

①+②,得

$$(m+n)p + v(p-q) = kp + c + d \qquad ③$$

因为 $p > q$ 且 $-\dfrac{1}{p-q} \leqslant v < 0$,则

$$v(p-q) < 0$$

又因为 $c+d>0$, 则由式③得
$$k < m+n \qquad ④$$
另一方面, $v(p-q) \geq -1, c+d < p-1$. 则由式③得
$$(m+n)p = kp - v(p-q) + c + d < kp + p$$
所以
$$m+n < k+1 \qquad ⑤$$
由④和⑤, 得
$$k < m+n < k+1$$
但对整数 m, n, k 这是不可能的.

所以
$$S(r,0) \cap S(u,v) = \varnothing$$
下面证明
$$S(r,0) \cup S(u,v) = \mathbf{N}$$

由于 $r = \dfrac{p}{q} > 1$, 所以当 $n > m$ 时, 由 $[x]$ 的单调性, 得
$$[nr] > [mr]$$
$$[nu+v] > [mu+v]$$

于是 $S(r,0)$ 及 $S(u,v)$ 中都没有相同的元素. 所以, $S(u,v) \cap \{1, 2, \cdots, k-1\}$ 中元素的个数等于满足 $[mu+v] < k$ 的 m 的最大值 m_1. 即 m_1 满足
$$\begin{cases} m_1 u + v < k \\ (m_1+1)u + v \geq k \end{cases}$$
解得
$$\dfrac{k-v}{u} - 1 \leq m_1 < \dfrac{k-v}{u}$$
$$\dfrac{u+v-k}{u} \geq -m_1 > -\dfrac{k-v}{u}$$
从而

$$m_1 = -\left[\frac{u+v-k}{u}\right]$$

取 $u=r, v=0$ 可得 $S(r,0) \cap \{1,2,\cdots,k-1\}$ 的元素个数为

$$n_1 = -\left[\frac{r-k}{r}\right]$$

因为

$$-m_1 - n_1 \leqslant \frac{u+v-k}{u} + \frac{r-k}{r} =$$

$$2 - k + \frac{v(p-q)}{p} < 2 - k$$

即

$$m_1 + n_1 > k-2, m_1 + n_1 \geqslant k-1$$

又由

$$S(r,0) \cap S(u,v) = \varnothing$$

所以

$$(S(r,0) \cup S(u,v)) \cap \{1,2,\cdots,k-1\} = \{1,2,\cdots,k-1\}$$

这个式子对所有的 k 均成立. 即

$$S(r,0) \cup S(u,v) = \mathbf{N}$$

例6 定义自然数集 $\mathbf{N} \to \mathbf{N}$ 的函数 $f(n), F(k)$ 为

$$f(n) = \left[\frac{n(3-\sqrt{5})}{2}\right]$$

$$F(k) = \min\{n \in \mathbf{N} | f^k(n) > 0\}$$

其中 $f^k = f \circ f \circ \cdots \circ f$, 是 f 的 k 次复合函数.

证明: $F(k+2) = 3F(k+1) - F(k)$.

(1985 年第 26 届 IMO 候选题)

这道题目初看起来不好理解,我们先计算一下具体的函数值,从中体会 $f(n)$ 和 $F(k)$ 的意义,从而探求本题的解法.

先考虑 $f(n)$,通过具体计算可得: $f(1) = 0, f(2) =$

第8章 含$[x]$或$\{x\}$的函数

$0, f(3)=1, f(4)=1, f(5)=1, f(6)=1, f(7)=2$, $f(8)=3, \cdots, f(11)=4, \cdots, f(14)=5, f(15)=5$, $f(16)=6, \cdots, f(19)=7, f(20)=7, f(21)=8, \cdots$，因此，我们要计算$f(n)$，只要解不等式$m \leqslant \dfrac{n(3-\sqrt{5})}{2} < m+1$就可以了，这就是说，对确定$f(n)$起作用的是使$f(n) \geqslant m$ 的最小的 n，这实质上是知道函数值 m 来求 n，于是我们可以构造一个相应的函数来反映 $f(n) = m$ 的规律，即以函数值 m 为自变量，以使 $f(n) \geqslant m$ 的最小 n 为函数值的函数. 事实上，这样一个函数最能说明 $f(n)$ 的规律.

下面具体地理解 $F(k)$. $F(k)$ 是以 k 为自变量，以 $f(n)$ 经过 k 次复合之后仍为正数的最小的 n 为函数值的函数，此时显然会有 $f(n-1)$ 经过 k 次复合就会小于或等于零. $F(1) = 3$，这是因为 $f(3) = 1 > 0, f(2) = 0$ 的原因；$F(2) = 8$，这是因为 $f(8) = 3, f(3) = 1 > 0$，而 $f(7) = 2, f(2) = 0$. 所以 $f(2)$ 经过二次复合仍大于 0 的最小的 n 是 8，$F(3) = 21$，这是因为 $f(21) = 8$，$f(8) = 3, f(3) = 1 > 0$ 及 $f(20) = 7, f(7) = 2, f(2) = 0$.

同时，不难验证
$$F(3) = 21 = 3F(2) - F(1) = 3 \times 8 - 3$$

由以上具体数字的实验可以想到，在证明过程中，需要构造一个辅助函数（不妨设为 $G(m)$），这个函数就是前面所说的，使得 $f(n) \geqslant m$ 的最小自然数 n 与自变量 m 的关系，即
$$G(m) = \min\{n \in \mathbf{N} | f(n) \geqslant m\}$$
并从对 $G(m)$ 的探讨来展开我们的证明.

证明 因为 $0 < \dfrac{3-\sqrt{5}}{2} < 1$，所以当 $n_1 < n_2$ 时

[x]与{x}

$$\frac{n_1(3-\sqrt{5})}{2} < \frac{n_2(3-\sqrt{5})}{2}$$

从而 $f(n_1) \leqslant f(n_2)$. 于是 $f(n)$ 是不减函数,即

$$f(n+1) \geqslant f(n)$$

$$f(n+1) - f(n) = \left[\frac{(n+1)(3-\sqrt{5})}{2}\right] -$$

$$\left[\frac{n(3-\sqrt{5})}{2}\right] =$$

$$\left[\frac{3-\sqrt{5}}{2} + \frac{n(3-\sqrt{5})}{2}\right] -$$

$$\left[\frac{n(3-\sqrt{5})}{2}\right] \leqslant$$

$$\left[1 + \frac{n(3-\sqrt{5})}{2}\right] -$$

$$\left[\frac{n(3-\sqrt{5})}{2}\right] =$$

$$1 + \left[\frac{n(3-\sqrt{5})}{2}\right] -$$

$$\left[\frac{n(3-\sqrt{5})}{2}\right] = 1$$

于是

$$f(n+1) \leqslant f(n) + 1 \qquad ①$$

构造辅助函数 $G(m)$ 为

$$G(m) = \min\{n \in \mathbf{N} | f(n) \geqslant m\}$$

由此定义可得

$$f(G(m)) \geqslant m \qquad ②$$

$$f(G(m) - 1) < m \qquad ③$$

由①,②,③得

第8章 含$[x]$或$\{x\}$的函数

$$f(G(m)) \leq f(G(m)-1)+1 < m+1$$
$$m \leq f(G(m)) < m+1$$

从而
$$f(G(m)) = m \qquad ④$$

即
$$\left[\frac{G(m)(3-\sqrt{5})}{2}\right] = m$$

$$(G(m)-1)\frac{3-\sqrt{5}}{2} < m < G(m)\frac{3-\sqrt{5}}{2}$$

由此得

$$\frac{3+\sqrt{5}}{2}m < G(m) < \frac{3+\sqrt{5}}{2}m+1$$

由于$G(m)$是整数，于是

$$G(m) = \left[\frac{3+\sqrt{5}}{2}m+1\right] \qquad ⑤$$

注意到

$$f(m) = \left[\frac{m(3-\sqrt{5})}{2}\right]$$

所以

$$-1 < f(m) - \frac{m(3-\sqrt{5})}{2} < 0$$

$$0 < f(m)+1 - \frac{m(3-\sqrt{5})}{2} < 1$$

$$\left[f(m)+1 - \frac{m(3-\sqrt{5})}{2}\right] = 0$$

变化式⑤可得

$$G(m) = \left[\frac{3+\sqrt{5}}{2}m+1\right] =$$

$$\left[3m - \frac{m(3-\sqrt{5})}{2}+1\right] =$$

[x]与{x}

$$3m + [f(m) + 1 - \frac{m(3-\sqrt{5})}{2} - f(m)] =$$

$$3m + [f(m) + 1 - \frac{m(3-\sqrt{5})}{2}] - f(m) =$$

$$3m - f(m)$$

从而得出 $G(m)$ 与 $f(m)$ 的关系

$$G(m) = 3m - f(m) \qquad ⑥$$

下面再探讨 $F(k+1)$ 与 $G(m)$ 的关系.

由式④得

$$f(G(F(k))) = F(k)$$

再由 F 的定义可得

$$f^{k+1}(G(F(k))) = f^k \circ f(G(F(k))) =$$
$$f^k(F(k)) > 0$$

$$f^{k+1}(G(F(k)) - 1) = f^k \circ f(G(F(k)) - 1) =$$
$$f^k(F(k) - 1) \leq 0$$

从而由 F 的定义得

$$F(k+1) = G(F(k)) \qquad ⑦$$

于是由式⑦,⑥及④,得

$$F(k+2) = G(F(k+1)) =$$
$$3F(k+1) - f(F(k+1)) =$$
$$3F(k+1) - f(G(F(k))) =$$
$$3F(k+1) - F(k)$$

例7 设 n 为任意固定的自然数,求证

$$1 + [\frac{n}{1}], 2 + [\frac{n}{2}], 3 + [\frac{n}{3}], 4 + [\frac{n}{4}], \cdots \qquad ①$$

中的最小值可以表示为 $[\sqrt{4n+1}]$.

证明 考察定义在 $(0, \infty)$ 上的实函数 $f(x) = x +$

$\dfrac{n}{x}$,由平均值不等式可知

$$f(x) \geqslant 2\sqrt{x\cdot\dfrac{n}{x}} = 2\sqrt{n}$$

所以函数在 $x=\sqrt{n}$ 处取得最小值 $2\sqrt{n}$. 当 $x\in(0,\sqrt{n})$ 时,函数 f 是单调下降的;当 $x>\sqrt{n}$ 时,函数是单调上升的. ①中的数列正好就是 $[f(k)]$, $k=1,2,3,\cdots$. 因此,只需在 $k=[\sqrt{n}]$ 及 $k=[\sqrt{n}]+1$ 时,所对应的数列中的项谁更小一些就可以了.

令 $a_k = k+\left[\dfrac{n}{k}\right]$, $k=1,2,3,\cdots$,

i) 当 $k\leqslant[\sqrt{n}]-1$ 时,有 $k<k+1\leqslant\sqrt{n}$,因此 $k(k+1)<n$,于是

$$1 < \dfrac{n}{k(k+1)} = \dfrac{n}{k} - \dfrac{n}{k+1}$$

由此即得

$$\left[\dfrac{n}{k}\right] \geqslant 1+\left[\dfrac{n}{k+1}\right]$$

于是

$$a_k - a_{k+1} = k+\left[\dfrac{n}{k}\right]-(k+1)-\left[\dfrac{n}{k+1}\right] =$$

$$\left[\dfrac{n}{k}\right] - \left(1+\left[\dfrac{n}{n+1}\right]\right) \geqslant 0$$

这说明,当 $k+1\leqslant[\sqrt{n}]$ 时,有 $a_k \geqslant a_{k+1}$.
同样可证:
ii) 当 $k\geqslant[\sqrt{n}]+1$ 时,有 $a_{k+1}\geqslant a_k$.
下面只需判别 $a_{[\sqrt{n}]}$ 与 $a_{[\sqrt{n}]+1}$ 哪个小.
令 $i=[\sqrt{n}]$,于是 $i\leqslant\sqrt{n}<i+1$,平方后得

$$i^2 \leq n < i^2 + 2i + 1$$

由 n 与 i 均为整数,故知

$$i^2 \leq n \leq i^2 + 2i$$

故可把 n 写成 $n = i^2 + m$,其中 $0 \leq m \leq 2i$. 由于

$$a_i = i + \left[\frac{n}{i}\right] = i + \left[\frac{i^2 + m}{i}\right] = 2i + \left[\frac{m}{i}\right]$$

$$a_{i+1} = i + 1 + \left[\frac{n}{i+1}\right] = i + \left[\frac{n+i+1}{i+1}\right] =$$

$$i + \left[\frac{i^2 + i + m + 1}{i+1}\right] = 2i + \left[\frac{m+1}{i+1}\right]$$

由以上二式可知,当 $i > m$ 时,[ ] 均为零,得到

$$a_i = a_{i+1} = 2i$$

当 $i \leq m \leq 2i$ 时

$$\left[\frac{m}{i}\right] = \left[\frac{m+1}{i+1}\right] = 1$$

因此

$$a_i = a_{i+1} = 2i + 1$$

最后,当 $m = 2i$ 时,易见 $a_i = 2i + 2$,而 $a_{i+1} = 2i + 1$.

总之,当 $0 \leq m < i$ 时,最小值为 $2i$,而当 $i \leq m \leq 2i$ 时,最小值为 $2i + 1$.

设 $0 \leq m < i$,此时 $i^2 \leq i^2 + i$. 因此

$$(2i)^2 < 4i^2 + 1 \leq 4n + 1 < 4i^2 + 4i + 1 = (2i + 1)^2$$

即 $2i < \sqrt{4n+1} < 2i + 1$,所以 $[\sqrt{4n+1}] = 2i$.

其次设 $i \leq m \leq 2i$, $i^2 + i \leq m < i^2 + 2i$. 从而

$$(2i+1)^2 \leq 4n + 1 < 4i^2 + 8i + 1 < (2i+2)^2$$

所以 $2i + 1 \leq \sqrt{4n+1} < 2i + 2$,所以 $[\sqrt{4n+1}] = 2i + 1$.

综上所述,不论哪一种情形,①中的最小值可以表示为 $[\sqrt{4n+1}]$.

第8章 含$[x]$或$\{x\}$的函数

例8 X是非空的正整数集合,满足下列条件:

(1)若$x \in X$,则$4x \in X$;

(2)若$x \in X$,则$[\sqrt{x}] \in X$.

求证:X是全体正整数的集合.

(1991年日本数学奥林匹克试题)

证明 (1)先证$1 \in X$.

由$X \neq \varnothing$,故有某正整数$a_1 \in X$. 若$a_1 = 1$,则已满足,今设$a_1 \geq 2$.

令$f(x) = [\sqrt{x}]$,当$x \geq 2$时

$$x > \sqrt{x} \geq [\sqrt{x}] = f(x)$$

记$a_{n+1} = f(a_n)(n \geq 1)$,则

$$a_n \geq 2 \Rightarrow a_n > a_{n+1} \geq 1 \qquad ①$$

($a_n = 1 \Rightarrow a_{n+1} = 1$),因此,由①得

$$n \geq a_1 \Rightarrow a_n = 1 \qquad ②$$

所以$1 \in X$.

(2)证$4^n \in X$.

由$1 \in X$,连续用条件(1),$4 \times 1 \in X$,$4 \times 4 \in X$,$\cdots$,$4^n \in X (n = 0, 1, 2, \cdots)$.

其次,考虑$k \in X$的条件. 设k,l为正整数

$$k^2 \leq x < l^2 \Rightarrow k \leq \sqrt{x} < l$$

所以

$$k \leq [\sqrt{x}] \leq \sqrt{x} < l$$

即

$$k^2 \leq x < l^2 \Rightarrow k \leq f(x) < l \qquad ③$$

因此

$$k^{2m} \leq x < l^{2m} \Rightarrow k \leq \underbrace{f(f \cdots (f(x) \cdots))}_{m 次} < l \qquad ④$$

特别地,在④中若$l = k + 1$,则

由 $\qquad k \leqslant f(f\cdots(f(x)\cdots)) < k+1$

得 $\qquad f(f\cdots(f(x)\cdots)) = k$

这就是说,若存在非负整数 m,n 使得

$$k^{2m} \leqslant 4^n < (k+1)^{2m} \qquad (*)$$

则 $k \in X$.

(3) 现证所有的正整数 $k \in X$.

先证:对任意的正整数 k,当 m 充分大时,总存在整数 n,满足式 $(*)$

式 $(*) \Leftrightarrow 2^m \log_4 k \leqslant n < 2^m \log_4(k+1)$

令 $\varepsilon = \log_4(k+1) - \log_4 k (>0)$,它是依 k 而定的常数,区间 $I = [2^m \log_4 k, 2^m \log_4(k+1)]$ 长度为 $2^m \varepsilon$. 因此,当 $m \geqslant 2\log_4 \dfrac{1}{\varepsilon}$ 时,区间 I 的长度就大于 1,于是在 I 中至少存在一个整数 n.

例9 在区域 $\{(x,y) | x,y > 0, xy = 1\}$ 中,求函数 $f(x,y) = \dfrac{x+y}{[x][y]+[x]+[y]+1}$ 的值域.

(第 19 届奥地利数学竞赛题)

解 由对称性,设 $x \geqslant 1$.

(1) 当 $x = 1, y = 1$ 时,$f(1,1) = \dfrac{1}{2}$.

(2) 当 $x > 1$ 时,令

$$x = n + \alpha (n \geqslant 1, n \in \mathbf{N}, 0 \leqslant \alpha < 1)$$

则

$$y = \dfrac{1}{n+\alpha}, [y] = 0, [x] = n$$

$$f(x,y) = \dfrac{n + \alpha + \dfrac{1}{n+\alpha}}{n+1}$$

由于 $x + \dfrac{1}{x}$ 在 $x > 1$ 时是递增函数,则

$$f(x,y) \in \left(\dfrac{n + \dfrac{1}{n}}{n+1}, \dfrac{n+1+\dfrac{1}{n+1}}{n+1}\right)$$

记 $a_n = \dfrac{n + \dfrac{1}{n}}{n+1}, b_n = \dfrac{n+1+\dfrac{1}{n+1}}{n+1}$,则

$$a_n - a_{n+1} = \dfrac{2-n}{n(n+1)(n+2)}$$

$$b_n - b_{n+1} = \dfrac{2n+3}{(n+1)^2(n+2)^2} > 0$$

因此,当 $n \geq 1$ 时,有

$$a_1 > a_2 = a_3 < a_4 < a_5 < \cdots$$
$$b_1 > b_2 > b_3 > b_4 > b_5 > \cdots$$

于是当 $x > 1$ 时,$f(x,y)$ 的值域为 $[a_2, b_1)$ 即 $\left[\dfrac{5}{6}, \dfrac{5}{4}\right)$.

综合(1),(2)知,$f(x,y)$ 的值域为 $\left\{\dfrac{1}{2}\right\} \cup \left[\dfrac{5}{6}, \dfrac{5}{4}\right)$.

例 10 设 $N = \{1, 2, 3, \cdots\}$.论证是否存在一个函数 $f : N \to N$,使得

$$f(1) = 2$$
$$f(f(n)) = f(n) + n$$
$$f(n) < f(n+1)$$

对一切 $n \in \mathbf{N}$ 成立.

(1993 年第 34 届 IMO 试题)

[x]与{x}

解 答案是肯定的. 构造函数

$$f(n) = \left[\frac{\sqrt{5}+1}{2}n + \frac{1}{2}\right]$$

那么

$$f(1) = \left[\frac{\sqrt{5}+1}{2}n + \frac{1}{2}\right] = 2$$

$$f(n+1) = \left[\frac{\sqrt{5}+1}{2}n + \frac{1}{2} + \frac{\sqrt{5}+1}{2}\right] \geqslant$$

$$\left[\frac{\sqrt{5}+1}{2}n + \frac{1}{2} + 1\right] > f(n)$$

下面验证 $f(f(n)) = f(n) + n$. 令

$$\frac{\sqrt{5}+1}{2}n + \frac{1}{2} = \left[\frac{\sqrt{5}+1}{2}n + \frac{1}{2}\right] + r_n$$

则

$$f(f(n)) = \left[\frac{\sqrt{5}+1}{2}f(n) + \frac{1}{2}\right] =$$

$$\left[\frac{\sqrt{5}+1}{2}\left(\frac{\sqrt{5}+1}{2}n + \frac{1}{2} - r_n\right) + \frac{1}{2}\right] =$$

$$\left[\frac{\sqrt{5}+1}{2}n + \frac{1}{2} + n + \frac{\sqrt{5}+1}{4} - \frac{\sqrt{5}+1}{2}r_n\right] =$$

$$\left[\frac{\sqrt{5}+1}{2}n + \frac{1}{2}\right] + n +$$

$$\left[r_n + \frac{\sqrt{5}+1}{4} - \frac{\sqrt{5}+1}{2}r_n\right] =$$

$$f(n) + n + \left[\frac{\sqrt{5}+1}{4} - \frac{\sqrt{5}-1}{2}r_n\right]$$

因为

$$0 \leqslant r_n < 1$$

所以

第8章 含[x]或{x}的函数

$$0 < \frac{\sqrt{5}+1}{4} - \frac{\sqrt{5}-1}{2} < \frac{\sqrt{5}+1}{4} - \frac{\sqrt{5}-1}{2}r_n \leq \frac{\sqrt{5}+1}{4} < 1$$

所以 $\left[\frac{\sqrt{5}+1}{4} - \frac{\sqrt{5}-1}{2}r_n\right] = 0$. 所以 $f(f(n)) = f(n) + n$.

练 习 五

1. (1) 作 $[x][y] = 1$ 的图像.

   (2) 作 $[xy] = 2$ 的图像.

   (3) 作 $[x+y] = 1$ 的图像.

2. 设 $f(x) = \left[\dfrac{x}{12\frac{1}{2}}\right]\left[\dfrac{-12\frac{1}{2}}{x}\right]$,如果 $0 < x < 90$,求 $f(x)$ 的值域.

3. 求函数 $f(x) = [-x^2 + 3x + 1]$ 的最大值.

4. 已知函数

$$f(n) = \begin{cases} \dfrac{n+2}{3}, & \text{当 } n = 3m+1, \quad m \in \mathbf{Z}^+ \\ \dfrac{n+4}{3}, & \text{当 } n = 3m+2, \quad m \in \mathbf{Z}^+ \\ \dfrac{n+6}{3}, & \text{当 } n = 3m+3, \quad m \in \mathbf{Z}^+ \end{cases}$$

化简函数 $f(n)$.

5. 设 $s = (x_1, x_2, \cdots, x_n)$ 是前 n 个自然数 $1, 2, \cdots, n$ 依任意次序的排序. $f(s)$ 为 s 中每两个相邻元素的差的绝对值的最小值. 求 $f(s)$ 的最大值.

(1989 年第 30 届 IMO 候选题)

[x]与{x}

6. 已知函数 $f(x) = \sin x + \sin \pi x$ 及正数 d,求证:存在实数 p,使得 $|f(x+p) - f(x)| < d$ 对一切实数 x 成立,并且 p 的值可以任意的大.

(第 31 届 IMO 预选题)

7. 每一个大于 2 的自然数都可表示为若干个两两不等的自然数之和,对于任意自然数 $n(n \geq 3)$,记这些相加数的最大值为 $A(n)$,求 $A(n)$.

(1993 年德国数学奥林匹克试题)

含$[x]$或$\{x\}$的数列

第 9 章

函数$[x]$对呈周期性变化的离散型数量有着特殊的功能,它可以用于控制周期性变化的整型变量(如在电子计算机算法语言里的程序编译中),控制周期性的符号变化,起到$(-1)^n$无能为力的作用. 它有助于缩短函数表达式,减少分段函数的段数,简化计算过程和结果,特别是在一些只能允许出现整数的问题中更显得方便.

下面先介绍几个结论.

定义 1 如果存在着自然数 l,使得对任意的足标 n 满足 $a_{n+l} = a_n$ ($n = 0, 1, 2, \cdots$),则称数列 $\{a_n\}$ 为周期数列,满足上述等式的最小自然数 l,称为数列 $\{a_n\}$ 的周期.

例如,最简单的周期数列就是以 1 为周期的常数数列

$$c, c, \cdots, c, \cdots$$

此外,又如

$$1, -1, 1, -1, 1, -1, \cdots$$

[x]与{x}

$$1,0,0,1,0,0,1,\cdots$$
$$a,b,c,d,a,b,c,d,a,\cdots$$

都是周期数列,它们的周期分别是 2,3,4.

在中等数学里,对于比较简单的周期数列,已经给出了它们的通项公式. 例如

$$1,-1,1,-1,1,-1,\cdots$$

的通项公式是

$$a_n = (-1)^n \, (n=0,1,2,\cdots)$$
$$1,0,1,0,1,0,\cdots$$

的通项公式是

$$a_n = \frac{1+(-1)^n}{2} \, (n=0,1,2,\cdots)$$

对于一般的一个以 l 为周期的周期数列 $\{a_n\}$,其中 $a_n = a_j$. 若 $n \equiv j \pmod{l}$ 也就是数列

$$a_1, a_2, \cdots, a_l, a_1, a_2, \cdots, a_l, \cdots$$

它的通项公式,应当怎样表示? 下面我们先来考虑几个特殊的周期数列的通项公式.

定理1 数列

$$1,\overbrace{0,\cdots,0}^{l-1\text{个}},1,\overbrace{0,\cdots,0}^{l-1\text{个}},1,0,\cdots \quad (9.1)$$

的通项公式是

$$a_n = \left[\frac{n-1}{l}\right] - \left[\frac{n-2}{l}\right] \quad (9.2)$$

证明 显然

$$a_n = \begin{cases} 1, & \text{当 } n = pl+1 \text{ 时} \\ 0, & \text{当 } n \neq pl+1 \text{ 时} \end{cases}$$

p 为整数,$p \geq 0$. 设 $n-1$ 被 l 除所得余数为 r,则

$$a_n = \begin{cases} 1, & \text{当 } r = 0 \text{ 时} \\ 0, & \text{当 } r \neq 0 \text{ 时} \end{cases}$$

因此,由 $0 \leqslant r \leqslant l-1$ 得

$$a_n = -\left[\frac{r-1}{l}\right] \qquad (9.3)$$

由性质12,知 $r = n-1-\left[\frac{n-1}{l}\right]l$,代入上式得

$$a_n = -\left[\frac{n-2-\left[\frac{n-1}{l}\right]l}{l}\right] =$$

$$-\left[\frac{n-2}{l} - \left[\frac{n-1}{l}\right]\right] =$$

$$\left[\frac{n-1}{l}\right] - \left[\frac{n-2}{l}\right]$$

定理 2 数列

$$\underbrace{0,\cdots,0}_{i个},1,\underbrace{0,\cdots,0}_{l-1个},1,\underbrace{0,\cdots,0}_{l-1个},1,0,\cdots(0 \leqslant i \leqslant l-1)$$

$$(9.4)$$

的通项公式是

$$a_n = \left[\frac{n-(i+1)}{l}\right] - \left[\frac{n-(i+2)}{l}\right] \qquad (9.5)$$

证明 显然有

$$a_n = \begin{cases} 1, & \text{当 } n = pl+i+1 \text{ 时} \\ 0, & \text{当 } n \neq pl+i+1 \text{ 时} \end{cases}$$

p 为整数,$p \geqslant 0$. 设 $n-(i+1)$ 被 l 除所得的余数为 r,则

$$a_n = \begin{cases} 1, & \text{当 } r = 0 \text{ 时} \\ 0, & \text{当 } r \neq 0 \text{ 时} \end{cases}$$

类似于上面证法可得式(9.3),同理可推得式(9.5),证毕.

定理 3 数列

$$a_1, a_2, \cdots, a_n, \cdots (a_{n+l} = a_n, n = 1, 2, \cdots) \qquad (9.6)$$

[x]与{x}

的通项公式是

$$a_n = \sum_{i=0}^{i-1} a_{i+1} \left\{ \left[\frac{n-(i+1)}{l}\right] - \left[\frac{n-(i+2)}{l}\right] \right\}$$
(9.7)

证明 因为数列$\{a_n\}$的各项是如下数列

$$a_1,\overbrace{0,\cdots,0}^{l-1个},a_1,\overbrace{0,0,\cdots,0}^{l-1个},a_1,0,\cdots$$

$$0,a_2,\overbrace{0,\cdots,0}^{l-1个},a_2,\overbrace{0,\cdots,0}^{l-1个},a_2,0,\cdots$$

$$\vdots$$

$$0,\overbrace{\cdots,0}^{l-1个},a_l,\overbrace{0,\cdots,0}^{l-1个},a_l,0,\cdots$$

对应项的和. 根据定理2,即可证得数列(9.6)的通项公式是(9.7).

例如,在定理1中,令$l=2$,即得数列

$$1,0,1,0,1,0,\cdots$$

的通项公式是

$$a_n = \left[\frac{n-1}{2}\right] - \left[\frac{n-2}{2}\right]$$

即

$$a_n = \left[\frac{n+1}{2}\right] - \left[\frac{n}{2}\right]$$

在定理1中,令$l=4$,即得数列

$$1,0,0,0,1,0,0,0,1,0,\cdots$$

的通项公式是 $a_n = \left[\frac{n-1}{4}\right] - \left[\frac{n-2}{4}\right]$.

例1 数列$1,1,2,2,1,1,1,2,2,1,\cdots$的通项公式是

$$a_n = \left(\left[\frac{n-1}{5}\right] - \left[\frac{n-2}{5}\right]\right) +$$

第9章 含[x]或{x}的数列

$$([\frac{n-2}{5}] - [\frac{n-3}{5}]) +$$

$$2([\frac{n-3}{5}] - [\frac{n-4}{5}]) +$$

$$2([\frac{n-4}{5}] - [\frac{n-5}{5}]) +$$

$$([\frac{n-5}{5}] - [\frac{n-6}{5}]) =$$

$$[\frac{n-3}{5}] - [\frac{n-5}{5}] + 1 =$$

$$[\frac{n-3}{5}] - [\frac{n}{5}]$$

例2 数例 $1,0,7,1,0,7,1,0,7,\cdots$ 的通项公式是

$$a_n = ([\frac{n-1}{3}] - [\frac{n-2}{3}]) + 7([\frac{n-3}{3}] - [\frac{n-4}{3}]) =$$

$$7[\frac{n}{3}] - 6[\frac{n-1}{3}] - [\frac{n-2}{3}]$$

定理4 设数列 $\{a_n\}$ 用 l 个公式给出

$$a_n = \begin{cases} f_1(n), & \text{当 } n = lm+1 \text{ 时} \\ f_2(n), & \text{当 } n = lm+2 \text{ 时} \\ f_3(n), & \text{当 } n = lm+3 \text{ 时} \\ \vdots \\ f_l(n), & \text{当 } n = lm+l \text{ 时} \end{cases}$$

其中 $m = 0,1,2,\cdots$,则

$$a_n = f_1(n)\{[\frac{n+l-1}{l}] - [\frac{n+l-2}{l}]\} +$$

$$f_2(n)\{[\frac{n+l-2}{l}] - [\frac{n+l-2}{l}]\} + \cdots +$$

$$f_l(n)\{[\frac{n}{l}] - [\frac{n-1}{l}]\}$$

[x]与{x}

即

$$a_n = f_1(n)\left[\frac{n+l-1}{l}\right] +$$

$$\{f_2(n) - f_1(n)\}\left[\frac{n+l-2}{l}\right] +$$

$$\{f_3(n) - f_2(n)\}\left[\frac{n+l-3}{l}\right] + \cdots +$$

$$\{f_l(n) - f_{l-1}(n)\}\left[\frac{n}{l}\right] -$$

$$f_l(n)\left[\frac{n-1}{l}\right]$$

证明 当 $n = lm + 1$ 时
$a_n = f_1(n) + 0 \cdot f_2(n) + 0 \cdot f_3(n) + \cdots + 0 \cdot f_l(n) = f_1(n)$

当 $n = lm + 2$ 时
$a_n = 0 \cdot f_1(n) + f_2(n) + 0 \cdot f_3(n) + \cdots + 0 \cdot f_l(n) = f_2(n)$

$\vdots$

当 $n = lm + l$ 时
$a_n = 0 \cdot f_1(n) + 0 \cdot f_2(n) + \cdots + f_l(n) = f_l(n)$

所以定理证毕.

定理 5 设数列 $\{a_n\}$ 由 l 个连续正整数所给定

$$a_n = \begin{cases} r, & \text{当 } n = lm+1 \text{ 时} \\ r+1, & \text{当 } n = lm+2 \text{ 时} \\ \vdots \\ r+s, & \text{当 } n = lm+s+1 \text{ 时} \\ 1, & \text{当 } n = lm+s+2 \text{ 时} \\ 2, & \text{当 } n = lm+s+3 \text{ 时} \\ \vdots \\ r-1, & \text{当 } n = lm+l \text{ 时} \end{cases}$$

其中 $m=0,1,2,\cdots$. 则

$$a_n = n+r-1-l\left[\frac{n+r-2}{l}\right]$$

证明 当 $n=lm+1$ 时

$$a_n = lm+1+r-1-l\left[\frac{lm+1+r+2}{l}\right] =$$

$$lm+r-lm = r$$

同理,当 $n=lm+2$ 时,$a_n = r+1$;

$\vdots$

当 $n=lm+l$ 时,$a_n = r-1$. 定理证毕.

定理 6 设数列 $\{a_n\}$ 由 l 个连续正整数所给定

$$a_n = \begin{cases} r, & \text{当 } n=lm+1 \text{ 时} \\ r-1, & \text{当 } n=lm+2 \text{ 时} \\ \vdots & \\ 1, & \text{当 } n=lm+r \text{ 时} \\ r+s, & \text{当 } n=lm+r+1 \text{ 时} \\ r+s-1, & \text{当 } n=lm+r+2 \text{ 时} \\ \vdots & \\ r+1, & \text{当 } n=lm+l \text{ 时} \end{cases}$$

其中 $m=0,1,2,\cdots$. 则

$$a_n = r+1-n+l\left[\frac{n+s-1}{l}\right]$$

证明 当 $n=lm+1$ 时

$$a_n = r+1-lm-1+l\left[\frac{lm+1+s-1}{l}\right] =$$

$$r-lm+lm = r$$

同理,当 $n=lm+2$ 时,$a_n = r-1$;

$\vdots$

当 $n=lm+l$ 时,$a_n = r+1$. 定理证毕.

[x]与{x}

例3 求数列

$$1,2,3,2,3,4,3,4,5,4,5,6,6,7,\cdots$$

的通项公式.

解 分别观察所给数列的 $3m+1$ 项,$3m+2$ 项与 $3m+3$ 项,得

$$a_n = \begin{cases} \dfrac{n+2}{3}, & \text{当 } n=3m+1 \text{ 时} \\ \dfrac{n+4}{4}, & \text{当 } n=3m+2 \text{ 时} \\ \dfrac{n+6}{3}, & \text{当 } n=3m+3 \text{ 时} \end{cases}$$

其中 $m=0,1,2,\cdots$. 由定理4,得

$$a_n = \dfrac{n+2}{3}\left[\dfrac{n+2}{3}\right] + \dfrac{2}{3}\left[\dfrac{n+1}{3}\right] + \dfrac{2}{3}\left[\dfrac{n}{3}\right] - \dfrac{n+6}{3}\left[\dfrac{n-1}{3}\right]$$

当 $n=3m+1$ 时,则

$$3a_n = (3m+3)\left[\dfrac{3m+3}{3}\right] + 2\left[\dfrac{3m+2}{3}\right] + 2\left[\dfrac{3m+1}{3}\right] - (3m+7)\left[\dfrac{3m}{3}\right] =$$
$$(3m+3)(m+1) + 2m + 2m - (3m+7)m =$$
$$3m+1+2$$

所以 $3a_n - n = 2$,即 $\dfrac{3a_n - n}{2} = 1$.

同理,当 $n=3m+2$ 时,有 $\dfrac{3a_n-n}{2}=2$,当 $n=3m+3$ 时,有 $\dfrac{3a_n-n}{2}=3$. 所以

$$\dfrac{3a_n-n}{2} = \begin{cases} 1, & \text{当 } n=3m+1 \text{ 时} \\ 2, & \text{当 } n=3m+2 \text{ 时} \\ 3, & \text{当 } n=3m+3 \text{ 时} \end{cases}$$

这里 $r=1, s=2, k=3$. 故由定理 5, 得

$$\frac{3a_n-n}{2}=n-3\left[\frac{n-1}{3}\right], \text{即 } a_n=n-2\left[\frac{n-1}{3}\right]$$

例 4 求数列 $3\times 1^2, 5\times 2^2, 2\times 3^2, 11\times 4^2, 8\times 5^2, 5\times 6^2, 2\times 7^2, 11\times 8^2, \cdots$ 的通项公式.

解 分别观察所给数列的 $4m+1$ 项, $4m+2$ 项, $4m+3$ 项, $4m+4$ 项, 得

$$a_n=\begin{cases}8n^2, & \text{当 } n=4m+1 \text{ 时} \\ 5n^2, & \text{当 } n=4m+2 \text{ 时} \\ 2n^2, & \text{当 } n=4m+3 \text{ 时} \\ 11n^2, & \text{当 } n=4m+4 \text{ 时}\end{cases}$$

其中 $m=0,1,2,\cdots$. 于是

$$\frac{a_n+n^2}{3n^2}=\begin{cases}3, & \text{当 } n=4m+1 \text{ 时} \\ 2, & \text{当 } n=4m+2 \text{ 时} \\ 1, & \text{当 } n=4m+3 \text{ 时} \\ 4, & \text{当 } n=4m+4 \text{ 时}\end{cases}$$

这里, $r=3, s=1, l=4$. 由定理 6 得

$$\frac{a_n+n^2}{3n^2}=4-n+4\left[\frac{n}{4}\right]$$

$$a_n=11n^2-3n^3+12n^2\left[\frac{n}{4}\right]$$

例 5 求数列

$$\frac{1}{3}, \frac{1}{8}, \frac{1}{13}, \frac{2}{8}, \frac{2}{13}, \frac{2}{18}, \frac{3}{13}, \frac{3}{18}, \frac{3}{23}, \cdots$$

的通项公式.

解 观察所给数列的各项的分子, 得

$$x_n = \begin{cases} \dfrac{n+2}{3}, & \text{当 } n = 3m+1 \text{ 时} \\ \dfrac{n+1}{3}, & \text{当 } n = 3m+2 \text{ 时} \\ \dfrac{n}{3}, & \text{当 } n = 3m+3 \text{ 时} \end{cases}$$

其中 $m = 0, 1, 2, \cdots$. 于是

$$3x_n - n + 1 = \begin{cases} 3, & \text{当 } n = 3m+1 \text{ 时} \\ 2, & \text{当 } n = 3m+2 \text{ 时} \\ 1, & \text{当 } n = 3m+3 \text{ 时} \end{cases}$$

这里, $r = 3, s = 0, l = 3$. 由定理 6 得

$$3x_n - n + 1 = 4 - n + 3\left[\dfrac{n-1}{3}\right]$$

$$x_n = 1 + \left[\dfrac{n-1}{3}\right]$$

观察所给数列的各项的分母, 得

$$y_n = \begin{cases} 3 + \dfrac{5}{3}(n-1) = \dfrac{5n+4}{3}, & \text{当 } n = 3m+1 \text{ 时} \\ 8 + \dfrac{5}{3}(n-2) = \dfrac{5n+14}{3}, & \text{当 } n = 3m+2 \text{ 时} \\ 13 + \dfrac{5}{3}(n-3) = \dfrac{5n+24}{3}, & \text{当 } n = 3m+3 \text{ 时} \end{cases}$$

所以

$$\dfrac{3y_n - 5n + 6}{10} = \begin{cases} 1, & \text{当 } n = 3m+1 \text{ 时} \\ 2, & \text{当 } n = 3m+2 \text{ 时} \\ 3, & \text{当 } n = 3m+3 \text{ 时} \end{cases}$$

这里, $r = 1, s = 2, l = 3$. 由定理 5 得

$$\dfrac{3y_n - 5n + 6}{10} = n - 3\left[\dfrac{n-1}{3}\right]$$

第9章 含[x]或{x}的数列

$$y_n = 5n - 2 - 10\left[\frac{n-1}{3}\right]$$

所以

$$a_n = \frac{x_n}{y_n} = \frac{1 + \left[\frac{n-1}{3}\right]}{5n - 2 - 10\left[\frac{n-1}{3}\right]}$$

定理7 设 a 为正整数,则方程 $x + ay = n$ 非负整数解的个数为

$$A_n = \left[\frac{n}{a}\right] + 1$$

证明 当 $n = ma + 1$ 时,x 可取值

$$1, a+1, 2a+1, \cdots, ma+1 (m = 0, 1, 2, \cdots)$$

A_{ma+1} 等于这数列的项数:$A_{ma+1} = m + 1$,即

$$A_n = \frac{n+a-1}{a} = \frac{n}{a} + 1 - \frac{1}{a} =$$

$$\left[\frac{n}{a}\right] + 1 \, (n = ma + 1)$$

当 $n = ma + 2$ 时,x 可取值

$$2, a+2, 2a+2, \cdots, ma+2$$

A_{ma+2} 等于此数列的项数:$A_{ma+2} = m + 1$,即

$$A_n = \frac{n+a-2}{a} = \frac{n}{a} + 1 - \frac{2}{a} =$$

$$\left[\frac{n}{a}\right] + 1 \, (n = ma + 2)$$

$$\vdots$$

当 $n = ma + a$ 时,x 可取值

$$0, a, 2a, \cdots, (m+1)a$$

A_{am+a} 等于此数列的项数:$A_{ma+a} = m + 2$,即

$$A_n = \frac{n+a}{a} = \left[\frac{n}{a}\right] + 1 \, (n = ma + 2)$$

所以
$$A_n = \left[\frac{n}{a}\right] + 1$$

例6 求方程 $x + 3y + 6z = n$ 的非负整数解的个数 B_n.

解 设数列 $\{x_n\}$ 用以下三个公式给出

$$x_n = \begin{cases} 10n, & \text{当 } n = 3m+1 \text{ 时} \\ 8n, & \text{当 } n = 3m+2 \text{ 时} \\ 12n, & \text{当 } n = 3m+2 \text{ 时} \end{cases}$$

则

$$\frac{x_n - 6n}{2n} = \begin{cases} 2, & \text{当 } n = 3m+1 \text{ 时} \\ 1, & \text{当 } n = 3m+2 \text{ 时} \\ 3, & \text{当 } n = 3m+3 \text{ 时} \end{cases}$$

这里 $r = 2, s = 1, l = 3$. 根据定理6得

$$\frac{x_n - 6n}{2n} = 3 - n + 3\left[\frac{n}{3}\right]$$

$$x_n = 12n - 2n^2 + 6n\left[\frac{n}{3}\right]$$

下面将要应用 x_n 来表示 B_n.

当 $n = 6m+1$ 时, z 可取值 $0, 1, 2, \cdots, m$.

当 $z = k(k = 0, 1, 2, \cdots, m)$ 时, 有

$$x + 3y = 6m - 6k + 1 \qquad ①$$

根据定理7, 方程①的非负整数解的个数为

$$A_{6m-6k+1} = \left[\frac{6m-6k+1}{3}\right] + 1 = 2m - 2k + 1$$

其中 $k = 0, 1, 2, \cdots, m$. 于是

$$B_{6m+1} = \sum_{k=0}^{m} (2m - 2k + 1) = \sum_{k=0}^{m} (m-k) + m + 1 =$$
$$2(1 + 2 + 3 + \cdots + m) + m + 1 =$$

$(m+1)^2$

即

$$B_n = \frac{n^2+10n+25}{36} = \frac{n^2+x_n}{36}+1-\frac{11}{36} =$$

$$[\frac{n^2+x_n}{36}]+1 \ (n=6m+1)$$

同理

$$B_n = \frac{n^2+8n+16}{36} = \frac{n^2+x_n}{36}+1-\frac{20}{36} =$$

$$[\frac{n^2+x_n}{36}]+1 \ (n=6m+2)$$

$$B_n = \frac{n^2+12n+27}{36} = \frac{n^2+x_n}{36}+1-\frac{9}{36} =$$

$$[\frac{n^2+x_n}{36}]+1 \ (n=6m+3)$$

$$B_n = \frac{n^2+10n+16}{36} = \frac{n^2+x_n}{36}+1-\frac{20}{36} =$$

$$[\frac{n^2+x_n}{36}]+1 \ (n=6m+4)$$

$$B_n = \frac{n^2+8n+7}{36} = \frac{n^2+x_n}{36}+1-\frac{29}{36} =$$

$$[\frac{n^2+x_n}{36}]+1 \ (n=6m+5)$$

$$B_n = \frac{n^2+12n+16}{36} = \frac{n^2+x_n}{36}+1 =$$

$$[\frac{n^2+x_n}{36}]+1 \ (n=6m+6)$$

所以

$$B_n = \left[\frac{n^2 + x_n}{36}\right] + 1 = \left[\frac{12n - n^2 + 6n\left[\frac{n}{3}\right]}{36}\right] + 1$$

下面介绍一下互补数列及几个重要的定理.

定义 2 如果两个递增的正整数的数列 $\{f(n)\}$，$\{g(n)\}$ 满足下列两个条件：

（ⅰ）这两个数列没有相同的项，即对任意的正整数 m, n，有 $f(m) \neq g(n)$.

（ⅱ）每一个正整数 k，都必定在数列 $\{f(n)\}$ 或 $\{g(n)\}$ 中出现，即总可以找到正整数 n 或 m，使得 $k = f(n)$ 或 $k = g(m)$.

那么 $\{f(n)\}$ 与 $\{g(n)\}$ 就叫作互补的数列.

例如，奇数列 $1, 3, 5, \cdots$ 与偶数列 $2, 4, 6, \cdots$ 就是互补的数列.

定理 8 如果 α, β 是正的无理数，并且 $\frac{1}{\alpha} + \frac{1}{\beta} = 1$，那么数列 $\{[n\alpha]\}$ 与数列 $\{[n\beta]\}$ 是互补的数列.

证明 因为 α, β 是正的无理数，所以 $\frac{1}{\alpha} < \frac{1}{\alpha} + \frac{1}{\beta} = 1$，从而 $\alpha > 1$

$$[(n+1)\alpha] = [n\alpha + \alpha] \geqslant [n\alpha + 1] = [n\alpha] + 1 > [n\alpha]$$

即 $\{[n\alpha]\}$ 是递增的. 同理，$\{[m\beta]\}$ 也是递增的.

对于任意一个正整数 k，取

$$n = \left[\frac{k}{\alpha}\right] + 1, \quad m = \left[\frac{k}{\beta}\right] + 1$$

又令

$$\delta = n - \frac{k}{\alpha} = \left[\frac{k}{\alpha}\right] + 1 - \frac{k}{\alpha}$$

$$\eta = m - \frac{k}{\beta} = \left[\frac{k}{\beta}\right] + 1 - \frac{k}{\beta}$$

因为 α 是无理数

$$\left[\frac{k}{\alpha}\right] < \frac{k}{\alpha} < \left[\frac{k}{\alpha}\right] + 1$$

所以

$$0 < \delta < 1$$

同理

$$0 < \eta < 1$$

所以

$$0 < \delta + \eta < 2$$

又

$$\delta + \eta = n - \frac{k}{\alpha} + m - \frac{k}{\beta} = n + m - k$$

是一个整数,所以只能是 $\delta + \eta = 1$,即

$$\frac{\alpha\delta}{\alpha} + \frac{\beta\eta}{\beta} = 1$$

显然 $\alpha\delta = \alpha n - k$ 及 $\beta\eta = \beta m - k$ 都是无理数,不可能等于1. 如果 $\alpha\delta$ 与 $\beta\eta$ 都大于1,那么

$$\frac{\alpha\delta}{\alpha} + \frac{\beta\eta}{\beta} > \frac{1}{\alpha} + \frac{1}{\beta} = 1$$

与上式矛盾. 如果 $\alpha\delta$ 与 $\beta\eta$ 都小于1,那么

$$\frac{\alpha\delta}{\alpha} + \frac{\beta\eta}{\beta} < \frac{1}{\alpha} + \frac{1}{\beta} = 1$$

也与上式矛盾. 所以 $\alpha\delta$ 与 $\beta\eta$ 中有一个 >1,另一个 <1. 不妨假设 $\alpha\delta > 1$,而 $\beta\eta < 1$. 于是 $[\alpha\delta] \geq 1, [\beta\eta] = 0$.

因为 $\beta\eta = m\beta - k$,所以

$$[m\beta] = [k + \beta\eta] = k + [\beta\eta] = k$$

这就证明了 $\{[n\alpha]\}$ 与 $\{[m\beta]\}$ 满足条件(ii).

因为
$$\alpha\delta = n\alpha - k$$
所以
$$[n\alpha] = [k+\alpha\delta] = k + [\alpha\delta] \geqslant k+1 > k$$
又
$$n-1 = \left[\frac{k}{\alpha}\right] < \frac{k}{\alpha}$$
所以
$$[(n-1)\alpha] < (n-1)\alpha < k$$
因此,在数列$\{[m\beta]\}$中出现的k不会在数列$\{[n\alpha]\}$中出现,这也就证明了$\{[n\alpha]\}$与$\{[m\beta]\}$满足条件(i).

故$\{[n\alpha]\}$与$\{[m\beta]\}$是互补数列.

定理 8 实质上是下面定理的一个推论.

定理 9(Beatty 定理) 设 x 是任何一个正的无理数,y 是它的倒数,那么两个序列$\{n(1+x)\},\{n(1+y)\}$合起来,恰好包含了每对相邻正整数构成的区间$(n, n+1)$中的一个数.

这个定理是 1926 年加拿大多伦多大学的贝蒂(Sam Beatty)发现的. 显然定理 8 是贝蒂定理的一个推论. 因为如果 $\alpha = 1+x, \beta = 1+y$,则

$$\frac{1}{\alpha} + \frac{1}{\beta} = \frac{1}{1+x} + \frac{1}{1+y} = \frac{1}{1+x} + \frac{1}{1+\frac{1}{x}} =$$

$$\frac{1}{1+x} + \frac{x}{1+x} = 1$$

例 7 设 $f, g: \mathbf{Z}^+ \to \mathbf{Z}^+$ 为严格递增数列,且
$$f(\mathbf{Z}^+) \cap g(\mathbf{Z}^+) = \varnothing$$
$$f(\mathbf{Z}^+) \cup g(\mathbf{Z}^+) = \mathbf{Z}^+$$
$$g(m) = f(f(n)) + 1$$

求 $f(240)$.

(1978 年第 20 届 IMO 试题)

我国最早刊载此题的,是 1978 年 8 月 19 日的《参考消息》,当时误将"求 $f(240)$"写成"求 $f(2w)$",在国内数学界引起了一场不小的波澜. 因为要求出函数 $f(n)$ 的一般表达式,比求一个具体函数值 $f(240)$ 困难大得多. 经过数学教育界的专家学者一致努力,终于想出了多种方法寻找 $f(n)$ 的表达式. 1979 年春,中国科技大学龚升教授收到国外寄来的一份试题,经安徽师范大学张国铮先生翻译在安徽师大《数学函授教学》1979 年第 2 期上刊出后,上述误传才得到澄清. 但是,此题求 $f(n)$ 的结果至今仍然保存在不少书刊中,成为我国当代数学史话中一则趣谈.

利用前面的术语,例 7 就是"求出满足 $g(n) = f(f(n)) + 1$ 的互补数列 $\{f(n)\}$ 与 $\{g(m)\}$".

解 令

$$f(n) = \left[\frac{\sqrt{5}-1}{2}n\right] + n = \left[\frac{\sqrt{5}+1}{2}n\right]$$

$$g(n) = f(f(n)) + 1 =$$

$$\left[\frac{\sqrt{5}-1}{2}f(n)\right] + f(n) + 1 =$$

$$\left[\frac{\sqrt{5}-1}{2}\left[\frac{\sqrt{5}+1}{2}n\right]\right] + f(n) + 1$$

因为

$$\frac{\sqrt{5}-1}{2}\left[\frac{\sqrt{5}+1}{2}n\right] < \frac{\sqrt{5}-1}{2} \cdot \frac{\sqrt{5}+1}{2}n = n$$

且

$$\frac{\sqrt{5}-1}{2}\left[\frac{\sqrt{5}+1}{2}n\right] > \frac{\sqrt{5}-1}{2}\left(\frac{\sqrt{5}+1}{2}n - 1\right) =$$

$$n - \frac{\sqrt{5}-1}{2} > n - 1$$

所以
$$[\frac{\sqrt{5}-1}{2}[\frac{\sqrt{5}+1}{2}n]] = n - 1$$

从而
$$g(n) = n + f(n)$$

即
$$g(n) = n + [\frac{\sqrt{5}+1}{2}n] = [\frac{\sqrt{5}+3}{2}n]$$

由于 $(\frac{\sqrt{5}+1}{2}n)^{-1} = \frac{\sqrt{5}-1}{2}$,根据定理10,数列 $\{f(n)\}$ 与 $\{g(n)\}$ 是互补数列.

所以 $f(n) = [\frac{\sqrt{5}+1}{2}n], g(n) = [\frac{\sqrt{5}+3}{2}n]$.

下面证明上述答案是唯一的.

设 $f_1(n), g_1(n)$ 及 $f_2(n), g_2(n)$ 都是问题的解. 因为 $g(n) = f(f(n)) + 1 > 1$,所以 1 不在数列 $\{g_1(n)\}$ 及 $\{g_2(n)\}$ 中出现,只能是 $f_1(1) = f_2(1) = 1$. 下面用数学归纳法来讨论.

假定有 $f_1(k) = f_2(k), k \leq n$,我们要证明
$$f_1(n+1) = f_2(n+1)$$

(1) 如果有 $n = f_1(n)$,那么由于 $f(1), f(2), \cdots, f(n), \cdots$ 是递增的正整数数列,$f_1(n) \geq n$,所以 $u \leq n$.

从而
$$f_2(u) = f_1(u) = n$$
$$g_1(u) = f_1(n) + 1$$
$$g_2(u) = f_2(n) + 1$$

第9章 含$[x]$或$\{x\}$的数列

$f_1(n)+2$ 必在 $f_1(1),f_1(2),\cdots,f_1(n),f_1(n+1),\cdots$ 中出现,不然的话,$f_1(n)+2=g_1(v)$,即
$$g_1(u)+1=f_1(f_1(v))+1$$
从而有 $g_1(u)=f_1(f_1(v))$,这与互补数列的定义矛盾. 因此,$f_1(n+1)=f_1(n)+2$,同样 $f_2(n+1)=f_2(n)+2$,所以
$$f_1(n+1)=f_2(n+1)$$

(2)如果有 $n=f_2(v)$,同样可得
$$f_1(n+1)=f_2(n+1)$$

(3)如果 $n\neq f_1(u)$ 并且 $n\neq f_2(v)$,那么
$$f_1(n)+1\neq g_1(u)$$
从而 $f_1(n)+1$ 一定在数列 $f_1(1),f_1(2),\cdots,f_1(n),f_1(n+1),\cdots$ 中出现,因此,$f_1(n+1)=f_1(n)+1$,同样
$$f_2(n+1)=f_2(n)+1$$
所以
$$f_1(n+1)=f_2(n+1)$$
于是 $f_1(n)\equiv f_2(n)$,从而 $g_1(n)\equiv g_2(n)$.

所以,$f(n)=[\dfrac{\sqrt{5}+1}{2}n]$ 是问题的唯一解.

取 $n=240$,即得原竞赛题的答案
$$f(240)=[\dfrac{\sqrt{5}+1}{2}\times 240]=388$$

例7 显然可以推广为:

求满足 $g(n)=f(f(n)+kn)+1$ 的互补数列 $\{f(n)\},\{g(n)\}$,其中 k 为非负整数.

答案为:$f(n)=[\dfrac{n}{4}]+n,g(m)=[mr]+m$,其中
$$r=\dfrac{k+1+\sqrt{(k+1)^2+4}}{2}$$

定理 8 中的无理数 α, β 可以换成任意不等于 1 的实数.

定义 3 当 x 不是整数时为 $[x]$;当 x 是整数时为 $[x]-1$,记作 $[x]^-$.

于是定理 8 可加强为:

定理 10 若 $\alpha \geq 1, \beta \geq 1$,则每一正整数在下列两序列 $\{[m\alpha]\}$ 和 $\{[n\beta]^-\}$ 中恰好出现一次的充要条件是
$$\frac{1}{\alpha}+\frac{1}{\beta}=1$$

证明 (1) 必要性:若 $k \in \mathbf{Z}^+$,则满足不等式
$$0 < m\alpha < k+1, 0 < n\beta \leq k+1 \qquad (9.8)$$
的正整数 m 与 n 之和 M 为
$$M=\left[\frac{k+1}{\alpha}\right]^- + \left[\frac{k+1}{\beta}\right]$$
显见 $\quad \dfrac{k+1}{\alpha}+\dfrac{k+1}{\beta}-2 < M < \dfrac{k+1}{\alpha}+\dfrac{k+1}{\beta}$

若 $\dfrac{1}{\alpha}+\dfrac{1}{\beta}=\theta$,则上式左、右两端的数分别为
$$(k+1)\theta-2 \text{ 和 }(k+1)\theta$$
以下证 $\theta=1$.

i) 若 $\theta<1$,则当 k 充分大时 $(k+1)\theta<k$,即 $M<k$. 这表明在 $\{[m\alpha]\}$ 和 $\{[n\beta]^-\}$ 内不超过 k 的项不到 k 个,亦即在前 k 个正整数之中至少有一个不在 $\{[m\alpha]\}$ 和 $\{[n\beta]^-\}$ 内,与题设矛盾.

ii) 若 $\theta>1$,则当 k 充分大时
$$(k+1)\theta-2=k+(\theta-1)k+\theta-2>k$$
即 $M>k$,故在 $\{[m\alpha]\}$,$\{[n\beta]^-\}$ 的项中其值不超过 k 的项比 k 多,由此可见,在前 k 个正整数中至少有一个

在$\{[m\alpha]\},\{[n\beta]^-\}$中不止出现一次. 必要性得证.

（2）充分性：设$\dfrac{1}{\alpha}+\dfrac{1}{\beta}=1$,则

$$M=\left[\dfrac{k+1}{\alpha}\right]^- + \left[k+1-\dfrac{k+1}{\alpha}\right]=$$

$$\left[\dfrac{k+1}{\alpha}\right]^- + \left[k-\left[\dfrac{k+1}{\alpha}\right]^-\right]=$$

$$\left[\dfrac{k+1}{\alpha}\right]^- + k - \left[\dfrac{k+1}{\alpha}\right]^- = k$$

故在$\{[m\alpha]\},\{[n\beta]\}$内其值不超过$k$的项数为$k$,同时由$k$的任意性可知其值不超过$k-1$的项数为$k-1$,故其值为$k$的项数是1.

综合(1)、(2)知,命题得证.

我们还可以将上述定理推广为：

定理11（闵嗣鹤） 设 i) $\alpha(1)\geqslant 0, \beta(1)\geqslant 0$. ii) 在$x\geqslant 1$时, $\alpha(x)$和$\beta(x)$都是关于x的严格递增函数. iii) 若$\alpha^{-1}(x)$和$\beta^{-1}(x)$分别为$\alpha(x)$和$\beta(x)$的反函数,且

$$\alpha^{-1}(x)+\beta^{-1}(x)\equiv lx(l\in \mathbf{N})$$

则每一个正整数一定在以下两个序列$\{[\alpha(n)]\}$, $\{[\beta(n)]^-\}$内恰好出现l次,而0则恰好出现$l-1$次.

证明 适合$\alpha(n)<k$或$\beta(n)\leqslant k+1(k\in \mathbf{Z}^+)$的正整数$n$就是适合$n<\alpha^{-1}(k+1)$或$n\leqslant\beta^{-1}(k+1)$的正整数. 这样的正整数显然共有$[\alpha^{-1}(k+1)]^- + [\beta^{-1}(k+1)]$个. 由iii)上式又可写成

$$[\alpha^{-1}(k+1)]^- + [l(k+1)-\alpha^{-1}(k+1)]=$$
$$[\alpha^{-1}(k+1)]^- + [l(k+1)-1-$$
$$[\alpha^{-1}(k+1)]^-]=l(k+1)-1$$

这正是在 $\{[\alpha(n)]\},\{[\beta(n)]^-\}$ 中其值不超过 k 的项数.

(1) 若 $k>0$,则在 $\{[\alpha(n)]\},\{[\beta(n)]^-\}$ 内其值不超过 $k-1$ 的项数应是 $lk-1$,故在两序列中其值为 k 的项数为

$$l(k+1)-1-[l(k-1)-1]=l$$

(2) 若 $k=0$,在两序列 $\{[\alpha(n)]\},\{[\beta(n)]^-\}$ 中其值为 k 的项数,显然为

$$[\alpha^{-1}(1)]^- + [\beta^{-1}(1)] = l-1$$

作为定理 11 的一个推论,我们有:

定理 12 若 α,β,γ 都是正数,则每一个正整数在以下两序列 $\{[\alpha(\frac{n}{\beta})^\gamma+n]\},\{[\beta(\frac{n}{\alpha})^{\frac{1}{\gamma}}+n]^-\}$ 中恰好出现一次.

下面介绍互逆数列及其性质:

定义 4 设 $\{a_n\}$ 是一个不减的无界非负整数数列. 对任意 $n\in \mathbf{N}$($\mathbf{N}$ 为自然数集),令 $a_n^* = |\{m|m\in \mathbf{N}, a_m<n\}|$,即 a_n^* 为满足不等式 $a_m<n$ 成立的自然数 m 的个数,则称数列 $\{a_n^*\}$ 为数列 $\{a_n\}$ 的逆数列.

例如,当 $a_n=n$ 时,$a_n^* = n-1$($n\in \mathbf{N}$).

由 a_n^* 的定义及数列 $\{a_n\}$ 的不减性知,对任意 $n\in \mathbf{N}$,有

$$a_n^* = \begin{cases} \max\{m|a_m<n, m\in \mathbf{N}\}, & a_1<n \\ 0, & a_1 \geq n \end{cases}$$

因此,如果规定 $a_0=0$,则有

$$a_n^* = \max\{m|a_m<n, m\in \mathbf{N}\}\cup\{0\} \quad (9.9)$$

由公式(9.9)即得:

定理 13 设 $\{a_n\}$ 是一个不减的无界非负整数数

列,$k \in \mathbf{N} \cup \{0\}$,则有:

i) $a_n^* \geq k \Leftrightarrow a_k < n$;

ii) $a_n^* < k \Leftrightarrow a_k \geq n$;

iii) $a_n^* = k \Leftrightarrow a_k < n \leq a_{k+1}$.

其中 $a_0 = 0$.

显然,当 $\{a_n\}$ 是一个不减的无界非负整数数列时,由定义即知,数列 $\{a_n^*\}$ 也是一个不减的非负整数数列. 又对任意 $k \in \mathbf{N}$, 取 $m = a_k + 1$, 则当 $n > m$ 时, 必有 $n > a_k$, 于是由定理 13 的 i), 得 $a_n^* \geq k$, 故数列 $\{a_n^*\}$ 也是无界的. 因此, 有:

定理 14 设 $\{a_n^*\}$ 是一个不减的无界非负整数数列,则对任意 $n \in \mathbf{N}$, 有

$$a_n^{**} = a_n \qquad (9.10)$$

证明 对任意固定的 $n \in \mathbf{N}$, 令 $k = a_n$, 则 $k \in \mathbf{N} \cup \{0\}$, 于是由定理 13 的 ii), 有 $a_k^* < n$, 又因 $a_n < k + 1$, 由定理 13 的 i), 得 $a_{k+1}^* \leq n$, 由此得 $a_k^* < n \leq a_{k+1}^*$. 再由定理 13 的 iii) 即得 $a_n^{**} = k = a_n$. 证毕.

由定理 14 知, 数列 $\{a_n\}$ 与 $\{a_n^*\}$ 互为逆数列, 所以, 以下就称 $\{a_n\}$ 与 $\{a_n^*\}$ 是互逆数列, 或称数列 $\{a_n\}$ 与 $\{a_n^*\}$ 是互逆的.

逆数列与反函数之间存在下面的关系:

定理 15 设 $f(x)$ 是定义在 $(1, +\infty)$ 上的严格单调上升的非负函数, 其值域包含 $[1, +\infty)$, 若对任意 $n \in \mathbf{N}$, $f(n)$ 都不是整数, 则数列 $\{[f(x)]\}$ 与 $\{[f^{-1}(x)]\}$ 是互逆的, 其中 f^{-1} 表示函数 $f(x)$ 的反函数.

证明 由假设知, $f^{-1}(x)$ 有意义, 且 $f^{-1}(x)$ 也是严格单调上升的非负函数, 其定义域包含区间 $[1,$

$+\infty)$，于是对任意 $n \in \mathbf{N}, f(n)$ 与 $f^{-1}(n)$ 都有意义，且 $\{[f(n)]\}$ 与 $\{[f^{-1}(n)]\}$ 都是不减的无界非负整数数列.

因对任意 $n \in \mathbf{N}, f(n)$ 不是整数，于是，$f^{-1}(n)$ 也不是整数，而当 t 不是整数时，有
$$[t] < t < [t] + 1$$
所以令 $k = [f^{-1}(n)]$，则 $k < f^{-1}(n) < k + 1$.

所以由函数 $f(x)$ 的严格单调上升性与反函数的性质 $f(f^{-1}(n)) = n$，有
$$f(k) < n < f(k+1)$$
所以
$$[f(n)] < n \leqslant [f(k+1)]$$
所以由定理 13 的 iii) 知
$$[f(n)]^* = k = [f^{-1}(n)]$$

再由定理 14，知数列 $\{[f(n)]\}$ 与 $\{[f^{-1}(n)]\}$ 是互逆的.

1954 年两位加拿大数学家 J. Lambek 与 L. Moser 对互补数列进行了深入的研究，他们首先发现了互逆数列与互补数列的关系：

定理 16 (Lambek – Moser) 设 $\{a_n\}$ 是一个不减的无界非负整数数列，数列 $\{a_n^*\}$ 是 $\{a_n\}$ 的逆数列，对任意 $n \in \mathbf{N}$，令 $A_n = n + a_n, B_n = n + a_n^*$，则数列 $\{A_n\}$ 与 $\{B_n\}$ 是互补的.

证明 由定义及条件，我们只需证明
$$\{A_n\} \cap \{B_n\} = \varnothing \qquad (9.11)$$
$$\mathbf{N} \subseteq \{A_n\} \cup \{B_n\} \qquad (9.12)$$

下面讨论中，规定 A_0 与 $a_0 = 0$.

先证 (9.11). 事实上，对任意 $m \in \{B_n\}$，存在 $\gamma \in$

$\mathbf{N}$,使得 $m = \gamma + a_\gamma^*$,于是 $m - \gamma = a_\gamma^*$. 令 $k = m - r \in \mathbf{N} \cup \{0\}$,则由定理 13 的 iii),于是
$$a_k < \gamma \leq a_{k+1}$$
所以
$$k + a_k < k + \gamma \leq k + a_{k+1} < k + 1 + a_{k+1}$$
注意 $k + \gamma = m$,上式说明
$$A_k < m < A_{k+1}$$
所以 $m \in \{A_n\}$(注意到数列 $\{A_n\}$ 是严格单调上升的数列). 因此(9.11)成立.

再证(9.12). 事实上,对任意 $m \in \mathbf{N}$,如果 $m \notin \{A_n\}$,则对任意 $n \in \mathbf{N}, m \neq A_n$. 因而由数列 $\{A_n\}$ 的严格单调上升性,必存在非负整数 k,使得 $A_k < m < A_{k+1}$,即
$$k + a_k < m < k + 1 + a_{k+1}$$
所以
$$k + a_k < m \leq k + a_{k+1}$$
所以
$$a_k < m - k \leq a_{k+1}$$
令 $\gamma = m - k \in \mathbf{N}$,则由定理 13 的 iii),得 $k = a_\gamma^*$,所以
$$m = \gamma + k = \gamma + a_\gamma^* = B_\gamma \in \{B_n\}$$
故(9.12)成立.

定理 17 设 $f(x)$ 是定义在 $[1, +\infty)$ 上的严格单调上升的非负函数,其值域包含 $[1, +\infty)$,对任意 $n \in \mathbf{N}$,令 $a_n = n + [f(n)], b_n = n + [f^{-1}(n)]$. 如果对任意 $n \in \mathbf{N}, f(n)$ 都不是整数,则数列 $\{a_n\}$ 与 $\{b_n\}$ 是互补的.

定理 18 (Lambek – Moser 定理的逆定理)如果 $F(n)$ 与 $G(n)$ 是互逆数列,则数列
$$f(n) = F(n) - n, g(n) = G(n) - n$$
是互逆的. 即

$$g(n) = f^*(n), f(n) = g^*(n)$$

定理 19　（Rayleigh）设 α 与 β 是适合等式 $\dfrac{1}{\alpha} + \dfrac{1}{\beta} = 1$ 的两个正无理数,则数列 $\{[\alpha_n]\}$ 与 $\{[\beta_n]\}$ 是互补数列.

证明　由假设可知 $(\alpha-1)(\beta-1) = 1$,且 α, β 皆大于 1,于是 $\alpha-1, \beta-1$ 都为正无理数,且其中必有一个小于 1. 不失一般性,设 $0 < \alpha - 1 < 1$,令

$$f(x) = (\alpha - 1)x \ (1 \leq x < +\infty)$$

易知函数 $f(x)$ 满足定理 17 的一切条件,且

$$f^{-1}(n) = (\beta - 1)x \ (\alpha - 1 \leq x < +\infty)$$

而对任意 $n \in \mathbf{N}$,有

$$n + [f(n)] = n + [(\alpha-1)n] = [\alpha n]$$
$$n + [f^{-1}(n)] = n + [(\beta-1)n] = [\beta n]$$

所以由定理 17 即知数列 $\{[\alpha n]\}$ 与 $\{[\beta n]\}$ 是互补的.

例 8　求证:在正整数列删去所有的完全平方数后,第 n 项等于 $n + \langle \sqrt{n} \rangle$,其中 $\langle \sqrt{n} \rangle$ 表示最接近 $\sqrt{n}$ 的整数.

（第 27 届普特南数学竞赛题）

此题可转化为:对于两个互补数列

$$F(n): 1, 4, 9, 16, 25, 36, 49, \cdots$$
$$G(n): 2, 3, 5, 6, 7, 8, 10, \cdots$$

求证:数列 $\{G(n)\}$ 的第 n 项公式为 $G(n) = n + \langle \sqrt{n} \rangle$.

证明　我们只需构造两个互逆数列 f 与 f^*,如果我们得到了 $f^*(n)$ 的公式,则由 $G(n) = n + f^*(n)$,由

f^* 的定义,并注意到 $m(m-1)$ 的递增性

$$f^*(n) = \max\{m \mid f(m) < n\} =$$
$$\max\{m \mid F(m) - m < n\} =$$
$$\max\{m \mid m^2 - m < n\} =$$
$$\max\{m \mid m(m-1) < n\}$$

因为 $m, n \in \mathbf{Z}^+$,所以

$$\max\{m \mid m(m-1) < n\} =$$
$$\max\{m \mid m^2 - m < n - \frac{1}{4}\} =$$
$$\max\{m \mid m^2 - m + \frac{1}{4} < n\} =$$
$$\max\{m \mid (m - \frac{1}{2})^2 < n\} =$$
$$\max\{m \mid m - \frac{1}{2} < n\} =$$
$$\max\{m \mid m < \sqrt{n} + \frac{1}{2}\}$$

$$f^*(n) = [\sqrt{n} + \frac{1}{2}]$$

$$G(n) = f^*(n) + n = [\sqrt{n} + \frac{1}{2}] + n$$

现在证明 $[\sqrt{n} + \frac{1}{2}] = \langle \sqrt{n} \rangle$.

事实上,存在 $k \in \mathbf{N}$,使 $k \leqslant \sqrt{n} < k+1$.

i) 若 $k \leqslant \sqrt{n} < k + \frac{1}{2}$,则

$$k + \frac{1}{2} \leqslant \sqrt{n} + \frac{1}{2} < k + 1$$

所以

$$[\sqrt{n} + \frac{1}{2}] = k$$

ii) 若 $k + \dfrac{1}{2} \leqslant \sqrt{n} < k+1$，则

$$k+1 \leqslant \sqrt{n} + \dfrac{1}{2} < k+1$$

所以

$$\left[\sqrt{n} + \dfrac{1}{2}\right] = k+1$$

无论 i)，ii) 哪种情况，$\left[\dfrac{1}{2} + \sqrt{n}\right]$ 都是最接近 $\sqrt{n}$ 的整数.

例9 已知数列
$$\{a_n\} = \{1,1,\cdots,1,2,2,\cdots,2,3,3,\cdots,3,\cdots\}$$
其中每一个自然数都出现 m 次，m 为固定的自然数，求数列 $\{a_n\}$ 的通项公式.

解 对任意 $n \in \mathbf{N}$，易知 $a_n^* = m(n-1)$，令

$$f(x) = m(x-1) + \dfrac{1}{2} \quad (1 \leqslant x < +\infty)$$

则容易验证函数 $f(x)$ 满足定理 15 的一切条件，且对任意 $n \in \mathbf{N}$，有

$$[f(n)] = m(n-1) = a_n^*$$

因为

$$f^{-1}(x) = \dfrac{x}{m} + \dfrac{2m-1}{2m} \quad \left(\dfrac{1}{2} \leqslant x < +\infty\right)$$

故由定理 15 得，数列 $\{a_n\}$ 的通项公式为

$$a_n = \left[\dfrac{n}{m} + \dfrac{2m-1}{2m}\right] \quad (n \in \mathbf{N})$$

例10 已知数列 $\{a_n\} = \{1,3,3,3,5,5,5,5,\cdots\}$，其中每一个正奇数 k 出现 k 次，求数列 $\{a_n\}$ 的通项公式.

解 令 $b_n = \frac{1}{2}(a_n - 1)(n \in \mathbf{N})$，则数列

$$\{b_n\} = \{0, 1, 1, 1, 2, 2, 2, 2, 2, \cdots\}$$

其中每一个非负整数 m 出现 $2m+1$ 次，于是有

$$b_n^* = \sum_{i=1}^{n}(2i-1) = n^2 (n \in \mathbf{N})$$

令 $f(x) = x^2 + \frac{1}{2}(1 \leq x < +\infty)$，则函数 $f(x)$ 满足定理 15 的一切条件，且对任意 $n \in \mathbf{N}$

$$[f(n)] = n^2 = b_n^*$$

又

$$f^{-1}(x) = \sqrt{x - \frac{1}{2}} \left(\frac{1}{2} \leq x < +\infty\right)$$

由定理 15 知

$$b_n = \left[\sqrt{n - \frac{1}{2}}\right](n \in \mathbf{N})$$

故由 $a_n = 2b_n + 1$ 即得数列 $\{a_n\}$ 的通项公式为

$$a_n = 2\left[\sqrt{n - \frac{1}{2}}\right] + 1 (n \in \mathbf{N})$$

可以证明，对任意 $n \in \mathbf{N}$，有

$$\left[\sqrt{n - \frac{1}{2}}\right] = [\sqrt{n-1}] \qquad ①$$

事实上，设 $\left[\sqrt{n - \frac{1}{2}}\right] = k$，则有

$$k < \left[\sqrt{n - \frac{1}{2}}\right] < k+1$$

所以

$$k^2 < n - \frac{1}{2} < (k+1)^2$$

所以
$$k^2 - \frac{1}{2} < n - 1 < (k+1)^2$$
但 $n-1$ 为整数,所以
$$k^2 \leq n - 1 < (k+1)^2$$
所以
$$k \leq \sqrt{n-1} < k+1$$
所以 $[\sqrt{n-1}] = k$,此即①.

因而数列 $\{a_n\}$ 的通项公式还可以简洁地写为
$$a_n = [2\sqrt{n-1}] + 1$$

1989 年国家教委理科试验班招生试题中有一道题为:

通项为 $a_n = b[\sqrt{n+c}] + d$ 的数列 $\{a_n\}$,依次求得各项为
$$1,3,3,3,5,5,5,5,5,\cdots$$
其中每一个正奇数 m 出现 m 次,b,c,d 为整数,求 $b+c+d$ 的值.

由例 10 的结论,可知 $b=2, c=-1, d=1$,因而
$$b+c+d = 2$$

例 11 已知数列
$$\{a_n\} = \{1,2,\cdots,m,m,m+1,\cdots,2m,2m,2m+1,\cdots\}$$
其中 m 为固定的自然数,凡是 m 的倍数的自然数都在数列中出现两次,而其余的自然数只出现一次,求数列 $\{a_n\}$ 的通项公式.

解 令 $b_n = n + 1 - a_n (n \in \mathbf{N})$,则由数列 $\{a_n\}$ 的结构可知,数列
$$\{b_n\} = \{1,1,\cdots,1,2,2,\cdots,2,3,3,\cdots,3,\cdots\}$$
其中每一个自然数都出现 m 次,由例 9,知

第 9 章　含 $[x]$ 或 $\{x\}$ 的数列

$$b_n = \left[\frac{n}{m} + \frac{2m-1}{2m}\right] (n \in \mathbf{N})$$

由此数列 $\{a_n\}$ 的通项公式

$$a_n = n + 1 - \left[\frac{n}{m} + \frac{2m-1}{2m}\right] (n \in \mathbf{N})$$

例 12　若 n 历遍所有正整数,证明:$f(n) = \left[n + \sqrt{3n} + \frac{1}{2}\right]$ 历遍所有正整数,但数列 $a_n = \left[\frac{n^2 + 2n}{3}\right]$ 的项除外.　　　　(1988 年第 29 届 IMO 候选题)

证明　只需证:$\{a_n\}$ 与 $\{f(n)\}$ 是互补数列.

注意到

$$f(n) = \left[\sqrt{3n} + \frac{1}{2}\right] + n, a_n = \left[\frac{n^2 - n}{3}\right] + n$$

故由 Lambek – Moser 定理得,只需证 $p(n) = \left[\sqrt{3n} + \frac{1}{2}\right]$ 与 $q(n) = \left[\frac{n^2 - n}{3}\right]$ 是互逆数列.

由 $\left[\frac{m^2 - m}{3}\right]^2 < n$ 得 $\frac{m^2 - m}{3} < n$.

所以

$$m^2 - m + \frac{1}{4} < 3n, \left(m - \frac{1}{2}\right)^2 < (\sqrt{3m})^2$$

所以

$$m \leqslant \left[\sqrt{3n} + \frac{1}{2}\right]$$

即

$$p^*(n) = q(n)$$

故 $\{a_n\}$ 与 $\{f(n)\}$ 是互补数列.

例 13　对实数 x, y,令

$$S(x, y) = \{S | S = [nx + y], n \in \mathbf{N}\}$$

证明:若有理数 $r > 1$,则存在实数 u 和 v,使

[x]与{x}

$$S(r,0) \cap S(u,v) = \varnothing, S(r,0) \cup S(u,v) = \mathbf{N}$$

(1985年第26届IMO候选题)

证明 依题意,要证对有理数 $r > 1$,存在实数 u, v,使得数列 $\{[rn]\}$ 与 $\{[un+v]\}$ 是互补数列.

设 $r = \dfrac{q}{p}, p, q \in \mathbf{N}$,且 $q > p$,则 $2q + 1 \leqslant 4p$ 与 $2q + 1 > 4p$ 必有一个成立. 不妨设 $2q + 1 \leqslant 4p$. 令

$$f(x) = \frac{q-p}{p}x = \frac{1}{20}(1 \leqslant x < +\infty)$$

则函数 $f(x)$ 满足定理17的一切条件($2q+1 \leqslant 4q$ 的假设是为了保证函数 $f(x)$ 的值域包含 $[1, +\infty)$),如果 $2q + 1 > 4p$,可令

$$f(x) = \frac{p}{q-p}x - \frac{1}{2(q-p)}(1 \leqslant x < +\infty)$$

则 $f(x)$ 满足定理17的一切条件,且

$$f^{-1}(x) = \frac{p}{q-p}x - \frac{1}{2(q-p)}(\frac{2(q-p)+1}{2p} \leqslant x < +\infty)$$

因对任意 $n \in \mathbf{N}$,有

$$n + [f(n)] = n + \left[\frac{q-p}{p}n + \frac{1}{2p}\right] = \left[\frac{q}{p}n + \frac{1}{2p}\right] \tag{9.13}$$

$$n + [f^{-1}(n)] = \left[\frac{p}{q-p}n + \frac{1}{2(q-p)}\right] \tag{9.14}$$

现设 $qn = mp + k, 0 \leqslant k \leqslant p - 1, m, k$ 为整数,则

$$\left[\frac{q}{p}n\right] = \left[m + \frac{k}{p}\right] = m$$

又

$$\frac{q}{p}n + \frac{1}{2p} = \frac{1}{p}(mp+k) + \frac{1}{2p} = m + \frac{2k+1}{2p}$$

但
$$0 < \frac{2k+1}{2p} \leq \frac{2(p-1)+1}{2p} = \frac{2p-1}{2p} < 1$$

所以
$$\left[\frac{q}{p}n + \frac{1}{2p}\right] = m = \left[\frac{q}{p}n\right] = [\gamma n]$$

从而由(9.13),有
$$n + [f(n)] = [\gamma n] \qquad (9.15)$$

故由(9.14),(9.15)及定理17,知:

对有理数 $r = \frac{q}{p} > 1$, $p, q \in \mathbf{N}$, 取 $u = \frac{q}{q-p}$, $v = -\frac{1}{2(q-p)}$, 则数列 $\{[rn]\}$ 与 $\{[un+v]\}$ 是互补的.

下面再列举几道与 $[x]$ 有关的数列问题.

例 14 求数列 $1,2,2,3,3,3,4,4,4,4,\cdots$ 的前 n 项之和.

解 设数列 $1,2,2,3,3,3,4,4,4,4,\cdots$ 的第 n 项为 a_n, 前 n 项和为 S_n. 易知此数列从第 $\frac{(k-1)k}{2}+1$ 项起至第 $\frac{k(k+1)}{2}$ 项皆等于 k.

当 $n = \frac{k(k+1)}{2}(k=1,2,\cdots)$ 时
$$a_n = k = \frac{1}{2}(\sqrt{8n+1}+1)$$

当 $\frac{k(k-1)}{2}+1 \leq n < \frac{k(k+1)}{2}$ 时
$$a_n = k = \left[\frac{\sqrt{8n+1}-1}{2}\right]+1$$

令 $\left[\frac{\sqrt{8n+1}-1}{2}\right] = \gamma_n$, 于是有

$$S_n = 1^2 + 2^2 + 3^2 + \cdots + \gamma_n^2 + t_n(\gamma_{n+1}) \qquad ①$$

其中 $t_n = n - \dfrac{\gamma_n(\gamma_{n+1})}{2}$.

事实上,当 $n = \dfrac{k(k+1)}{2}$ 时,由于 $\gamma_n = k$,故 $t_n = 0$.

当 $\dfrac{k(k-1)}{2} + 1 \leq n < \dfrac{k(k+1)}{2}$ 时,由于 $\gamma_n = k-1$,故 $t_n = n - \dfrac{(k-1)k}{2}$ 恰是由 $a_{\frac{k(k-1)}{2}+1}$ 至 a_n 的项数.

于是由式①得到

$$S_n = n(\gamma_{n+1}) - \dfrac{\gamma_n(\gamma_{n+1})(\gamma_{n+2})}{6}$$

此处 $\gamma_n = \left[\dfrac{\sqrt{8n+1}-1}{2}\right]$.

例15 已知 $p(\geq 2)$ 是一个给定的自然数,定义 $f(m) = [\log_p m]$ 及 $S_n = f(1) + f(2) + \cdots + f(p^n)$. 试用 p, n 表示 S_n.

解

$S_{k-1} = f(1) + f(2) + \cdots + f(p^{k-1})$

$S_k = f(1) + f(2) + \cdots + f(p^{k-1}) + f(p^{k-1}+1) + \cdots + f(p^k - 1) + f(p^k)$

由 $f(m)$ 的定义知

$$f(p^k) = k$$

$f(p^{k-1}+1) = f(p^{k-1}+2) = \cdots = f(p^k - 1) = k - 1$

后者,自变量 $p^{k-1}+1, p^{k-1}+2, \cdots, p^k - 1$ 是若干个连续自然数,共有 $(p^k - 1) - (p^{k-1}+1) + 1 = (p-1)p^{k-1} - 1$ 个. 所以

$S_k - S_{k-1} = [(p-1)p^{k-1} - 1](k-1) + k =$
$\qquad (p-1)(k-1)p^{k-1} + 1$

所以
$$\sum_{k=2}^{n} S_k - S_{k-1} = (p-1)\sum_{k=2}^{n}(k-1)p^{k-1} + n - 1$$
即
$$S_n - S_1 = (p-1)\sum_{k=1}^{n-1} kp^k + n - 1$$
这里
$$S_1 = f(1) + f(2) + \cdots + f(p) = 0 + 0 + \cdots + 0 + 1 = 1$$
所以
$$S_n = (p-1)\sum_{k=1}^{n-1} kp^k + n \qquad ①$$
记
$$T_n = \sum_{k=1}^{n-1} kp^k$$
$$T_n = p + 2p^2 + 3p^3 + \cdots + (n-2)p^{n-2} + (n-1)p^{n-1} \qquad ②$$
$$pT_n = p^2 + 2p^3 + 3p^4 + \cdots + (n-2)p^{n-1} + (n-1)p^n \qquad ③$$
②－③,得
$$(1-p)T_n = p + p^2 + \cdots + p^{n-1} - (n-1)p^n = \frac{p - p^n}{1-p} - (n-1)p^n$$
所以
$$T_n = \frac{p - p^n}{(p-1)^2} + \frac{(n-1)p^n}{p-1} \qquad ④$$
将④代入①,经计算可得
$$S_n = \frac{p}{p-1} + n + \left(n - \frac{p}{p-1}\right)p^n$$

例16 设数列$\{u_n\}$中

$$u_1 = u_2 = 1, u_3 = a$$

$$u_n = \frac{b + u_{n-1}u_{n-2}}{u_{n-3}} (n \geq 4)$$

其中 a, b 是互质的整数. 求证: $[u_n] = u_n$ 的充分必要条件是 $b = ar - 1 (r \in \mathbf{Z})$.

证明 充分性: 当 $b = ar - 1 (r \in \mathbf{Z})$ 时,我们证明对一切 n, u_n 均为整数(即 $[u_n] = u_n$).

因为 $u_1 = u_2 = 1, u_3 = a, u_4 = \dfrac{ar - 1 + 1 \cdot a}{1} = ar + a - 1$ 为整数

$$u_n = \frac{ar - 1 + u_{n-1}u_{n-2}}{u_{n-3}} (n \geq 4)$$

假设 $n = 1, 2, \cdots, k - 1 (k \geq 4), u_n$ 均为整数,我们来证明 $n = k$ 时, u_n 也是整数.

由 $u_k = \dfrac{ar - 1 + u_{k-1}u_{k-2}}{u_{k-3}}$ 及 $u_{k-1} = \dfrac{ar - 1 + u_{k-2}u_{k-3}}{u_{k-4}}$

即

$$u_k u_{k-3} = ar - 1 + u_{k-1}u_{k-2} \quad ①$$

$$u_{k-1} u_{k-4} = ar - 1 + u_{k-2}u_{k-3} \quad ②$$

① - ②,得

$$u_k u_{k-3} + u_{k-2}u_{k-3} = u_{k-1}u_{k-2} + u_{k-1}u_{k-4}$$

两边除 $u_{k-1}u_{k-3}$,得

$$\frac{u_k + u_{k-2}}{u_{k-1}} = \frac{u_{k-2} + u_{k-4}}{u_{k-3}} \quad ③$$

由③知当 $k - 1$ 为偶数时

$$\frac{u_k + u_{k-2}}{u_{k-1}} = \frac{u_{k-2} + u_{k-4}}{u_{k-3}} =$$

$$\frac{u_{k-4} + u_{k-6}}{u_{k-5}} = \cdots =$$

$$\frac{u_3 + u_1}{u_2} = \frac{a+1}{1} = a+1$$

所以 $u_k = (a+1)u_{k-1} - u_{k-2}$ 为整数(因为 u_{k-1}, u_{k-2} 是整数).

当 $k-1$ 为奇数时

$$\frac{u_k + u_{k-2}}{u_{k-1}} = \frac{u_{k-2} + u_{k-4}}{u_{k-3}} = \cdots = \frac{u_4 + u_2}{u_3} =$$

$$\frac{(a\gamma + a - 1) + 1}{a} = \gamma + 1$$

所以 $u_k = (\gamma+1)u_{k-1} - u_{k-2}$ 为整数(因为 $u_{k-1} u_{k-2}$ 是整数),由数学归纳法知,对一切 n, u_n 为整数,$[u_n] = u_n$.

必要性:设 u_n 均为整数. 由 $u_1 = u_2 = 1$, $u_3 = a$ 及

$$u_n = \frac{b + u_{n-1} u_{n-2}}{u_{n-3}}$$

可得

$$u_4 = \frac{b + a \cdot 1}{1} = a + b$$

$$u_5 = \frac{b + u_4 u_3}{u_2} = \frac{b + (a+b)a}{1} = (a+b)a + b$$

$$u_6 = \frac{b + u_5 u_4}{u_3} = \frac{b + [(a+b)a + b]}{a} =$$

$$(a+b)^2 + b + \frac{b(b+1)}{a}$$

由 u_6 为整数 $\Rightarrow \dfrac{b(b+1)}{a}$ 为整数.

由 a, b 互质 $\Rightarrow b+1$ 是 a 的倍数.

令 $b+1 = a\gamma$ (γ 为整数),则 $b = a\gamma - 1$,故条件是必要的,证毕.

例17 设 $a_n = [\sqrt{(n-1)^2 + n^2}]$, $n = 1, 2, \cdots$. 证明:

i) 有无穷多个正整数 m, 使得 $a_{m+1} - a_m > 1$;

ii) 有无穷多个正整数 m, 使得 $a_{m+1} - a_m = 1$.

(1988年第29届IMO候选题)

证明 首先注意

$$\sqrt{(n+1)^2 + n^2} - \sqrt{n^2 + (n-1)^2} =$$

$$\frac{4n}{\sqrt{(n+1)^2 + n^2} + \sqrt{n^2 + (n-1)^2}} >$$

$$\frac{4n}{(n+1) + n + n + (n-1)} = 1$$

所以 $\sqrt{n^2 + (n-1)^2}$ 与 $\sqrt{(n+1)^2 + n^2}$ 之间必有整数, 即

$$a_{m+1} - a_m \geq 1 \qquad ①$$

因此, i) 与 ii) 至少有一个成立.

若 i) 不成立, 即只有有限多个 m, 使

$$a_{m+1} - a_m > 1 \qquad ②$$

则当 m 足够大时, 恒有

$$a_{m+1} - a_m = 1 \qquad ③$$

于是

$$a_{m+k} - a_m = k \qquad ④$$

从而

$$\sqrt{(m+k)^2 + (m+k-1)^2} - \sqrt{(m+1)^2 + m^2} \leq k \quad ⑤$$

固定 m, 令 $k \to +\infty$, 式⑤左边大约为 $\sqrt{2}k$, 右边为 k, 矛盾 (或者在式⑤两边同时除以 k, 再令 $k \to +\infty$, 取极限得 $\sqrt{2} \leq 1$).

若 ii) 不成立, 即只有有限多个 m 使③成立, 则当 m 足够大时, 式②恒成立, 即

$$a_{m+1} - a_m \geq 2 \qquad \text{②}'$$

于是

$$a_{m+k} - a_m \geq 2k \qquad \text{⑥}$$

和前面类似,固定 m,在式⑥两边同时除以 k,再令 $k \to +\infty$,取极值得 $\sqrt{2} \geq 2$,矛盾.

例 18 若 n 历遍所有正整数,证明

$$f(n) = \left[n + \sqrt{\frac{n}{3}} + \frac{1}{2}\right]$$

历遍所有正整数,但数列 $a_n = 3n^2 - 2n$ 的项除外.

(1988 年第 29 届 IMO 备选题)

证法 1

$$f(n) = \left[n + \sqrt{\frac{n}{3}} + \frac{1}{2}\right] =$$

$$n + \left[\sqrt{\frac{n}{3}} + \frac{1}{2}\right] = n + k$$

正整数 k 满足

$$k + 1 > \sqrt{\frac{n}{3}} + \frac{1}{2} \geq k$$

于是

$$k + 2 > \sqrt{\frac{n}{3} + 1} + \frac{1}{2} > \sqrt{\frac{n+1}{3}} + \frac{1}{2} \geq k$$

$$f(n+1) = \left[n + 1 + \sqrt{\frac{n+1}{3}} + \frac{1}{2}\right] =$$

$$n + 1 + \left[\sqrt{\frac{n+1}{3}} + \frac{1}{2}\right] =$$

$$\begin{cases} n + k + 1, & \text{若 } \sqrt{\frac{n+1}{3}} + \frac{1}{2} < k + 1 \\ n + k + 2, & \text{若 } \sqrt{\frac{n+1}{3}} + \frac{1}{2} \geq k + 1 \end{cases}$$

不发生 $\sqrt{\dfrac{n+1}{3}} + \dfrac{1}{2} \geq k+1$ 的情况时，$f(n)$ 随 n 的增加逐次增加 1. 发生 $\sqrt{\dfrac{n+1}{3}} + \dfrac{1}{2} \geq k+1$ 的情况时，$f(n)$ 跳过 1 个自然数 $n+k+1$. 由于

$$\sqrt{\dfrac{n+1}{3}} + \dfrac{1}{2} \geq k+1 > \sqrt{\dfrac{n}{3}} + \dfrac{1}{2} \Leftrightarrow$$

$$n+1 \geq 3\left(k+\dfrac{1}{2}\right)^2 > n \Leftrightarrow$$

$$n+1 \geq 3k^2 + 3k + \dfrac{3}{4} > n \Leftrightarrow$$

$$n = 3k^2 + 3k$$

所以 $f(n)$ 跳过的数为

$$n + k + 1 = 3k^2 + 3k + k + 1 =$$
$$3(k+1)^2 - 2(k+1) = a_{k+1}$$

又 $f(1) = 2$，所以 $f(n)$ 历遍除数列

$$a_1 = 1, a_2 = 8, \cdots, a_k = 3k^2 - 2k, \cdots$$

外的所有自然数.

证法 2 设 m 为自然数，在区间 $(0, m)$ 中，$f(n)$ 的个数即满足不等式

$$n + \sqrt{\dfrac{n}{3}} + \dfrac{1}{2} < m \qquad ①$$

的 n 的个数. 因此有

$$m - 1 - \left[\dfrac{1 + \sqrt{3m - \dfrac{5}{4}}}{3}\right] \qquad ②$$

个 $f(n) \in (0, m)$.

同样，在区间 $(0, m)$ 中，有

$$\left[\frac{1+\sqrt{3m-2}}{3}\right] \quad ③$$

个 a_n(这可从不等式 $3n^2 - 2n \leq m-1$ 推出).

由于

$$0 < \sqrt{3m-\frac{5}{4}} - \sqrt{3m-2} = \frac{2-\frac{5}{4}}{\sqrt{3m-\frac{5}{4}}+\sqrt{3m-2}} < 1$$

所以

$$\left[\frac{1+\sqrt{3m-\frac{5}{4}}}{3}\right] = \left[\frac{1+\sqrt{3m-2}}{3}\right]$$

于是在 $(0,m)$ 内,$f(n)$ 与 a_n 的个数一共有 $m-1$ 个.

在 $(0,m+1)$ 内,$f(n)$ 与 a_n 的个数一共有 m 个值.

因此,在区间 $[m,m+1)$ 内恰有一个 $f(n)$ 或一个 a_n,即对自然数 m,或者 $f(n)=m$,或者 $a_n=m$,但两者不同时成立.

这就是要证明的结论.

证法 3 实质上即是要证明:$\{a_n\}$ 与 $\{f(n)\}$ 是互补数列.

注意到

$$f(n) = \left[\sqrt{\frac{n}{3}}+\frac{1}{2}\right]+n$$

$$a_n = 3(n^2-3n)+n$$

所以由 Lambek – Moser 定理知:$\{f(n)\}$ 与 $\{a_n\}$ 是互补数列. 所以

$$p(n) = \left[\sqrt{\frac{n}{3}}+\frac{1}{2}\right]$$

与
$$q(n) = 3n^2 - 3n$$
是互逆数列,即 $q^*(n) = p(n)$.

由定义 $q^*(n) = |\{m | q(m) < n\}|$,因为 $q(n)$ 是增函数,故
$$q^*(n) = \max\{m | q(m) < n\}$$
由 $3m^2 - 3m < n$ 得
$$m^2 - m + \frac{1}{4} < \frac{n}{3}$$
所以
$$(m - \frac{1}{2})^2 < \frac{n}{3}$$
所以
$$m \leqslant \left[\sqrt{\frac{n}{3}} + \frac{1}{2}\right] = p(n)$$
即
$$q^*(n) = p(n)$$

例 19 证明由 $a_n = [n\sqrt{2}]$ 定义的序列 $\{a_n\}$ 中含有无限多个 2 的整数幂.

(1985 年第 26 届 IMO 候选题)

证明 把 $\sqrt{2}$ 展开为二进制,容易看出其中必包含无穷多个"1",否则,即如果其中只有有限个的话,$\sqrt{2}$ 将是一个有理数,矛盾. 用 2^n 去乘这个二进制表达式,相当于把表达式中的小数点向右移 n 位. 因此,有无穷多个自然数 n,使得 $2^n \sqrt{2}$ 的二进制表达式中小数点后的第一位是 1. 也就是说,有无穷多个自然数 n,使
$$\{2^n \sqrt{2}\} > \frac{1}{2}$$

由于
$$\{2^n\sqrt{2}\} > \frac{1}{2} > 1 - \frac{1}{\sqrt{2}}$$
所以
$$0 < 1 - \{2^n\sqrt{2}\} < \frac{1}{\sqrt{2}}$$
由此导出
$$0 < \sqrt{2}(1 - \{2^n\sqrt{2}\}) < 1$$
所以
$$[(2^{n+1} + \sqrt{2}(1 - \{2^n\sqrt{2}\}))] = 2^{n+1}$$
即
$$[(2^n\sqrt{2} + 1 - \{2^n\sqrt{2}\})\sqrt{2}] = 2^{n+1}$$
因为
$$2^n\sqrt{2} - \{2^n\sqrt{2}\} = [2^n\sqrt{2}]$$
上式可写为
$$[(2^n\sqrt{2} + 1)\sqrt{2}] = 2^{n+1}$$

令 $k = [2^n\sqrt{2}] + 1$，它是一个自然数，使得 $[k\sqrt{2}]$ 为 2 的 $n+1$ 次幂. 由上式可知，无穷多个 n 造成了无穷多个 k. 这样便证明了所需的结论.

例 20 设 $x_0 = 1\,986$，对任意的自然数 n，有 $x_n = x_{n-1} + \dfrac{1}{x_{n-1}}$，求 $[x_{1\,987}]$.

解 显然，对于 $n \in \mathbf{N}, x_n > 0$，$\{x_n\}$ 为单调增数，又 $x_n = x_{n-1} + \dfrac{1}{x_{n-1}}$，因而有
$$x_n^2 = x_{n-1}^2 + \frac{1}{x_{n-1}^2} + 2$$
即

$$x_n^2 - x_{n-1}^2 = 2 + \frac{1}{x_{n-1}^2}$$

而

$$x_n^2 = x_0^2 + (x_1^2 - x_0^2) + (x_2^2 - x_1^2) + \cdots + (x_n^2 - x_{n-1}^2) =$$

$$x_0^2 + (2 + \frac{1}{x_0^2}) + (2 + \frac{1}{x_1^2}) + \cdots + (2 + \frac{1}{x_{n-1}^2}) =$$

$$x_0^2 + 2n + \frac{1}{x_0^2} + \frac{1}{x_1^2} + \cdots + \frac{1}{x_{n-1}^2} \qquad (*)$$

从而

$$x_0^2 + 2n < x_n^2 < x_0^2 + 2n + \frac{n}{x_0^2}$$

当 $n = 1\,987$ 时

$$x_0^2 + 2 \times 1\,987 = 3\,944\,196 + 3\,974 =$$
$$3\,948\,170 > 3\,948\,169 = 1\,987^2$$

$$x_0^2 + 2 \times 1\,987 + \frac{1\,987}{1\,986^2} < 3\,948\,171 < 1\,988^2$$

故 $[x_{1\,987}] = 1\,987$.

另解 设 $f(x) = x + \frac{1}{x}$,则当 $x \geq 1\,986$ 时,$f(x)$ 是递增函数

$$f(x) = \sqrt{(x + \frac{1}{x})^2} = \sqrt{x^2 + 2 + \frac{1}{x^2}}$$

且

$$\sqrt{x^2 + 2} \leq f(x) \leq \sqrt{x^2 + 2 + 1\,986^{-2}}$$

因为这三项都是递增的,故可以同时迭代 n 次,得

$$\sqrt{x^2 + 2n} \leq f^n(x) \leq \sqrt{x^2 + (2 + 1\,986^{-2})n}$$

此式对 $x \geq 1\,986$ 成立,取 $x = 1\,986$,由于 $f^n(1\,986) = x_n$,即得不等式

$$\sqrt{2n+1986^2} \leqslant x_n \leqslant \sqrt{(2+1986^{-2})n+1986^2}$$

特别地,当 $n=1987$ 时

$$\sqrt{2\times 1987+1986^2} = 1987.0002516$$

$$\sqrt{(2+1986^{-2})\times 1987+1986^2} = 1987.0002518$$

从而 $[x_{1987}]=1987$.

由式(*),有

$$x_0^2+2n < x_n^2 < x_0^2+2n+\frac{n}{x_0^2} \qquad ①$$

但上式估计对 $x_0=1$ 只能确定 $[x]$ 和 $[x_2]$,而对 $n\geqslant 3$ 失效. 因此,我们来改进上述估计.

由式(*)得

$$x_n^2 \geqslant 2n+2 \quad (i=1,2,\cdots,n) \qquad ②$$

把它代入①,得

$$x_n^2 \leqslant 2n+x_0^2+\frac{1}{2}\left(\frac{1}{2}+\frac{1}{3}+\cdots+\frac{1}{n}\right) \leqslant$$

$$2n+x_n^2+\frac{1}{x_0^2}+\frac{1}{2}\ln n$$

于是

$$2n+x_0^2+\frac{1}{x_0^2} \leqslant x_n^2 \leqslant 2n+x_0^2+\frac{1}{x_0^2}+\frac{1}{2}\ln n \qquad ③$$

另外

$$\left(2n+x_0^2+\frac{1}{x_0^2}+\frac{1}{2}\ln n\right)^{\frac{1}{2}} - \left(2n+x_0^2+\frac{1}{x_0^2}\right)^{\frac{1}{2}} =$$

$$\frac{1}{2}\ln n \left[\left(2n+x_0^2+\frac{1}{x_0^2}+\frac{1}{2}\ln n\right)^{\frac{1}{2}} + \right.$$

$$\left. \left(2n+x_0^2+\frac{1}{x_0^2}\right)^{\frac{1}{2}} \right]^{-1} < \frac{\ln n}{4\sqrt{2n}} < 1$$

所以,当 $x_0>0$ 时,由式③可得

$[x]$ 与 $\{x\}$

$$[x_n] = [\sqrt{2n + x_0^2 + \frac{1}{x_0^2}}]$$

练 习 六

1. 求下列数列的通项公式:

   (1) $\{a_n\} = \{1, -1, -1, -1, 1, 1, -1, -1, 1, 1, \cdots\}$;

   (2) $\{b_n\} = \{1, \underbrace{-1, \cdots, -1}_{k\uparrow}, \underbrace{1, \cdots, 1}_{k\uparrow}, \underbrace{-1, \cdots, -1}_{k\uparrow}, \cdots\}$;

   (3) $\{c_n\} = \{1, -\frac{1}{2}, -\frac{1}{3}, \frac{1}{4}, \frac{1}{5}, -\frac{1}{6}, -\frac{1}{7}, \cdots\}$;

   (4) $\{d_n\} = \{1, -\frac{1}{2}, \cdots, -\frac{1}{k+1}, \frac{1}{k+2}, \cdots, \frac{1}{2k+1},$

   $-\frac{1}{2k+2}, \cdots, -\frac{1}{3k+1}, \cdots\}$.

2. 改用一个公式来表示以下所给出的数列

$$a_n = \begin{cases} 7n+17, & \text{当 } n=5m+1 \text{ 时}, m=0,1,2,\cdots \\ 4n+22, & \text{当 } n=5m+2 \text{ 时}, m=0,1,2,\cdots \\ 16n+2, & \text{当 } n=5m+3 \text{ 时}, m=0,1,2,\cdots \\ 13n+7, & \text{当 } n=5m+4 \text{ 时}, m=0,1,2,\cdots \\ 10n+12, & \text{当 } n=5m+5 \text{ 时}, m=0,1,2,\cdots \end{cases}$$

3. 求数列 $\{a_n\} = \{8 \times 1^2, 6 \times 2^2, 4 \times 3^2, 10 \times 4^2, 8 \times 5^2, 6 \times 6^2, 4 \times 7^2, 10 \times 8^2, \cdots\}$ 的通项公式.

4. 求数列 $\{a_n\}: \{\frac{1}{2}, \frac{1}{5}, \frac{1}{8}, \frac{2}{5}, \frac{2}{8}, \frac{2}{11}, \frac{3}{8}, \frac{3}{11}, \frac{3}{14}, \cdots\}$ 的通项公式.

5. 在数列 $\{[\frac{1^2}{1\,991}], [\frac{2^2}{1\,991}], [\frac{3^2}{1\,991}], \cdots, [\frac{1\,991^2}{1\,991}]\}$ 中, 含多少个互不相等的数.

第9章 含[x]或{x}的数列

6. 今有一数列$\{a_1, a_2, a_3, \cdots\}$，其中$a_1$是一自然数，而$a_{n+1} = [1.5a_n] + 1$，对所有自然数$n$成立，问是否可以如此选定$a_1$，使此数列的前 100 000 项全是偶数，而第 100 001 项则为奇数？

(1981 年西德数学竞赛题)

7. 已知l_1为实数，$m \in \mathbf{Z}, k \in \mathbf{Z}^+$，试求递推公式

$$l_n = \left[\frac{l_{n-1} + m}{k} + n\right] \quad (n = 2, 3 \cdots)$$

导出l_n的表达式，并由此证明，当$k = 2$时

$$l_n = \left[\frac{l_1 - m}{2^{n-1}}\right] + m + 2(n-1)$$

8. 证明：数列$\{a_n\}(n \geq 0), a_n = [n\sqrt{2}]$中含有无穷多个完全平方.

(1989 年第 30 届 IMO 候选题)

9. 序列$x_1, x_2, \cdots$由条件$x_1 = \frac{1}{2}, x_{n+1} = x_n^2 + x_n$ ($n = 1, 2, \cdots$)给出. 若

$$S = \frac{1}{x_1 + 1} + \frac{1}{x_2 + 1} + \cdots + \frac{1}{x_{100} + 1}$$

求$[S]$.

10. 求出下列数列的通项公式$\{a_n\}$：

(1) $\{1, 2, 2, 3, 3, 3, 4, 4, 4, 4, \cdots\}$；

(2) $\{1, 4, 4, 4, 4, 7, 7, 7, 7, 7, 7, 7, \cdots\}$；

(3) $\{1, 5, 5, 5, 5, 5, 9, 9, 9, 9, 9, 9, 9, 9, 9, \cdots\}$；

11. 设$a_n = (1 + \sqrt{2})^n$，求证：数列$\{[a_1], [a_2], \cdots, [a_n]\}$是偶数、奇数交错出现的数列.

(第四届东北三省数学邀请赛试题)

12. 数列$\{a_n\}$由下列确定：$a_1 = 1, n \geq 1$时，$a_{n+1} = a_n +$

183

$\dfrac{1}{a_n}$,求 a_{100} 的整数部分 $[a_{100}]$.

(1990 年日本 IMO 代表队选拔赛试题)

13. 数列 $\{a_n\}$ 的定义如下:$a_1 = 1, a_{n+1} = a_n + \dfrac{1}{[a_n]}, n \geq 1$,试问:对于哪些 n 值,必可成立不等式 $a_n > 20$?

(1992 年第 18 届全俄数学奥林匹克试题)

14. 给定 $a_1 = 1, a_k = [\sqrt{a_1 + a_2 + \cdots + a_{k-1}}]$,当 $k > 1$,试求 $a_{1\,000}$.

(第 29 届莫斯科数学奥林匹克试题)

15. 对素数 $p \geq 3$,定义

$$F(p) = \sum_{k=1}^{p-1} k^{120}, f(p) = \dfrac{1}{2} - \left\{\dfrac{F(p)}{p}\right\},$$ 求 $f(p)$ 的值.

(1993 年第 34 届 IMO 中国国家队选拔赛试题)

16. 给定 A, B, C 三列数,A 列为十进制的形如 10^k 的数,其中 $k \geq 1$ 是整数.B 列和 C 列分别是将 A 列的数化为二进制的数和五进制的数

A	B	C
10	1 010	20
100	1 100 100	40
1 000	1 111 101 000	13 000
⋮	⋮	⋮

证明:对于任意的整数 $n > 1$,恰有一个 n 位数存在于 B 列或 C 列中.

(1994 年亚太地区数学奥林匹克试题)

$[x]$在初等数论中的应用

先介绍两个定理.

定理 1 假定 x 是正实数,n 是正整数,那么自 1 到 x 的整数中,n 的倍数有 $\left[\dfrac{x}{n}\right]$ 个.

证明 因为

$$\left[\dfrac{x}{n}\right] \leqslant \dfrac{x}{n} < \left[\dfrac{x}{n}\right] + 1$$

所以

$$\left[\dfrac{x}{n}\right]n \leqslant x < \left(\left[\dfrac{x}{n}\right]+1\right)n$$

于是从 1 到 x 的整数中,n 的倍数只有

$$n, 2n, 3n, \cdots, \left[\dfrac{x}{n}\right]n$$

它们总共有 $\left[\dfrac{x}{n}\right]$ 个.

推论 在 $[a,b]$ 的整数中,n 的倍数的个数为 $\left[\dfrac{b}{n}\right] - \left[\dfrac{a}{n}\right]$.

例 1 求从 3 000 到 5 000 的整数中 11 的倍数的个数.

解 因为 $\left[\dfrac{5\,000}{11}\right]=454$,$\left[\dfrac{3\,000}{11}\right]=272$,

所以在 3 000 到 5 000 的整数中共有 $454-272=182$ 个整数为 11 的倍数.

定理 2 在乘积 $n!$ 中,质数 p 的最高幂次记为 $p(n!)$,则有

$$p(n!)=\left[\dfrac{n}{p}\right]+\left[\dfrac{n}{p^2}\right]+\left[\dfrac{n}{p^3}\right]+\cdots+\left[\dfrac{n}{p^m}\right]$$

其中 $p^m\leqslant n<p^{m+1}$.

证明 因为 p 是质数,如果 p 能够整数 $n!$,那么 p 必定能整数 $1,2,\cdots,n$ 中某个数,但 $1,2,\cdots,n$ 中 p 的倍数只有下面的 $\left[\dfrac{n}{p}\right]$ 个数

$$p,2p,3p,\cdots,\left[\dfrac{n}{p}\right]p$$

于是 $n!$ 中 p 的最高幂次就是

$$p\cdot 2p\cdot 3p\cdot\cdots\cdot\left[\dfrac{n}{p}\right]p=\left[\dfrac{n}{p}\right]!\ p^{\left[\frac{n}{p}\right]}$$

中 p 的最高幂次. 因此

$$p(n!)=\left[\dfrac{n}{p}\right]+p\left(\left[\dfrac{n}{p}\right]!\right)$$

同样,有

$$p\left(\left[\dfrac{n}{p}\right]!\right)=\left[\dfrac{\left[\dfrac{n}{p}\right]}{p}\right]+p\left(\left[\dfrac{\left[\dfrac{n}{p}\right]}{p}\right]!\right)=\left[\dfrac{n}{p^2}\right]+p\left(\left[\dfrac{n}{p^2}\right]!\right)$$

所以

$$p(n!)=\left[\dfrac{n}{p}\right]+\left[\dfrac{n}{p^2}\right]+p\left(\left[\dfrac{n}{p^2}\right]!\right)$$

因为 $p^{m+1} > n$，这样继续进行下去，最终会有 $\left[\dfrac{n}{p^{m+1}}\right] = 0$，于是

$$p(n!) = \left[\dfrac{n}{p}\right] + \left[\dfrac{n}{p^2}\right] + \cdots + \left[\dfrac{n}{p^m}\right]$$

从上面的证明过程中，当 $p^m > n$ 时，$\left[\dfrac{n}{p^m}\right] = 0$，而 $p^m > n$ 相当于 $n\lg p > \lg m$，即

$$n = \dfrac{\lg m}{\lg p}$$

所以，定理中的 m 只扩展到 $\dfrac{\lg m}{\lg p}$ 就足够了. 因而定理中的结论可改写成

$$p(n!) = \sum_{1 \leqslant k \leqslant \frac{\lg m}{\lg p}} \left[\dfrac{m}{p^k}\right]$$

推论 $n! = \prod\limits_{p \leqslant k} p^{\sum\limits_{k=1}^{\infty}\left[\frac{n}{p^k}\right]}$.

这里 $\prod\limits_{p \leqslant k}$ 表示 p 取遍小于等于 n 的一切素数的乘积.

例 2 求 7 在 2 000! 内的最高次幂.

解

$$\sum_{k=1}^{\infty}\left[\dfrac{2\,000}{7^k}\right] = \left[\dfrac{2\,000}{7}\right] + \left[\dfrac{2\,000}{7^2}\right] + \left[\dfrac{2\,000}{7^3}\right] + \cdots + =$$
$$285 + 40 + 5 + 0 = 330$$

例 3 求 1 992! 中末尾含零的个数.

解 因为 $10 = 2 \times 5$，所以 1 992! 中末尾含零的个数相当于 1 992! 的质因数分解式中 2×5 的个数.

又因为 $2 < 5$，所以其中含 2 的个数比含 5 的个数

[x]与{x}

多,因此,只需考查 1 992! 中 5 的幂指数是多少就可以了. 因为
$$1\ 992 < 5^5 = 3\ 125$$
所以
$$5(1\ 992!) = \left[\frac{1\ 992}{5}\right] + \left[\frac{1\ 992}{5^2}\right] + \left[\frac{1\ 992}{5^3}\right] + \left[\frac{1\ 992}{5^4}\right] =$$
$$398 + 19 + 15 + 3 = 495$$
即 1 992! 中末尾含有零的个数为 495 个.

例 4 将 50! 分解为素因数的连乘积.

解 2,3,5,7,11,13,17,19,23 在 50! 内的最高幂次分别为
$$\sum_{k=1}^{\infty}\left[\frac{50}{2^k}\right] = 25 + 12 + 6 + 3 + 1 = 47$$
$$\sum_{k=1}^{\infty}\left[\frac{50}{3^k}\right] = 16 + 5 + 1 = 22, \sum_{k=1}^{\infty}\left[\frac{50}{5^k}\right] = 10 + 2 = 12$$
$$\sum_{k=1}^{\infty}\left[\frac{50}{7^k}\right] = 7 + 1 = 8, \sum_{k=1}^{\infty}\left[\frac{50}{11^k}\right] = 4, \sum_{k=1}^{\infty}\left[\frac{50}{13^k}\right] = 3$$
$$\sum_{k=1}^{\infty}\left[\frac{50}{17^k}\right] = 2, \sum_{k=1}^{\infty}\left[\frac{50}{19^k}\right] = 2, \sum_{k=1}^{\infty}\left[\frac{50}{23^k}\right] = 2$$

而 29,31,37,41,43,47 在 50! 内的最高幂次均为 1,所以
$$50! = 2^{47} \times 3^{22} \times 5^{12} \times 7^8 \times 11^4 \times 13^3 \times 17^2 \times 19^2 \times$$
$$23^2 \times 29 \times 31 \times 37 \times 41 \times 43 \times 47$$

下面的例子是近几年来自各地数学竞赛的一些问题.

例 5 k 是自然数,且
$$\frac{1\ 001 \times 1\ 002 \times \cdots \times 1\ 985 \times 1\ 986}{11^k}$$

第10章 [x]在初等数论中的应用

是整数，k 的最大值是多少？

(1986年北京市高一数学竞赛题)

解 1 986! 中含因子 11 的最高幂次为

$$\left[\frac{1\,986}{11}\right] + \left[\frac{1\,986}{11^2}\right] + \left[\frac{1\,986}{11^3}\right] = 180 + 16 + 1 = 197$$

而 1 000! 中含因子 11 的最高幂次为

$$\left[\frac{1\,000}{11}\right] + \left[\frac{1\,000}{11^2}\right] = 90 + 8 = 98$$

故 k 的最大值为 $197 - 98 = 99$.

例6 若 $1 \times 2 \times 3 \times \cdots \times 99 \times 100 = 12^n \cdot M$，其中 M 为自然数，n 为能使等式成立的最大自然数，则 M

( )

(A) 能被 2 整除，但不能被 3 整除；

(B) 能被 3 整除，但不能被 2 整除；

(C) 能被 4 整除，但不能被 3 整除；

(D) 不能被 2 整除，也不能被 3 整除.

(1991年全国初中数学联赛题)

解 我们先计算 $1 \times 2 \times 3 \times \cdots \times 99 \times 100$ 中含质因数 2 或 3 的个数

$$2(100!) = \left[\frac{100}{2}\right] + \left[\frac{100}{2^2}\right] + \left[\frac{100}{2^3}\right] + \left[\frac{100}{2^4}\right] +$$

$$\left[\frac{100}{2^5}\right] + \left[\frac{100}{2^6}\right] = 50 + 25 + 12 + 6 +$$

$$3 + 1 = 97$$

$$3(100!) = \left[\frac{100}{3}\right] + \left[\frac{100}{3^2}\right] + \left[\frac{100}{3^3}\right] + \left[\frac{100}{3^4}\right] = 48$$

所以

$$1 \times 2 \times 3 \times \cdots \times 99 \times 100 = 2^{97} \times 3^{48} \times A = 12^{48} \times 2A$$

其中 $2 \nmid A, 3 \nmid A$，所以 $M = 2A$，选 (A).

[x]与{x}

例7 一串数 $1,4,7,10,\cdots,697,700$ 的规律是：第1个数是1，以后的每一个数等于它前面的一个数加3，直到700为止．将所有这些数相乘，试求所得数的末尾零的个数．

(1988年全国初中数学联赛题)

解 所给一列数中第一个含因数5的数是10，而任何其他数 $3n+1$，若是5的倍数，则它与10之差必为15的倍数，即 $15\mid[(3n+1)-10]$，反之亦然，$1,4,7,\cdots,700$ 中含因数5的个数为

$$\left[\frac{700-10}{3\times 5}\right]+1=47$$

同样，所给一列数中第一个含因数 5^2 的数是25，类似可知，在 $1,4,7,\cdots,700$ 中，含因数 5^2 的数的个数为

$$\left[\frac{700-25}{3\times 5^2}\right]+1=10$$

含因数 5^3 的数的个数为

$$\left[\frac{700-250}{3\times 5^3}\right]+1=2$$

含因数 5^4 的数的个数为

$$\left[\frac{700-625}{3\times 5^4}\right]+1=1$$

故 $1\times 4\times 7\times\cdots\times 700$ 中含因子5的个数为60．从而所得数的末尾有60个零．

例8 定义一个正整数 n 是一个"阶乘的尾巴"，如果存在一个正整数 m，使得 $m!$ 的十进位制表示中，结尾恰好有 n 个零．那么小于1 992的正整数中有多少个不是"阶乘的尾巴"？

(1992年第十届美国数学邀请赛试题)

解 设 $f(m)$ 是 $m!$ 的十进位制表示中结尾零的个数. 显然, $f(m)$ 是 m 的一个不减函数,当 m 是 5 的倍数时,有

$$f(m)=f(m+1)=f(m+2)=f(m+3)=f(m+4)<f(m+5)$$

对于 $k=0,1,2,\cdots$,列出函数 $f(k)$ 如下

$0,0,0,0,0,1,1,1,1,1,2,2,2,2,2,\cdots,4,4,4,4,$
$4,6,6,6,6,6,\cdots$ ①

可见每个数在这个函数中出现 5 次. $m!$ 的结尾零的个数是

$$f(m)=\sum_{k=1}^{\infty}\left[\frac{m}{5^k}\right]$$ ②

如果有一个 $m,f(m)=1\,991$,那么

$$1\,991<\sum_{k=1}^{\infty}\frac{m}{5^k}=m\cdot\frac{\frac{1}{5}}{1-\frac{1}{5}}=\frac{m}{4}$$

所以 $m>4\times1\,991=7\,964.$

对于 $f(m)$ 使用公式②,可求得

$f(7\,965)=1\,988, f(7\,975)=1\,991, f(7\,979)=1\,991$

按函数①,有

$0,0,0,0,0,1,1,1,1,1,\cdots,1\,991,1\,991,1\,991,$
$1\,991,1\,991$

这个函数排包含 $7\,980$ 项,并且每个数在这函数中恰好出现 5 次. 故有 $7\,980\div5=1\,596$ 个取自集合 $\{0,1,2,\cdots,1\,991\}$ 的不同的整数值. 所以,在这函数中不出现的整数有

$$1\,992-1\,596=396$$

因此,小于 $1\,992$ 的正整数中有 396 个不是"阶乘的尾

巴".

例9 设 a 和 b 是整数,n 是正整数,证明

$$\frac{b^{n-1}a(a+b)(a+2b)\cdots[a+(n-1)b]}{n!}$$

是整数.

(1985 年第 26 届 IMO 候选题)

证明 设 p 是不大于 n 的质数,由于 $p \geqslant 2$,则 p 在 $n!$ 中的幂指数为

$$\left[\frac{n}{p}\right]+\left[\frac{n}{p^2}\right]+\cdots < \frac{n}{2}+\frac{n}{2^2}+\cdots = n$$

i)如果 $p \mid b$,由于分子有 b^{n-1},所以 p 在分子的幂指数大于等于 $n-1$,而 p 在分母的幂指数小于 n,于是分母中的 p 可以约去.

ii)如果 $p \nmid b$,在

$$a, a+b, a+2b, \cdots, a+(p-1)b$$

这 p 个数中,至少有一个能被 p 整除.

因为 $p \leqslant n$,则在乘积中(共 n 个数)

$$a(a+b)(a+2b)\cdots[a+(n-1)b]$$

至少有 $\left[\frac{n}{p}\right]$ 个数能被 p 整除,至少有 $\left[\frac{n}{p^2}\right]$ 个数能被 p^2 整除,等等.

所以,p 在 $a(a+b)(a+2b)\cdots[a+(n-1)b]$ 中的幂指数不小于 $\left[\frac{n}{p}\right]+\left[\frac{n}{p^2}\right]+\cdots$.

于是分母中的约数 p 可以约去.

由 i),ii)知,本题可得证.

例 10 求证:当且仅当存在某个正整数 k,使得 $n = 2^{k-1}$ 时,2^{n-1} 能整除 $n!$.

(1985 年加拿大数学竞赛题)

第10章 [x]在初等数论中的应用

证明 对于任意给定的正整数 n,总可以找到正整数 k,使得

$$2^{k-1} \leqslant n < 2^k$$

因此,$n!$ 中含约数 2 的个数为

$$m = [\frac{n}{2}] + [\frac{n}{2^2}] + \cdots + [\frac{n}{2^{k-1}}]$$

由 $[x]$ 的性质 $[x+y] \geqslant [x] + [y]$ 可得

$$m \leqslant [n(\frac{1}{2} + \frac{1}{2^2} + \cdots + \frac{1}{2^{k-1}})] = [n - \frac{n}{2^{k-1}}]$$

由于

$$1 \leqslant \frac{n}{2^{k-1}} < 2 \qquad ①$$

所以

$$m \leqslant [n - \frac{n}{2^{k-1}}] \leqslant n - 1 \qquad ②$$

如果 2^{n-1} 能整除 $n!$,我们证明 $n = 2^{k-1}$.

事实上,由式②及 2^{n-1} 能整除 $n!$,得

$$m = n - 1$$

于是

$$[n - \frac{n}{2^{k-1}}] = n - 1$$

再由式①得 $\frac{n}{2^{k-1}} = 1$,即 $n = 2^{k-1}$.

如果 $n = 2^{k-1}$,我们证明 2^{n-1} 能整除 $n!$.

由于 $n = 2^{k-1}$ 时

$$[\frac{n}{2}] + [\frac{n}{2^2}] + \cdots + [\frac{n}{2^{k-1}}] = n - 1$$

即 $n!$ 中 2 的幂指数为 $n-1$,所以 2^{n-1} 能整除 $n!$.

例11 证明:对任一个自然数 $k(k \geqslant 2)$,存在一个

无理数 γ,使得对每一个自然数 m
$$[\gamma^m] \equiv -1 (\bmod k)$$
(1987 年第 28 届 **IMO** 候选题)

题目中遇到的式子 $[\gamma^m] \equiv -1(\bmod k)$ 叫作以 k 为模的同余式. 同余式 $a \equiv b(\bmod k)$ 是指 a 和 b 对于模 k 的余数相同. 即 $a-b$ 能被 k 整除.

下面我们探讨 $[\gamma^m] \equiv 1(\bmod k)$ 成立的可能性. 可以证明,当 $\gamma+s$ 和 γs 为整数且能被 k 整除时, $\gamma^m + s^m$ 也是整数且能被 k 整除, 而当 $0 < s < 1$ 及 $\gamma^m + s^m$ 是整数时
$$\gamma^m + s^m = [\gamma^m] + 1$$
从而有 $[\gamma^m] \equiv 1(\bmod k)$,所以本题转化为是否存在这样的无理数 γ 和 s. $0 < s < 1$,使得 $\gamma + s$ 和 γs 是整数且能被 k 整除. 而这一点由一元二次方程的理论很容易办到.

证明 首先要证明:

当 $\gamma + s$ 和 γs 为整数且能被 k 整除时, 对任意自然数 m, $\gamma^m + s^m$ 是整数且能被 k 整除.

设 $\gamma + s = kp, \gamma s = kq$,其中 k 为自然数, p,q 为整数. 则
$$\gamma^2 + s^2 = (\gamma+s)^2 - 2\gamma s = k^2 p^2 - 2kq$$
于是 $\gamma^2 + s^2$ 是整数且能被 k 整除.

假设对小于 m 的自然数命题成立,即
$$\gamma+s, \gamma^2+s^2, \gamma^3+s^3, \cdots, \gamma^{m-2}+s^{m-2}, \gamma^{m-1}+s^{m-1}$$
都是整数且能被 k 整除.

由于
$$\gamma^m + s^m = (\gamma+s)\gamma^{m-1} + s^{m-1} - \gamma s(\gamma^{m-2} + s^{m-2})$$
又因为由归纳假设, $\gamma^{m-1} + s^{m-1}, \gamma^{m-2} + s^{m-2}$ 是整

数且能被 k 整除,所以 γ^m+s^m 是整数且能被 k 整除.

于是对任意自然数 m,γ^m+s^m 是整数且能被 k 整除.

下面证明存在这样的 γ 和 s,其中 γ 是无理数,$0<s<1$,$\gamma+s$ 和 γs 是整数且能被 k 整除.

为此考虑方程
$$x^2-kpx+kq=0$$

若 γ,s 是方程的根,则
$$\begin{cases}\gamma+s=kp\\ \gamma s=kq\end{cases}$$

如果 γ,s 存在,且 $0<s<1$,则必须满足
$$\begin{cases}\Delta=k^2p^2-4kq>0\\ 0<\dfrac{kp-\sqrt{k^2p^2-4kq}}{2}<1\end{cases}$$

即
$$\begin{cases}p^2>\dfrac{4q}{k}\\ p>q>0\end{cases} \qquad ①$$

而满足这样条件的整数 p,q 是存在的,从而 γ,s 存在.

为使 γ 是无理数,只要 kp^2-kq 不是平方数就可以了,为此设 $q=k$,则
$$\Delta=k^2p^2-4kq=k^2(p^2-4)$$

由于 $p>q$,则 $p^2>4$,显然 p^2-4 不是平方数,否则若 $p^2-4=u^2$,则 $(p+u)(p-u)=4$ 这是不可能的.

于是对任意的自然数 k,选择 $q=k$,p 满足①,则存在 γ,s,满足 $\gamma+s$ 和 γs 是整数且能被 k 整除,γ 是无理数,s 满足 $0<s<1$.

[x]与{x}

由于 $\gamma^m + s^m$ 是整数,则
$$\gamma^m + s^m = [\gamma^m] + 1$$
又因为 $\gamma^m + s^m$ 是 k 的倍数,则
$$k | [\gamma^m] + 1$$
即
$$[\gamma^m] \equiv -1 (\mod k)$$

例 12 设 a 是方程 $x^3 - 3x^2 + 1 = 0$ 的最大正根,求证:17 可以整除 $[a^{1788}]$ 与 $[a^{1988}]$.

(1988 年第 29 届 IMO 候选题)

证明 与二次方程不同,并不是每一个三次方程的根都可以精确地计算出来. 例如,此题中的 a 就不能被精确地表达出来. 但是,我们可以估计它的存在的范围. 令
$$f(x) = x^3 - 3x^2 + 1$$
由于
$$f(-1) = -3, f\left(-\frac{1}{2}\right) = \frac{1}{8}, f\left(\frac{1}{2}\right) = \frac{3}{8}$$
$$f(1) = -1, f(2\sqrt{2}) < 0$$
而 $\lim_{x \to \infty} f(x) = +\infty$. 可知在 $\left(-1, -\frac{1}{2}\right)$, $\left(\frac{1}{2}, 1\right)$, $(2\sqrt{2}, +\infty)$ 中各有方程 $f(x) = 0$ 的一根,分别用 α, β, a 来表示. 这里的 a 正是题目中所提到的最大根.

由于
$$(-\alpha)^3 - 3(-\alpha)^2 + 1 = -\alpha^3 - 3\alpha^2 + 1 =$$
$$-2\alpha^3 + (\alpha^3 - 3\alpha^2 + 1) = -2\alpha^3 + 0 = -2\alpha^3 > 0$$
可知 $-\alpha < \beta$,也就是说 $|\alpha| < \beta$. 另一方面,由根与系数的关系可得
$$\alpha^2 + \beta^2 = (\alpha + \beta)^2 - 2\alpha\beta = (3-a)^2 + \frac{2}{a} =$$

$$9 - 6a + a^2 + \frac{2}{a} = 9 + \frac{2 - 6a^2 + a}{a} =$$
$$9 + \frac{a^3 - 2a^3}{a} = 9 - a^2 = 1 + (8 - a^2)$$

由 $a^2 > (2\sqrt{2})^2 = 8$,故知
$$0 < \alpha^2 + \beta^2 < 1$$

对于所有的非负整数 n,定义
$$u_n = \alpha^n + \beta^n + a^n$$

易知
$$u_0 = 1 + 1 + 1 = 3$$
$$u_1 = \alpha + \beta + a = 3$$
$$u_2 = \alpha^2 + \beta^2 + a^2 = (9 - a^2) + a^2 = 9$$

又因为
$$\alpha^3 = 3\alpha^2 - 1, \beta^3 = 3\beta^2 - 1, a^3 = 3a^2 - 1$$

用 α^n, β^n, a^n 分别乘上三式双方,再双方相加,得到递推关系式
$$u_{n+3} = 3u_{n+2} - u_n (n = 0, 1, 2, \cdots)$$

由此可见,对一切 n, u_n 都是整数.

现在来证明,对于 $n \geqslant 1$,有
$$0 < \alpha^n + \beta^n < 1$$

由于 $|\alpha| < \beta$,容易看出上式左边那个不等式是正确的. 只需证明上式右边就行了.

当 $n = 1$ 时,有
$$\alpha + \beta = 3 - a < 3 - 2\sqrt{2} < 1$$

当 $n \geqslant 2$ 时,有
$$\alpha^n + \beta^n \leqslant |\alpha|^n + \beta^n \leqslant \alpha^2 + \beta^2 < 1$$

由此得知,当 $n \geqslant 1$ 时,有
$$u_n = [u_n] = [\alpha^n + \beta^n + a^n] = [a^n] + 1$$

所以 $[a^n] = u_n - 1 (n = 1, 2, 3, \cdots)$. 于是问题转化为证明 $u_{1788} - 1$ 与 $u_{1988} - 1$ 可被 17 整除.

下面按模 17 来讨论,经计算表明

$$u_0 \equiv 3, u_1 \equiv 3, u_2 \equiv 9, u_3 \equiv 7, u_4 \equiv 1, u_5 \equiv 11, u_6 \equiv 9$$

$$u_7 \equiv 9, u_8 \equiv 16, u_9 \equiv 5, u_{10} \equiv 6, u_{11} \equiv 2, u_{12} \equiv 1$$

$$u_{13} \equiv 14, u_{14} \equiv 6, u_{15} \equiv 0, u_{16} \equiv 3, u_{17} \equiv 3, u_{18} \equiv 9$$

至此,已经知道,在模 17 的意义下, u_n 是同期数列,以 16 为其一个周期,所以

$$u_{n+16} \equiv u_n (\bmod 17)$$

由于

$$1788 \equiv 12 (\bmod 16)$$
$$1988 \equiv 4 (\bmod 16)$$

可见

$$u_{1788} \equiv u_{12} \equiv 1, u_{1988} \equiv u_4 \equiv 1$$

从而

$$u_{1788} - 1 \equiv 0 (\bmod 17)$$
$$u_{1988} - 1 \equiv 0 (\bmod 17)$$

例 13 证明对每一个整数 $n > 1$,方程

$$\frac{x^n}{n!} + \frac{x^{n-1}}{(n-1)!} + \cdots + \frac{x^2}{2!} + \frac{x}{1!} + 1 = 0$$

无有理根.

(1989 年第 30 届 IMO 候选题)

证明 首先证明对每一整数 $k > 0$ 及每个素数 p, $p^k \nmid k!$. 设 $s \geq 0$ 为整数,满足 $p^s \leq k \leq p^{s+1}$,则满足 $p^r | k!$ 的最大整数

$$\gamma = \sum_{i=1}^{s} \left[\frac{k}{p^i}\right] \leq \sum_{i=1}^{s} \frac{k}{p^s} = \frac{k(1-\frac{1}{p^s})}{p-1} < k$$

所以 $p^k \nmid k!$.

设有有理数 α 为所给方程的根,则

$$\alpha^n + n\alpha^{n-1} + \cdots + \frac{n!}{k!}\alpha^k + \cdots + \frac{n!}{2!}\alpha^2 + \frac{n!}{1!}\alpha + n! = 0$$

由此易知 α 为整数(设 $\alpha = \dfrac{c}{d}$, c,d 为互质整数),则

$$c^n + nc^{n-1}d + \cdots + \frac{n!}{1!}cd^{n-1} + n! \, d^n = 0$$

从而 $d|c$, d 必须为1.

设 p 为 n 的素因数,则由上面的方面,$p|\alpha^n$. 设 r 为满足 $p^r|n!$ 的最大整数. 由于

$$p^k|\alpha^k, p^k \nmid k!$$

所以

$$p^{r+1} \Big| \frac{n!}{k!} (k=1,2,\cdots,n)$$

从而由上面的方程得 $p^{r+1}|n!$,矛盾.

练 习 七

1. 求自1 986到2 804的整数中7的倍数的个数.
2. 1 000! 中末尾连续有多少个零?
3. 求7,11,23在250! 中的最高次幂.
4. 把200! 分解成素因数的连乘积.
5. $(2\,000!)^3$ 的末尾有多少个零?
6. 把 C_{200}^{100} 分解成素因素的连乘积.
7. 将不超过1 992的所有正偶数相乘,试确定这个乘积最后有多少个零?
8. 试判断 C_{100}^{50} 是不是7的倍数.

[x]与{x}

9. 求使 $\dfrac{101\times102\times103\times\cdots\times999\times1000}{7^k}$ 为整数的最大自然数 k.

10. 设 $q=[p_1\cdot p_2]$ 表示整数 $p_1\cdot p_2$ 的最小公倍数,则在 $[1,b]$ 的整数中能被 p_1 整除但不能被 p_2 整除的整数的个数为 $\left[\dfrac{b}{p}\right]-\left[\dfrac{b}{q}\right]$. 并利用此结果求在五位数中能被 45 整除但不能被 84 整除的整数的个数.

11. 设 n 为任何自然数,求证
$$2^n\mid(n+1)(n+2)\cdots(2n-1)2n$$

12. 问 1 至 1 990 中有多少个数使得 $\dfrac{N^2+7}{N+4}$ 不是既约分数?

13. 设 $\alpha=\dfrac{r}{s}$,其中 $r,s\in\mathbf{Z}^+$,且 $r>s$,$(r,s)=1$. 令集合 $N_\alpha=\{[n\alpha]\mid n=1,2,\cdots\}$. 求证:对任何 $m\in N_\alpha$,$r\nmid m+1$.

14. 求形式为 $\left[\dfrac{n^2}{3}\right]$ 的一切素数,其中 $n\in\mathbf{N}$.

(1982 年第九届全俄数学竞赛题)

15. 有哪些正整数 n,能使 $[\sqrt{n}]\mid n$?

16. 能使 $\left[\dfrac{n^2}{5}\right]$ 为质数的所有自然数 n 的倒数之和为多少?

(1991 年北京市高一数学竞赛题)

17. 求满足下述条件的所有的正整数 n:(1) n 不是完全平方数;(2) $[\sqrt{n}]^3$ 整除 n^2.

18. A_n 定义为不超过 1 000 的能被 n 整除的所有自然

数的乘积. 例如, $A_3 = 3 \times 6 \times 9 \times \cdots \times 999$, 求数 A_2, $A_3, \cdots, A_{31}, A_{32}$ 的最大公因子.

(1990 年西班牙数学奥林匹克试题)

19. 递增数列 $2,3,5,6,7,10,11,\cdots$ 由所有既不是平方数又不是立方数的正整数组成. 求这数列的第 500 项.

(1990 年第 8 届美国数学邀请赛试题)

20. 试问:能否找到一个数 h, 使得对于任何自然数 n, 数 $[h \cdot 1969^n]$ 都不能被 $[h \cdot 1969^{n-1}]$ 整除?

(第 32 届莫斯科数学奥林匹克试题)

21. 证明:在数 $[2^k \cdot \sqrt{2}]$ 当中有无穷多个合数.

(第 34 届莫斯科数学奥林匹克试题)

22. 证明:由递推关系式 $a_1 = 2, a_{n+1} = \left[\dfrac{3}{2} a_n\right], n \in \mathbf{N}$ 给出的数列 $\{a_n\}$ 中有无限多个偶数和无限多个奇数.

(1983 年南斯拉夫数学竞赛题)

23. 证明:对任意 $n \in \mathbf{N}$, 有 $\{n\sqrt{2}\} > \dfrac{1}{2n\sqrt{2}}$ 且对任意 $\varepsilon > 0$, 总可以找到 $n \in \mathbf{N}$, 使得 $\{n\sqrt{2}\} < \dfrac{1+\varepsilon}{2n\sqrt{2}}$.

(1989 年第 30 届 IMO 预选题)

$[x]$ 在组合数与二项式中的应用

在上一节中,我们讨论了 $n!$ 中含素数 p 的方次数以及 $n!$ 的质因数分解式. 在本节中,将要讨论排列数、组合数的因式分解问题,最后还要讨论二项式展开式的整数部分与小数部分的有关问题.

定理1 $C_m^n = \prod_p p^{\sum_{i\geqslant 1}([\frac{m}{p^i}]-[\frac{n}{p^i}]-[\frac{m-n}{p^i}])}$

$A_m^n = \prod_p p^{\sum_{i\geqslant 1}([\frac{m}{p^i}]-[\frac{m-n}{p^i}])}$

$\prod_p$ 中 p 取遍所有小于等于某个有限值(这里为 m)的质数,以下不再说明.

证明 由于 $C_m^n = \dfrac{m!}{n!(m-n)!}$,质数 p 在分子 $m!$ 中的方次数为 $\sum_{i\geqslant 1}[\frac{m}{p^i}]$,在分母 $n!(m-n)!$ 中的方次数为 $\sum_{i\geqslant 1}([\frac{n}{p^i}]+[\frac{m-n}{p^i}])$,所以

$$C_m^n = \prod_p p^{\sum_{i\geqslant 1}([\frac{m}{p^i}]-[\frac{n}{p^i}]-[\frac{m-n}{p^i}])}$$

同理可证得 A_m^n 的公式.

第 11 章 [x] 在组合数与二项式中的应用

定理2 设质数 p 在 C_m^n 和 A_m^n ($m \geqslant n \geqslant 1$) 中的方幂数分别为 α 和 β,则

$$\alpha = \frac{1}{p-1}((m-\sum_{i=0}^{k}a_i)-(n-\sum_{i=0}^{t}b_i)-(m-n-\sum_{i=0}^{r}c_i))$$

$$= \frac{1}{p-1}(\sum_{i=0}^{t}b_i + \sum_{i=0}^{r}c_i - \sum_{i=0}^{k}a_i)$$

$$\beta = \sum_{i \geqslant 1}([\frac{m}{p^i}] - [\frac{m-n}{p^i}])$$

$$= \frac{1}{p-1}(n + \sum_{i=0}^{r}c_i - \sum_{i=0}^{k}a_i)$$

其中 $m,n,m-n$ 的 p 进制表示为 $(a_k a_{k-1} \cdots a_1 a_0)_p$,$(b_t b_{t-1} \cdots b_1 b_0)_p$ 和 $(c_r c_{r-1} \cdots c_1 c_0)_p$.

证明 我们做 p 进制除法,有

$$[\frac{m}{p}] = (a_k a_{k-1} \cdots a_1)_p$$

$$[\frac{m}{p^2}] = (a_k a_{k-1} \cdots a_2)_p$$

$$\vdots$$

$$[\frac{m}{p^k}] = (a_k)_p$$

又 $[\log_p m] = k$,所以

$$\sum_{i \geqslant 1}[\frac{m}{p^i}] = \sum_{i=1}^{k}(a_i)_p = \sum_{i=1}^{k}(\sum_{j=0}^{i-1}p^j)a_i =$$

$$\sum_{i=1}^{k}(\frac{p^i-1}{p-1})a_i = \frac{1}{p-1}(\sum_{i=1}^{k}p^i a_i - \sum_{i=1}^{k}a_i) =$$

$$\frac{1}{p-1}(\sum_{i=1}^{k}a^i p_i - \sum_{i=0}^{k}a_i) =$$

$$\frac{1}{p-1}(m - \sum_{i=0}^{k}a_i)$$

203

[x]与{x}

同理

$$\sum_{i \geqslant 1} \left[\frac{n}{p^i}\right] = \frac{1}{p-1}\left(n - \sum_{i=0}^{t} b_i\right)$$

$$\sum_{i \geqslant 1} \left[\frac{m-n}{p^i}\right] = \frac{1}{p-1}\left(m - n - \sum_{i=0}^{r} c_i\right)$$

因此

$$\alpha = \sum_{i \geqslant 1}\left(\left[\frac{m}{p^i}\right] - \left[\frac{n}{p^i}\right] - \left[\frac{m-n}{p^i}\right]\right) =$$

$$\frac{1}{p-1}\left[\left(m - \sum_{i=0}^{k} a_i\right) - \left(n - \sum_{i=0}^{t} b_i\right) - \right.$$

$$\left.\left(m - n - \sum_{i=0}^{r} c_i\right)\right] =$$

$$\frac{1}{p-1}\left(\sum_{i=0}^{t} b_i + \sum_{i=0}^{r} c_i - \sum_{i=0}^{k} a_i\right)$$

同理可证

$$\beta = \frac{1}{p-1}\left(n + \sum_{i=0}^{r} c_i - \sum_{i=0}^{k} a_i\right)$$

例1 下面各数中末尾有多少个零?

①C_{40}^{16}; ②A_{40}^{16}; ③$C_{18}^{3,6,9} = \frac{18!}{3!\ 6!\ 9!}$.

解 ① 因为 $C_{40}^{16} = \frac{40!}{16!\ 24!}$. $40!$ 的末尾有 $\sum_{i=1}^{\infty}\left[\frac{40}{5^i}\right] = 9$ 个 0,$16!$ 的末尾有 3 个 0,$24!$ 的末尾有 4 个 0,所以 C_{40}^{16} 的末尾有 $9 - 3 - 4 = 2$ 个 0.

②A_{40}^{16} 的末尾有 $9 - 4 = 5$ 个 0.

③$18!,3!,6!,9!$ 的末尾分别有 $3,0,1,1$ 个 0,故 $C_{18}^{3,6,9}$ 的末尾有 $3 - 0 - 1 - 1 = 1$ 个 0.

说明 仿照定理 1 可知,当 $m_1 + m_2 + \cdots + m_k = m$ 时

$$C_m^{m_1+m_2+\cdots+m_k} = \frac{m!}{m_1! + m_2! + \cdots + m_k!} = \prod_p p^{\sum_{i=1}^{\infty}([\frac{m}{p^i}] - \sum_{i=1}^{k}[\frac{m_j}{p^i}])}$$

利用定理 1 及上式可知,$S = p_1^{\alpha_1} p_2^{\alpha_2} \cdots p_t^{\alpha_t}$($p_1 < p_2 < \cdots < p_t$ 为质数,$\alpha_1, \alpha_2, \cdots, \alpha_t$ 为正整数),在 $C_m^n, A_m^n, C_m^{m_1+m_2+\cdots+m_k}$ ($m \geq n \geq 1, m_1 + m_2 + \cdots + m_k = m$) 中的方幂数分别为

$$\alpha = \min_{1 \leq j \leq t} \{ [\sum_{i=1}^{\infty} \frac{[\frac{m}{p_j^i}] - [\frac{n}{p_j^i}] - [\frac{m-n}{p_j^i}]}{\alpha_i}] \}$$

$$\beta = \min_{1 \leq j \leq t} \{ [\sum_{i=1}^{\infty} \frac{[\frac{m}{p_j^i}] - [\frac{m-n}{p_j^i}]}{\alpha_i}] \}$$

$$\gamma = \min_{1 \leq j \leq t} \{ [\sum_{i=1}^{\infty} \frac{[\frac{m}{p_j^i}] - \sum_{l=1}^{k}[\frac{m_i}{p_j^i}]}{\alpha_i}] \}$$

例 2 求质数 p 在 $C_{p^m-1}^{p^n-1}, A_{p^m-1}^{p^n-1}, C_{p^m}^{p^n}, A_{p^m}^{p^n}$ 中的方幂数 ($m \geq n \geq 1$).

解 $m \geq n \geq 1$,所以 $p^m - 1 \geq p^n - 1 \geq 1$. 而

$$p^m - 1 = (\underbrace{gg\cdots g}_{m\text{个}})_p, g = p - 1, p^m = (\underbrace{100\cdots 0}_{m\text{个}})_p$$

同理

$$p^n - 1 = (\underbrace{gg\cdots g}_{n\text{个}})_p, p^n = (\underbrace{100\cdots 0}_{n\text{个}})_p$$

所以

$$(p^m - 1) - (p^n - 1) = p^m - p^n = (\underbrace{gg\cdots g}_{m-n\text{个}}\underbrace{00\cdots 0}_{n\text{个}})_p$$

在 p 进制下,以 $f(x)$ 记整数 x 的各位数字和,则

$$f(p^m - 1) = (p-1)m$$

[x]与{x}

$$f(p^n-1)=(p-1)n$$
$$f(p^m)=f(p^n)=1$$
$$f(p^m-p^n)=(p-1)(m-n)$$

由定理 2,得知 p 在 $C_{p^m-1}^{p^n-1}$, $A_{p^m-1}^{p^n-1}$, $C_{p^m}^{p^n}$, $A_{p^m}^{p^n}$ 中的方幂数分别为 $\alpha, \beta, \alpha', \beta'$

$$\alpha=\frac{1}{p-1}(f(p^n-1)+f(p^m-p^n)-f(p^m-1))=0$$

$$\beta=\frac{1}{p-1}(f(p^n-1)+f(p^m-p^n)-f(p^m-1))=\frac{p^n-1}{p-1}-n$$

$$\alpha'=\frac{1}{p-1}(f(p^n)+f(p^m-p^n)-f(p^m))=m-n$$

$$\beta'=\frac{1}{p-1}(f(p^n)+f(p^m-p^n)-f(p^m))=\frac{p^n-1}{p-1}+m-n$$

下列几题是近年来数学竞赛中的几题.

例3 求证:二项式系数 C_{2n}^n 整除 $1,2,3,\cdots,2n$ 这些数的最小公倍数,其中 $n\in \mathbf{N}$.

(1985 年第 26 届 IMO 候选题)

证明 设 n 为任意给定的自然数,$p_1,p_2,\cdots,p_k$ 是不超过 $2n$ 的全部素数. 设对于每一个 i, α_i 表示适合 $p_i^s \leqslant 2n$ 的整数 s 中的最大者. 因此,在 C_{2n}^n 的素因子标准分解式中,p_i 的方次数为 $\sum_{j=1}^{\alpha_i}([\frac{2n}{p_i^j}]-2[\frac{n}{p_i^j}])$.

另一方面,若用 $\mathrm{lcm}(1,2,3,\cdots,2n)$ 来记 $1,2,\cdots,2n$ 的最小公倍数,那么

$$\mathrm{lcm}(1,2,\cdots,2n)=p_1^{\alpha_1}p_2^{\alpha_2}\cdots p_k^{\alpha_k}$$

现在,我们的问题转化为求证

$$\sum_{j=1}^{\alpha_i}([\frac{2n}{p_i^j}]-2[\frac{n}{p_i^j}])\leqslant \alpha_i (i=1,2,\cdots,k)$$

为此,需要一个有用的关系式:

对任何实数 x 来说,有
$$0 \leqslant [2x] - 2[x] \leqslant 1$$
这个不等式的左边是显然的,只需证其右边. 由 $x = [x] + \{x\}$,因此
$$[2x] - 2[x] = [2[x] + 2\{x\}] - 2[x] = [2\{x\}] < 2$$
所以 $[2x] - 2[x]$ 只能等于 0 或 1.

利用上述不等式,我们得出
$$\sum_{j=1}^{\alpha_i} \left(\left[\frac{2n}{p_i^j}\right] - 2\left[\frac{n}{p_i^j}\right] \right) \leqslant \sum_{j=1}^{\alpha_i} 1 = \alpha_i$$
由此可推出所需证的结论.

例 4 证明:数 $C_{1\,976}^{976}$ 能被 76^2 整除.

证明 因为 $76 = 2^2 \times 19$,所以为了被 76^2 整除,充分且必要条件是:使 $C_{1\,976}^{976}$ 被 2^4 和 19 整除.

由于 $C_{1\,976}^{976} = \dfrac{1\,976!}{976!\ 1\,000!}$,因此,我们求在数 $1\,976!, 976!$ 和 $1\,000!$ 的质因数分解式中,包含数 2 和 19 的幂指数 $\alpha_1, \alpha_2, \alpha_3$ 和 $\beta_1, \beta_2, \beta_3$

$$\alpha_1 = \left[\frac{1\,976}{2}\right] + \left[\frac{1\,976}{2^2}\right] + \cdots + \left[\frac{1\,976}{2^{10}}\right] = 1\,969$$

$$\alpha_2 = \left[\frac{976}{2}\right] + \left[\frac{976}{2^2}\right] + \cdots + \left[\frac{976}{2^9}\right] = 971$$

$$\alpha_3 = \left[\frac{1\,000}{2}\right] + \left[\frac{1\,000}{2^2}\right] + \cdots + \left[\frac{1\,000}{2^9}\right] = 994$$

且 $\alpha_1 - \alpha_2 - \alpha_3 = 4$,则有 $C_{1\,976}^{976}$ 能被 2^4 整除.

类似地
$$\beta_1 = \left[\frac{1\,976}{19}\right] + \left[\frac{1\,976}{19^2}\right] = 109$$

$$\beta_2 = \left[\frac{976}{19}\right] + \left[\frac{976}{19^2}\right] = 53$$

$$\beta_3 = \left[\frac{1\,000}{19}\right] + \left[\frac{1\,000}{19^2}\right] = 54$$

且 $\beta_1 - \beta_2 - \beta_3 = 2$，即 $C_{1\,976}^{976}$ 能被 19 整除.

因此，$C_{1\,976}^{976}$ 能被 76^2 整除.

例 5 设 m，n 是任意非负整数，试证：$\dfrac{(2m)!\,(2n)!}{m!\,n!\,(m+n)!}$ 是整数，这里约定 $0! = 1$.

（1972 年第 14 届 IMO 试题）

这道习题许多书刊给出了证明，如江苏科技出版社出版的《国际数学奥林匹克 1~20 届》一书中，利用函数方程和数学归纳法，提供了一个巧妙的解法，但过于冗长. 下面我们借助前面已经证明过的结论"$[2x] + [2y] \geq [x] + [x+y] + [y]$"来证明此例.

证明 我们知道，设 p 是任意质数，分子中质数 p 的最高指数为

$$\sum_{k}\left[\frac{2m}{p^k}\right] + \sum_{k}\left[\frac{2n}{p^k}\right]$$

而分母中含质数 p 的最高指数是

$$\sum_{k}\left[\frac{m}{p^k}\right] + \sum_{k}\left[\frac{n}{p^k}\right] + \sum_{k}\left[\frac{m+n}{p^k}\right]$$

由不等式 $[2x] + [2y] \geq [x] + [x+y] + [y]$，对一切 $k \in \mathbf{N}$，有

$$\left[\frac{2m}{p^k}\right] + \left[\frac{2n}{p^k}\right] \geq \left[\frac{m}{p^k}\right] + \left[\frac{m+n}{p^k}\right] + \left[\frac{n}{p^k}\right]$$

所以

$$\sum_{k}\left[\frac{2m}{p^k}\right] + \sum_{k}\left[\frac{2n}{p^k}\right] \geq \sum_{k}\left[\frac{m}{p^k}\right] +$$

第11章 [x]在组合数与二项式中的应用

$$\sum_k \left[\frac{m+n}{p^k}\right] + \sum_k \left[\frac{n}{p^k}\right]$$

即对任意质数 p，分子中含质数 p 的最高指数不小于分母中含 p 的最高指数，因而 $\dfrac{(2m)!\,(2n)!}{m!\,n!\,(m+n)!}$ 为整数.

用类似的方法，我们可以解决如下的问题：

证明 （1）$[5x]+[5y] \geq [3x+y]+[x+3y]$，其中 $x,y \geq 0$；

（2）对一切非负整数 m,n，$\dfrac{(5m)!\,(5n)!}{m!\,n!\,(3m+n)!\,(m+3n)!}$ 是整数.

（1976年美国中学数学竞赛题）

下面的问题是与二项式展开式的整数部分、小数部分有关的几个问题.

例6 是否存在这样的正整数 n，使得数 $\{(2+\sqrt{2})^n\}$ 大于 $0.999\,999$？

解 显然，$(2+\sqrt{2})^n+(2-\sqrt{2})^n$ 是个整数. 事实上，如果

$$(2+\sqrt{2})^n = a_n + b_n\sqrt{2}$$

其中 a_n, b_n 是整数，则

$$(2-\sqrt{2})^n = a_n - b_n\sqrt{2}$$

（这可以由牛顿二项式公式得出或用数学归纳法也容易证明）.

因为

$$0 < (2+\sqrt{2})^n < 1$$

所以

$$[(2+\sqrt{2})^n] = (2+\sqrt{2})^n + (2-\sqrt{2})^n - 1$$

[x]与{x}

由此,得

$$(2+\sqrt{2})^n - [(2+\sqrt{2})^n] = 1 - (2-\sqrt{2})^n$$

但 $0 < 2-\sqrt{2} < 1$,则取 n 充分大,可使 $(2-\sqrt{2})^n$ 任意小. 而

$$(2-\sqrt{2})^n < 0.000\,001$$

则

$(2+\sqrt{2})^n - [(2+\sqrt{2})^n] = 1 - (2-\sqrt{2})^n > 0.999\,999$

即存在这样的 n,使 $\{(2+\sqrt{2})^n\} > 0.999\,999$.

例7 证明:如果 p 是大于 2 的质数,则 $[(2+\sqrt{5})^p] - 2^{p+1}$ 能被 p 整除.

证明 由 $(2+\sqrt{5})^p + (2-\sqrt{5})^p$ 是整数

$$-1 < (2-\sqrt{5})^p < 0 \,(p \text{ 为奇质数})$$

因此

$$[(2+\sqrt{5})^p] = (2+\sqrt{5})^p + (2-\sqrt{5})^p =$$
$$2(2^p + C_p^2 \times 2^{p-2} \times 5 + C_p^4 \times 2^{p-4} \times$$
$$5^2 + \cdots + C_p^{p-1} \times 2 \times 5^{\frac{p-1}{2}})$$

所以

$$[(2+\sqrt{5})^p] - 2^{p+1} = 2(C_p^2 \times 2^{p-2} \times 5 + C_p^4 \times 2^{p-4} \times$$
$$5^2 + \cdots + C_p^{p-1} \times 2 \times 5^{\frac{p-1}{2}}$$

但全部牛顿二项式系数

$$C_p^2 = \frac{p(p-1)}{1 \times 2}$$

$$C_p^4 = \frac{p(p-1)(p-2)(p-3)}{1 \times 2 \times 3 \times 4}$$

$$\vdots$$

$$C_p^k = \frac{p(p-1)(p-2)\cdots(p-k+1)}{k!} \,(k < p)$$

第 11 章 [x]在组合数与二项式中的应用

$$\vdots$$
$$C_p^{p-1} = p$$

都能被 p 整除. 所以 $p | [(2+\sqrt{5})^p] - 2^{p+1}$.

例 8 设 $m \in \mathbf{N}$,则 $[(p+\sqrt{p^2+2})^{2m+1}] = 2^{m+1}A$,其中 p, A 均为奇数.

证明 设
$$[(p+\sqrt{p^2+2})^{2m+1}] = c$$

所以
$$(p+\sqrt{p^2+2})^{2m+1} = c + \alpha (0 < \alpha < 1)$$

因为 $-1 < (p-\sqrt{p^2+2})^{2m+1} < 0$,且 $2m+1$ 为奇自然数;所以
$$(p-\sqrt{p^2+2})^{2m+1} = \beta (-1 < \beta < 0)$$

又根据二项式定理
$$(p+\sqrt{p^2+2})^{2m+1} + (p-\sqrt{p^2+2})^{2m+1} = 整数$$

所以
$$(p+\sqrt{p^2+2})^{2m+1} + (p-\sqrt{p^2+2})^{2m+1} = c+\alpha+\beta = 整数$$

又因为 $0 < \alpha < 0$, $-1 < \beta < 0$,且 $c+\alpha+\beta$ 是整数,所以 $\alpha+\beta = 0$. 即
$$(p+\sqrt{p^2+2})^{2m+1} + (p-\sqrt{p^2+2})^{2m+1} = c$$

又 $[(p+\sqrt{p^2+2})^{2m+1}] = c$,所以
$$[(p+\sqrt{p^2+2})^{2m+1}] = (p+\sqrt{p^2+2})^{2m+1} + (p-\sqrt{p^2+2})^{2m+1}$$

成立. 因为
$$[(p+\sqrt{p^2+2})^{2m+1}] =$$
$$(p+\sqrt{p^2+2})^{2m+1} + (p-\sqrt{p^2+2})^{2m+1} =$$

[x]与{x}

$(p+\sqrt{p^2+2})(p+\sqrt{p^2+2})^{2m}+$
$(p-\sqrt{p^2+2})(p-\sqrt{p^2+2})^{2m}=$
$2^m\{(p+\sqrt{p^2+2})(p^2+1+p\sqrt{p^2+2})^m+$
$(p-\sqrt{p^2+2})(p^2+1-p\sqrt{p^2+2})^m\}=$
$2^m\{p(p^2+1+p\sqrt{p^2+2})^m+\sqrt{p^2+2}\cdot$
$(p^2+1+p\sqrt{p^2+2})^m+p(p^2+1-p\sqrt{p^2+2})^m-\sqrt{p^2+2}\cdot$
$(p^2+1-p\sqrt{p^2+2})^m\}=2^m\{p(p^2+1+p\sqrt{p^2+2})^m-$
$(p^2+1-p\sqrt{p^2+2})^m\}+$
$2^m\{\sqrt{p^2+2}((p^2+1+p\sqrt{p^2+2})^m-(p^2+1-p\sqrt{p^2+2})^m)\}$

故当 m 为奇自然数时

$$(p^2+1+p\sqrt{p^2+2})^m+(p^2+1-p\sqrt{p^2+2})^m=$$
$$2(p^2+1)N$$

$$\sqrt{p^2+2}((p^2+1+p\sqrt{p^2+2})^m-$$
$$(p^2+1-p\sqrt{p^2+2})^m)=$$
$$2(p^2+1)M+2p^m(p^2+2)^{\frac{m+1}{2}}$$

（由二项式的展开式即得）

其中 N,M 为整数，因而

$$[(p+\sqrt{p^2+2})^{2m+1}]=$$
$$2^{m+1}\{(p^2+1)(M+N)+p^m(p^2+2)^{\frac{m+1}{2}}\}$$

而 $(p^2+2)^{\frac{m+1}{2}}$ 是一个奇数，所以有

$$[(p+\sqrt{p^2+2})^{2m+1}]=2^{m+1}A$$

当 m 为偶数时

$(p^2+1+p\sqrt{p^2+2})^m+(p+1-\sqrt{p^2+2})^m=$
$2(p^2+1)N+2p^m(p^2+2)^{\frac{m}{2}}=$

212

$$\sqrt{p^2+2}\,((p^2+1+p\sqrt{p^2+2})^m - $$
$$(p^2+1-p\sqrt{p^2+2})^m) = 2(p^2+1)M$$

综上所述，$[(p+\sqrt{p^2+2})^{2m+1}] = 2^{m+1}A$（其中 p，A 均为奇自然数）.

在例 8 中，取 $p=1$，即为 1988 年第 3 期《数学通讯》问题征解题.

求证：$2^{n+1} | [(1+\sqrt{3})^{2n+1}]$ $(n=0,1,2,\cdots)$.

在例 8 中，对 p 取不同的数值，我们可以得到许多常见的习题.

例 9 若 $a, n \in \mathbf{Z}^+$，$(a+\sqrt{a^2-1})^{2n+1}$ 的展开式中的整数部分为 I，小数部分为 F，则

(1) I 为奇数；

(2) $F = 1 + (\sqrt{a^2-1} - a)^{2n+1}$；

(3) $(I+F)(I-F) = 1$.

证明
$$(a+\sqrt{a^2-1})^{2n+1} = a^{2n+1} + C_{2n+1}^1 a^{2n}\sqrt{a^2-1} + \cdots + $$
$$C_{2n+1}^{2n} a(\sqrt{a^2-1})^{2n} + $$
$$(\sqrt{a^2-1})^{2n+1}$$

又因为
$$(a-\sqrt{a^2-1})^{2n+1} = a^{2n+1} - C_{2n+1}^1 a^{2n}\sqrt{a^2-1} + \cdots + $$
$$C_{2n+1}^{2n} a(\sqrt{a^2-1})^{2n} - $$
$$(\sqrt{a^2-1})^{2n+1}$$

两式相加得
$$(a+\sqrt{a^2-1})^{2n+1} + (a-\sqrt{a^2-1})^{2n+1} = $$
$$2[a^{2n+1} + C_{2n+1}^2 a^{2n-1}(a^2-1) + \cdots + $$

$$C_{2n+1}^{2n} a(a^2-1)^n] = 2p$$

因为 $a, n \in \mathbf{Z}^+$,所以 $p \in \mathbf{Z}^+$.

上式即

$$I + F + (a - \sqrt{a^2-1})^{2n+1} = 2p$$

即

$$F + (a - \sqrt{a^2-1})^{2n+1} = 2p - I \qquad ①$$

因为

$$0 < a - \sqrt{a^2-1} = \frac{1}{a + \sqrt{a^2-1}} < 1$$

所以 $0 < (a - \sqrt{a^2-1})^{2n+1} < 1$,且 $0 < F < I$,故式①左端有

$$0 < F + (a - \sqrt{a^2-1})^{2n+1} < 2$$

从而右端 $0 < 2p - I < 2$,而 $2p - I \in \mathbf{Z}$.

所以 $2p - I = 1, I = 2p - 1$,即 I 为奇数,代入式①得

$$F = 1 - (a - \sqrt{a^2-1})^{2n+1} = 1 + (\sqrt{a^2-1} - a)^{2n+1}$$

所以

$$(I+F)(I-F) = [(a+\sqrt{a^2-1})(a-\sqrt{a^2-1})]^{2n+1} = 1$$

证毕.

在例 9 中的 $(a + \sqrt{a^2-1})^{2n+1}$ 改为 $(a + \sqrt{a^2+1})^{2n+1}$,则可得 (1) I 是偶数;(2) $F = (\sqrt{a^2+1} - a)^{2n+1}$;(3) $(I+F)F = 1$.

例 10 设 $a, n \in \mathbf{Z}^+, A = (\sqrt{a+1} + \sqrt{a})^{2n}$,则:

(1) A 的整数部分 $I = A + \frac{1}{A} - 1$,且是奇数;

(2) A 的小数部分 $F = 1 - \frac{1}{A}$.

第11章 $[x]$在组合数与二项式中的应用

证明
$$A = (\sqrt{a+1})^{2n} + C_{2n}^1(\sqrt{a+1})^{2n-1}\sqrt{a} + \cdots + C_{2n}^{2n-1}(\sqrt{a+1})(\sqrt{a})^{2n-1} + (\sqrt{a})^{2n}$$

又因为
$$\frac{1}{A} = (\frac{1}{\sqrt{a+1}+\sqrt{a}})^{2n} = (\sqrt{a+1}-\sqrt{a})^{2n} =$$
$$(\sqrt{a+1})^{2n} - C_{2n}^1(\sqrt{a+1})^{2n-1}(\sqrt{a}) + \cdots - C_{2n}^{2n-1}(\sqrt{a+1})(\sqrt{a})^{2n-1} + (\sqrt{a})^{2n}$$

所以
$$A + \frac{1}{A} = 2[(a+1)^n + C_{2n}^2(a+1)^{n-1}a + \cdots + a^n] = 2M$$

因为 $a, n \in \mathbf{Z}^+$,所以 $M \in \mathbf{Z}^+$. 所以 $A + \frac{1}{A} - 1 = 2M - 1 \in \mathbf{Z}^+$,是奇数. 又因为
$$A = (A + \frac{1}{A} - 1) + (1 - \frac{1}{A})$$

而
$$0 < \frac{1}{\sqrt{a+1}+\sqrt{a}} < 1$$

所以
$$0 < \frac{1}{A} = (\frac{1}{\sqrt{a+1}+\sqrt{a}})^{2n} < 1$$

所以
$$0 < 1 - \frac{1}{A} < 1$$

所以 $A + \frac{1}{A} - 1 = A$ 的整数部分 I,且是奇数,$1 - \frac{1}{A} = A$ 的小数部分 F.

下面给出一个更一般的结论:

定理 3 设 $a, b, n \in \mathbf{N}, F_n = (a + \sqrt{b})^n + (a - \sqrt{b})^n$,那么:

i) $2 \mid F_n$;

ii) 若 $2 \mid a + b$,则 $2^n \mid F_{2n-1}, 2^{n+1} \mid F_{2n}$;

iii) 若 $4 \mid b - a^2$,则 $2^n \mid F_n$.

证明 当 $n \geq 2$ 时

$$2aF_n = [(a+\sqrt{b}) + (a-\sqrt{b})]F_n = F_{n+1} + (a^2 - b)F_{n-1}$$

所以

$$F_{n+1} = 2aF_n + (b - a^2)F_{n-1}$$

由此易用归纳法证明 i).

ii) 由 $a+b$ 为偶数,则 $a^2 + b = a(a-1) + (a+b)$ 为偶数.

设 $k = \frac{1}{2}(a^2 + b)$,则

$$F_{2n} = 2^n[(k + \sqrt{a^2 b})^n + (k - \sqrt{a^2 b})^n]$$

由 i) 知 $(k + \sqrt{a^2 b})^n + (k - \sqrt{a^2 b})^n$ 为偶数,故 $2^{n+1} \mid F_{2n}$.

由于

$$b - a^2 = a + b - a(a+1)$$

及

$$F_{2(k+1)-1} = 2aF_{2k} + (b - a^2)F_{2k-1}$$

可用归纳法证 $2^n \mid F_{2n-1}$.

iii) 也可用归纳法证明.

若以 A, B 分别表示 $(a + \sqrt{b})^n$ 的整数部分和小数部分,那么,由定理 3 易得:

当 $0 < a - \sqrt{b} < 1$ 时,则 $A = F_n - 1$ 且为奇数,$B =$

第 11 章 $[x]$ 在组合数与二项式中的应用

$1-(a-\sqrt{b})^n$.

当 $0<\sqrt{b}-a<1$ 时,若 n 为偶数,则 $A=F_n-1$ 为奇数,$B=1-(a-\sqrt{b})^n$.

若 n 为奇数,则 $A=F_n$ 为偶数,$B=(\sqrt{b}-a)^n$.

设 $a+b$ 为偶数,还可得到:

若 $0<|a-\sqrt{b}|<1$,则 2^{n+1} 整除大于 $(a+\sqrt{b})^{2n}$ 的最小整数.

若 $0<\sqrt{b}-a<1$,则 $2^n | [(a+\sqrt{b})^{2n-1}]$.

例如,大于 $(3+\sqrt{5})^{2n}$ 的最小整数能被 2^{n+1} 整数.

(1987 年苏州市高中数学竞赛题)

例 11 求 $[(\sqrt{29}+\sqrt{21})^{1984}]$ 的末两位数字.

解 令 $\alpha=\sqrt{29}+\sqrt{21},\beta=\sqrt{29}-\sqrt{21}$,则

$$\alpha^2=50+2\sqrt{609},\beta^2=50-2\sqrt{609}$$

设

$$a=\alpha^2=50+2\sqrt{609},b=\beta^2=50-2\sqrt{609}$$

则

$$a+b=100,ab=64$$

所以 a,b 是方程 $x^2-100x+64=0$ 的两个根.

现有

$$S_0=a^0+b^0=2,S_1=a+b$$
$$S_2=a^2+b^2,S_2-100S_1+64S_0=0$$
$$S_3=a^3+b^3,S_3-100S_2+64S_1=0$$
$$\vdots$$
$$S_n=a^n+b^n,S_n-100S_{n-1}+64S_{n-2}=0$$

因为 $S_n\in\mathbf{Z}$,所以

$$S_n\equiv 36S_{n-2}(\bmod 100)\equiv 6^2 S_{n-2}(\bmod 100)\equiv$$

$$6^4 S_{n-4} \pmod{100} \equiv$$
$$6^6 S_{n-6} \pmod{100} \equiv \cdots \equiv$$
$$6^{992} S_{n-992} \pmod{100}$$

也就是
$$S_{992} \equiv 6^{992} S_0 \equiv 2 \times 6^{992} \pmod{100}$$

因为
$$6^4 \equiv 1\ 296 \equiv -4 \pmod{100}, 2^{22} \equiv 2^2 \pmod{100}$$

所以
$$S_{992} \equiv 2 \times (-4)^{248} \equiv 2^{497} \equiv (2^{22})^{22} \times 2^{18} \equiv$$
$$(2^{22})^2 \times 2^{13} \equiv 2^{17} \equiv 4\ 096 \times 32 \equiv -128 \equiv$$
$$72 \pmod{100}$$

即
$$S_{992} \equiv a^{992} + b^{992} =$$
$$(\sqrt{29} + \sqrt{21})^{1984} + (\sqrt{29} - \sqrt{21})^{1984}$$

的末两位数字是 72.

而由于 $0 < \sqrt{29} - \sqrt{21} < 1$,所以
$$0 < (\sqrt{29} - \sqrt{21})^{1984} < 1$$

所以 $[(\sqrt{29} + \sqrt{21})^{1984}] = S_{992} - 1$,末两位数字为 71.

例 12 找出数 $(\sqrt{2} + \sqrt{3})^{1980}$ 的十进制小数表达中小数点的右边一位数字(即第一位小数),并证明你的结论.

(1980 芬兰、英国、匈牙利、瑞典四国数学邀请赛题)

解 首先,由于
$$A = (\sqrt{2} + \sqrt{3})^{1980} = ((\sqrt{2} + \sqrt{3})^2)^{990} =$$
$$(5 + 2\sqrt{6})^{990}$$

再注意 $2.4 < \sqrt{6} < 2.5$,$4.8 < 2\sqrt{6} < 5$,所以

第11章 [x]在组合数与二项式中的应用

$$0 < 5 - 2\sqrt{6} < 0.2$$

令 $B = (5 - 2\sqrt{6})^{990}$，于是

$$0 < B < (0.2)^{990} = ((0.2)^3)^{330} = (0.008)^{330} < (0.01)^{330} = (0.1)^{660}$$

由此可见 B 的十进小数表示中，小数点之后至少前659位数字全为0.

作二项式展开

$$A = 5^{990} + C_{990}^1 \times 5^{989} \times 2\sqrt{6} + C_{990}^2 \times 5^{988} \times (2\sqrt{6})^2 + \cdots$$

$$B = 5^{990} - C_{990}^1 \times 5^{989} \times 2\sqrt{6} + C_{990}^2 \times 5^{988} \times (2\sqrt{6})^2 - \cdots$$

由此可见

$$A + B = 2 \times (5^{990} + C_{998}^2 \times 5^{989} \times (2\sqrt{6})^2 + \cdots + C_{990}^{988} \times 5^2 \times (2\sqrt{6})^{988} + (2\sqrt{6})^{990})$$

为一整数，用 M 表示，所以

$$A = M - B = M - 0.\underbrace{00\cdots0}_{659\text{个}}****\cdots$$

由此知 A 的小数点后的那个数字为9，余下的就是要确定 A 的小数点前的那个数字，它正好是 M 的个位数字减去1，现在来确定 M 的个位数字，由于我们只关心 M 的个位数字，因此可以不考虑 M 中的任何10的倍数，由 M（即 $A + B$）的表示式中，只有最后一项 $2 \times (2\sqrt{6})^{990}$ 不是10的倍数，但

$$2 \times (2\sqrt{6})^{990} = 2 \times (4 \times 6)^{495} \times 2 \times 24^{495}$$

的个位数与 2×4^{495} 的个位数相同.

注意到

$$4^1 = 4, 4^2 = 16, 4^3 = 64, 4^4 = 256, \cdots$$

故知4的奇次方的个位数字为4，从而 2×4^{495} 的个位数字为 $2 \times 4 = 8$. 这说明 $(\sqrt{2} + \sqrt{3})^{1980}$ 的小数点前那个

数字等于 $8-1=7$.

下面对这道题进行推广.

显然,把 1 980 换成任一正奇数是不行的,那么能否换为其他正偶数呢?

不难算出,$(\sqrt{2}+\sqrt{3})^n$ 当 $n=2$ 时,其值为 $9.898\,979\cdots$,它的第一位小数是 8,而当 n 为大于 2 的任何正偶数时,可以用上例的证明方法,证得它的第一位小数必是 9.

对于后一问的推广较为困难,但我们把正偶数 n 从 2 开始,即当 $n=2,4,6,8,10,12,14,18,20$ 时,$(\sqrt{2}+\sqrt{3})^n$ 的值,从这些数据中,知:

n	2	4	6	8	10	12	14	16	18	...
$(\sqrt{2}+\sqrt{3})^n$ 的个位数字	9	7	9	1	9	7	9	1	9	...

这里,个位数字是以 $9,7,9,1$ 为周期出现的,考虑到数列 $2,6,10,14,18\cdots$ 的通项是 $4k-2$,数列 $4,12,20,\cdots$ 的通项是 $8k-4$,数列 $8,16,24,\cdots$ 的通项可以是 $8k$. 于是有

定理 4 设 $\alpha=(\sqrt{2}+\sqrt{3})^n$.

(1) 当 n 为大于 2 的任意偶数时,α 的第一位小数是 9.

(2) ① 当 $n=4k-2$ 时,α 的个位数字为 9;

② 当 $n=8k-4$ 时,α 的个位数字为 7;

③ 当 $n=8k$ 时,α 的个位数字是 1.

证明 (1) 略;

(2) ①

$A=(\sqrt{2}+\sqrt{3})^{4k-2}+(\sqrt{3}-\sqrt{2})^{4k-2}=$

第11章 $[x]$ 在组合数与二项式中的应用

$$(5+2\sqrt{6})^{2k-1}+(5-2\sqrt{6})^{2k-1}=$$
$$2[5^{2k-1}+C_{2k-1}^2\times 5^{2k-3}\times(2\sqrt{6})^2+\cdots+$$
$$C_{2k-1}^1\times 5\times(2\sqrt{6})^{2k-2}]=$$
$$2[5^{2k-1}+C_{2k-1}^2\times 5^{2k-3}\times 2\times 6+\cdots+$$
$$C_{2k-1}^1\times 5\times 2^{2k-2}\times 6^{k-1}]\equiv 0(\bmod\ 10)$$

从而 $(\sqrt{2}+\sqrt{3})^{4k-2}$ 的个位数字是9.

②
$$A=(\sqrt{3}+\sqrt{2})^{8k-4}+(\sqrt{3}-\sqrt{2})^{8k-4}=$$
$$(5+2\sqrt{6})^{4k-2}+(5-2\sqrt{6})^{4k-2}=$$
$$2\times[5^{4k-2}+C_{4k-2}^2\times 5^{4k-4}\times(2\sqrt{6})^2+\cdots+$$
$$C_{4k-2}^2\times 5^2\times(2\sqrt{6})^{4k-4}\times(2\sqrt{6})^{4k-2}]=$$
$$2\times[5^{4k-2}+C_{4k-2}^2\times 5^{4k-4}\times 2^2\times 6+\cdots+$$
$$C_{4k-2}^2\times 5^2\times 2^{4k-4}\times 6^{2k-2}]+2^{4k-1}\times 6^{2k-1}$$

因为
$$2^{4k-1}\times 6^{2k-1}=2^3\times 2^{4k-4}\times 6^{2k-1}=2^3\times 16^{k-1}\times 6^{2k-1}$$

所以
$$A\equiv 2^{4k-1}\times 6^{2k-1}\equiv 8(\bmod\ 10)$$

从而 $(\sqrt{2}+\sqrt{3})^{8k-4}$ 的个位数字是7.

③
$$A=(\sqrt{3}+\sqrt{2})^{8k}+(\sqrt{3}-\sqrt{2})^{8k}=$$
$$(5+2\sqrt{6})^{4k}+(5-2\sqrt{6})^{4k}=$$
$$2\times[5^{4k}+C_{4k}^2\times 5^{4k-2}\times(2\sqrt{6})^2+\cdots+$$
$$C_{4k}^2\times 5^2\times(2\sqrt{6})^{4k-2}+(2\sqrt{6})^{4k}]=$$
$$2\times[5^{4k}+C_{4k}^2\times 5^{4k-2}\times 2^2\times 6+\cdots+$$
$$C_{4k}^2\times 5^2\times 2^{4k-2}\times 6^{2k-1}]+2\times 2^{4k}\times 6^{2k}\equiv$$
$$2\times 16^k\times 6^{2k}\equiv 2(\bmod\ 10)$$

从而$(\sqrt{3}+\sqrt{2})^{8k}$的个位数字是1.

最后,我们来研究例12的更一般情况.

定理 5 当n为偶数时,$a,b \in \mathbf{Z}^+$,且$0<|\sqrt{a}-\sqrt{b}|<1$时,则数$(\sqrt{a}+\sqrt{b})^n$的十进制小数点后刚好有连续$[n\lg|\dfrac{1}{\sqrt{a}-\sqrt{b}}|]$个9.

证明 设数$(\sqrt{a}+\sqrt{b})^n$的十进制小数点后刚好有连续s个9,由二项式定理知

$$(\sqrt{a}+\sqrt{b})^n+(\sqrt{a}-\sqrt{b})^n=M(M\in\mathbf{Z}^+)$$

故

$$(\sqrt{a}+\sqrt{b})^n=(M-1)+(1-(\sqrt{a}-\sqrt{b})^n)$$

又由条件知

$$0<1-(\sqrt{a}-\sqrt{b})^n<1$$

故$(\sqrt{a}+\sqrt{b})^n$的小数部分正好就是$1-(\sqrt{a}-\sqrt{b})^n$.

由假设又有

$$0.\underbrace{99\cdots9}_{s\text{个}}\leq 1-(\sqrt{a}-\sqrt{b})^n<0.\underbrace{99\cdots9}_{s+1\text{个}}$$

即

$$\dfrac{1}{10^{s+1}}<(\sqrt{a}-\sqrt{b})^n\leq\dfrac{1}{10^s}$$

取对数,可得

$$S\leq n\lg|\dfrac{1}{\sqrt{a}-\sqrt{b}}|<S+1$$

故

$$S=[n\lg|\dfrac{1}{\sqrt{a}-\sqrt{b}}|]$$

定理 6 当n为奇数,$a,b\in\mathbf{N}$,且$0<|a-\sqrt{b}|<1$,则

i)当$a-\sqrt{b}>0$时,$(a-\sqrt{b})^n$的十进制小数点后

第11章 $[x]$在组合数与二项式中的应用

恰好有连续$\left[n\lg\left|\dfrac{1}{a-\sqrt{b}}\right|\right]$个9；

ii) 当$a-\sqrt{b}<0$时，$(a+\sqrt{b})^n$的十进制小数点后恰好有连续$\left[n\lg\left|\dfrac{1}{a-\sqrt{b}}\right|\right]$个0.

i) 的证明与定理5的证法类似. 在证时 ii) 时应假定$(a+\sqrt{b})^n$的十进制小数点后刚好有连续S个0，并注意当$\sqrt{b}$开不尽时，$(a+\sqrt{b})^n$必是一个无限不循环小数. 其余的证明步骤，由读者不难补出.

若引入符号函数

$$\operatorname{sgn} x = \begin{cases} 1, & x>0 \\ 0, & x=0 \\ -1, & x<0 \end{cases}$$

则定理6的结论可以写成：

$(a+\sqrt{b})^n$的十进制小数点后刚好有连续

$$S=\left[n\lg\left|\dfrac{1}{a-\sqrt{b}}\right|\right]$$

个q，而

$$q=\dfrac{9}{2}(1+\operatorname{sgn}(a-\sqrt{b}))$$

下面一例是定理6的应用.

例13 求$\lim\limits_{n\to\infty}\{(2+\sqrt{3})^n\}$.

（1977年莫斯科铁道运输工程学院入学试题）

解 由定理3知，在$\{(2+\sqrt{3})^n\}$的十进制小数点后刚好有连续

$$S=\left[n\lg\left|\dfrac{1}{2-\sqrt{3}}\right|\right]$$

个 $q = \frac{9}{2}(1 + \text{sgn}(2 - \sqrt{3})) = 9$. 由于

$$\lim_{n \to \infty}\left[n \lg \left|\frac{1}{2-\sqrt{3}}\right|\right] = \infty$$

这说明 $(2+\sqrt{3})^n$ 的小数部分 $\{(2+\sqrt{3})^n\}$ 中,从小数点后开始其 9 的连续个数随着 n 的无限增大而趋于无穷,换句话说,有

$$\lim_{n \to \infty}\{(2+\sqrt{3})^n\} = 0.99\cdots 9 = 1$$

练 习 八

1. p 为素数,n 为正整数,求证:$C_{p^n}^1, C_{p^n}^2, \cdots, C_{p^n}^{p^n-1}$ 都可以被 p 整除.

2. 求证 $[(2+\sqrt{3})^n]$ 是奇数,其中 $n \in \mathbf{N}$.

3. 设 $p = (3\sqrt{21}+13)^{2n+1}$ $(n=0,1,2,\cdots)$,求证
$$p\{p\} = 20^{2n+1}$$

4. 试决定 $(\sqrt{2}+\sqrt{3})^{1992}$ 的小数点前一位数字和后一位数字.

5. 计算 $\lim\limits_{n \to \infty}\{(2+\sqrt{2})^n\}$.

6. 求证:$2^{m+1} | [(\sqrt{3}+1)^{2n+1}]$ 但 $2^{m+2} \nmid [(\sqrt{3}+1)^{2n+1}]$,$n \in \mathbf{N}$.

7. 若 $2^n | [(1+\sqrt{3})^n]$,求 n 的最大值.

8. 设 n 和 k 都是正整数,$r = k + \frac{1}{2} + \sqrt{k^2 + \frac{1}{4}}$,试证明 $[r^n]$ 能被 k 整除.

第11章 [x]在组合数与二项式中的应用

9. 证明:对任意的自然数 n,数 $1+[(3+\sqrt{5})^n]$ 被 2^n 整除.

       (第17届全俄中学生数学竞赛题)

10. 设 m 是一个奇自然数,不能被3整除.证明:$4^m-(2+\sqrt{2})^m$ 的整数部分可被112整除.

         (第31届IMO预选题)

11. 对每个 $n\in\mathbf{N}$,求最大正整数 $k\in\mathbf{Z}^+$,使得 $[(3+\sqrt{11})^{2n-1}]$ 被 2^k 整除.

      (1979年奥地利-波兰数学竞赛题)

12. 定义函数 $f(n)=(n\in\mathbf{N})$.如下:设

$$\frac{(2n)!}{\{n!(n+1\,000)!\}}=\frac{A(n)}{B(n)}$$

这里 $A(n),B(n)$ 是互质的正整数.若 $B(n)=1$,则 $f(n)=1$;若 $B(n)\neq 1$,则 $f(n)=B(n)$ 的最大质因数.求证:$f(n)$ 的值是有限的,并求出它的最大值.

       (1990年第31届IMO备选题)

容斥原理及其应用

第 12 章

先给出容斥原理(也称为逐步淘汰原则).

容斥原理：设集合 S 的元素个数为 n，考虑各元素是否具有下列几种不同性质

$$p_1, p_2, \cdots, p_n$$

用 $|A_i|(i=1,2,\cdots,n)$ 表示 S 中具有性质 p_i 的元素的个数，用 $|A_i \cap A_j|$ 表示 S 中同时具有性质 p_i 和 p_j 的元素的个数，其中 $i \neq j, \cdots$. 用 $|\overline{A_i}|$ 表示 S 中不具备性质 p_i 的元素的个数，则有集合 S 中不具有性质 $p_1, p_2, \cdots, p_n$ 的任一性质的元素的个数为

$$|\overline{A}_1 \cap \overline{A}_2 \cap \cdots \cap \overline{A}_n| = |A| - \sum_{1 \leq i \leq n} |A_i| + \sum_{1 \leq i \leq j \leq n} |A_i \cap A_j| - \sum_{1 \leq i \leq j \leq k \leq n} |A_i \cap A_j \cap A_k| + \cdots + (-1)^n |A_1 \cap A_2 \cap \cdots \cap A_n| \qquad ①$$

证明 设 $x \in S$.

i) 若 x 不具有性质 $p_1, p_2, \cdots, p_m$ 中的任何一个，它在 S 中，但不在 A_i 中，所以它对式①右边计算的次数为 $1 - 0 + 0 - \cdots +$

第 12 章 容斥原理及其应用

$(-1)^m 0 = 1$. 即对于不具有任何性质 p_i 的 S 的元素 x 在式①右边被且被计算了 1 次.

ii) 若 x 具有 $p_1, p_2, \cdots, p_m$ 中的 k 个性质 $(1 \leq k \leq m)$, 那么 x 在式①的右边各项被计算的次数分别为:

在 $|A|$ 中是 $1 = \binom{k}{0}$;

在 $\sum |A_i|$ 中是 $n = \binom{k}{1}$;

在 $\sum |A_i \cap A_j|$ 中是 $\binom{k}{2}$;

⋮

所以,x 在式①右边总共被计算的次数是

$$\binom{k}{0} - \binom{k}{1} + \binom{k}{2} - \binom{k}{3} + \cdots + (-1)^m \binom{k}{k} = (1-1)^k = 0$$

这就是说,具有 p_i 中 k 个性质 $(1 \leq k \leq m)$ 的元素在式①右边被计算了 0 次.

由 i),ii) 知式①是成立的.

推论 在集合 S 中,至少具有性质 $p_1, p_2, \cdots, p_m$ 中的一个性质的元素的个数是

$$|A_1 \cup A_2 \cup \cdots \cup A_m| = \sum |A_i| - \sum |A_i \cap A_j| +$$
$$\sum |A_i \cap A_j \cap A_k| + \cdots +$$
$$(-1)^{m+1} |A_1 \cap A_2 \cap \cdots \cap A_m| \quad ②$$

证明 集合 $A_1 \cup A_2 \cup \cdots \cup A_m$ 是 S 中至少具有性质 $p_1, p_2, \cdots, p_m$ 中的一个性质的元素所组成的集合,所以

$$|A_1 \cup A_2 \cup \cdots \cup A_m| = |A| - |\overline{A_1 \cup A_2 \cup \cdots \cup A_m}|$$

由集合论的一个常用公式

$$\overline{A_1 \cup A_2 \cup \cdots \cup A_m} = \overline{A}_1 \cap \overline{A}_2 \cap \cdots \cap \overline{A}_m$$

故有

$$|A_1 \cup A_2 \cup \cdots \cup A_m| = |A| - |\overline{A}_1 \cup \overline{A}_2 \cup \cdots \cup \overline{A}_m| \quad ③$$

将式①代入式③中,即得式②.

例1 小于或等于 10^6 的正整数中,有多少个既不是完全平方数和立方数,又不是完全四次方数.

解 因为 $(10^3)^2 = 10^6$,故小于或等于 10^6 的平方数为 1 000 个;$(10^2)^3 = 10^6$,所以小于或等于 10^6 的立方数有 100 个;因为 $(10^{\frac{3}{2}})^4 = 10^6$,所以小于或等于 10^6 的四次幂有 $[10^{\frac{3}{2}}] = 31$ 个;既是平方数又是立方数的必为 6 次幂,这样的数显然有 10 个;既是平方数又是四次幂的数即为四次幂共 31 个;既是立方数又是四次幂的数为 12 次幂.因为 $(\sqrt{10})^{12} = 10^6$,所以小于 10^6 的 12 次幂有 $[\sqrt{10}] = 3$ 个;同时是平方数、立方数、四次方数的即为 12 次幂共有 3 个.

故既不是平方数也不是立方数和四次幂的数共有

$$10^6 - (1\ 000 + 100 + 31) + (10 + 31 + 3) - 3 = 998\ 890$$

个.

例2 前 100 个自然数中,不是 2 的倍数,也不是 3 的倍数,又不是 5 的倍数,还不是 7 的倍数的数有多少个?

解 是 2,3,5,7 的倍数的数的个数分别为

$$\left[\frac{100}{2}\right] = 50, \left[\frac{100}{3}\right] = 33, \left[\frac{100}{5}\right] = 20, \left[\frac{100}{7}\right] = 14$$

同时是 2 与 3(即 6)的倍数的数有 $\left[\frac{100}{6}\right] = 16$ 个;

同时是 2 与 5(即 10)的倍数的数有 $\left[\frac{100}{10}\right] = 10$

第12章 容斥原理及其应用

个；

同时是 2 与 7（即 14）的倍数的数有 $\left[\frac{100}{14}\right]=7$ 个；

同时是 3 与 5 的倍数的数有 $\left[\frac{100}{15}\right]=6$ 个；

同时是 3 与 7 的倍数的数有 $\left[\frac{100}{21}\right]=4$ 个；

同时是 5 与 7 的倍数的数有 $\left[\frac{100}{35}\right]=2$ 个；

同时是 2,3,5 的倍数的数有 $\left[\frac{100}{2\times3\times5}\right]=3$ 个；

同时是 2,3,7 的倍数的数有 $\left[\frac{100}{2\times3\times7}\right]=2$ 个；

同时是 2,5,7 的倍数的数有 $\left[\frac{100}{2\times5\times7}\right]=1$ 个；

同时是 3,5,7 的倍数的数和同是 2,3,5,7 的倍数的数的个数均为 0 个.

由容斥原理,前 100 个自然数中,非 2 非 3 非 5 非 7 的倍数的数共有

$$100-\left[\frac{100}{2}\right]-\left[\frac{100}{3}\right]-\left[\frac{100}{5}\right]-\left[\frac{100}{7}\right]+\left[\frac{100}{2\times3}\right]+\left[\frac{100}{2\times5}\right]+\left[\frac{100}{2\times7}\right]+\left[\frac{100}{3\times5}\right]+\left[\frac{100}{3\times7}\right]+\left[\frac{100}{5\times7}\right]-\left[\frac{100}{2\times3\times5}\right]-\left[\frac{100}{2\times3\times7}\right]-\left[\frac{100}{2\times5\times7}\right]-\left[\frac{100}{3\times5\times7}\right]+\left[\frac{100}{2\times3\times5\times7}\right]=100-50-33-20-14+16+10+7+6+4+2-3-2-1-0+0=22$$

此题可以推广到一般形式,即有

定理 1 设 $a_1,a_2,\cdots,a_n$ 是两两互素的正整数,那

么在1到n中都不能被$a_1,a_2,\cdots,a_n$整除的数的个数是

$$n - \sum_{1 \leq i \leq n}[\frac{n}{a_i}] + \sum_{1 \leq i \leq j \leq n}[\frac{n}{a_i a_j}] - \sum_{1 \leq i \leq j \leq k \leq n}[\frac{n}{a_i a_j a_k}] + \cdots + (-1)^n[\frac{n}{a_1 a_2 \cdots a_n}].$$

证明 令$S = \{1,2,3,\cdots,n\}$,p_i表示性质:能被a_i整除,则

$$|S| = n$$
$$|A_i| = [\frac{n}{a_i}] \quad (i = 1,2,\cdots,n)$$
$$|A_i \cap A_j| = [\frac{n}{a_i a_j}] \quad (i < j)$$
$$\vdots$$
$$|A_1 \cap A_2 \cap \cdots \cap A_n| = [\frac{n}{a_1 a_2 \cdots a_n}]$$

由容斥原理知满足条件的整数k的个数是

$$|\bar{A}_1 \cap \bar{A}_2 \cap \cdots \cap \bar{A}_n| = n - \sum[\frac{n}{a_i}] + \sum[\frac{n}{a_i a_j}] -$$
$$\sum[\frac{n}{a_i a_j a_k}] + \cdots +$$
$$(-1)^n[\frac{n}{a_1 a_2 \cdots a_n}]$$

如果n是一个正整数,我们把小于n而又与n互素的整数的个数称为欧拉函数$\varphi(n)$.例如,小于30而与30互素的正整数有1,7,11,13,17,19,23,29 共8个,所以$\varphi(30) = 80$.

一般地,有:

定理2 设$n = p_1^{\alpha_1}, p_2^{\alpha_2}, \cdots, p_t^{\alpha_t}$($p_1, p_2, \cdots, p_t$是两两不等的素数,$\alpha_1, \alpha_2, \cdots, \alpha_t$都是正整数),则在1到$n$中,与$n$互素的数的个数$\varphi(n)$等于

$$\varphi(n) = n(1-\frac{1}{p_1})(1-\frac{1}{p_2})\cdots(1-\frac{1}{p_t})$$

证明 记 $S = \{1,2,\cdots,n\}$,设集合 A_i:集合 S 中能被 p_i 整除的数集 $(i=1,2,\cdots,n)$,则

$$\varphi(n) = |\overline{A}_1 \cap \overline{A}_2 \cap \cdots \cap \overline{A}_t|$$

注意到

$$|A_i| = [\frac{n}{p_i}]$$

$$|A_i \cap A_j| = [\frac{n}{p_i p_j}]$$

$$\vdots$$

$$|A_1 \cap A_2 \cap \cdots \cap A_t| = [\frac{n}{p_1 p_2 \cdots p_t}]$$

由逐步淘汰原理

$$\varphi(n) = |S| - \sum_{i=1}^{t}|A_i| + \sum_{1\leq i<j\leq t}|A_i \cap A_j| -$$

$$\sum_{1\leq i<j<k\leq t}|A_i \cap A_j \cap A_k| + \cdots +$$

$$(-1)^t|A_1 \cap A_2 \cap \cdots \cap A_t| =$$

$$n - \sum_{1\leq i\leq t}[\frac{n}{p_i}] + \sum_{1\leq i<j\leq t}[\frac{n}{p_i p_j}] - \cdots +$$

$$\sum_{1\leq i<j<k\leq t}[\frac{n}{p_i p_j p_k}] + \cdots + (-1)^t[\frac{n}{p_1 p_2 \cdots p_t}]$$

注意到 $p_i(i=1,2,\cdots,t)$ 是 n 的不同的质数,上式各 [ ] 都可去掉,这就得到

$$\varphi(n) = n - \sum_{1\leq i\leq t}\frac{n}{p_i} + \sum_{1\leq i<j\leq t}\frac{n}{p_i p_j} -$$

$$\sum_{1\leq i<j<k\leq t}\frac{n}{p_i p_j p_t} + \cdots +$$

$$(-1)^t \frac{n}{p_1 p_2 \cdots p_t} =$$

$$n(1 - \sum_{1 \leq i \leq t} \frac{1}{p_i} + \sum_{1 \leq i < j \leq k} \frac{1}{p_i p_j} -$$

$$\sum_{1 \leq i < j < k \leq t} \frac{1}{p_i p_j p_k} + \cdots +$$

$$(-1)^t \frac{1}{p_1 p_2 \cdots p_t}) =$$

$$n(1 - \frac{1}{p_1})(1 - \frac{1}{p_2}) \cdots (1 - \frac{1}{p_t}) =$$

$$n \prod_{i=1}^{t} (1 - \frac{1}{p_t})$$

设 $\prod(n)$ 表示不超过 n 的素数的个数，下面介绍一个非常古老的 Eratosthenes 筛法定理.

定理 3 如果不超过 n 的素数的个数为 $p_1 < p_2 < \cdots < p_r \leq \sqrt{n}$，则不超过 n 的素数的个数为

$$\prod(n) = r - 1 + n - \sum_{1 \leq i \leq r} [\frac{n}{p_i}] + \sum_{1 \leq i < j \leq r} [\frac{n}{p_i p_j}] -$$

$$\sum_{1 \leq i < j < k \leq r} [\frac{n}{p_i p_j p_k}] + \cdots +$$

$$(-1)^r [\frac{n}{p_1 p_2 \cdots p_r}]$$

证明 设 $S = \{1, 2, \cdots, n\}$，设集合 A_i：集合 S 中被质数 q_i 整除的数集. 由逐步淘汰原理知不超过 n 且与 $q_1, q_2, \cdots, q_r$ 互质的正整数的个数是

$$|\overline{A}_1 \cap \overline{A}_2 \cap \cdots \cap \overline{A}_r| = |S| - \sum_{i=1}^{r} |A_i| +$$

$$\sum_{1 \leq i < j \leq r} |A_i \cap A_j| -$$

$$\sum_{1\leqslant i<j<k\leqslant r}|A_i\cap A_j\cap A_k|+\cdots+$$
$$(-1)^r|A_1\cap A_2\cap\cdots\cap A_r|=$$
$$n-\sum_{i=1}^r\left[\frac{n}{q_i}\right]+$$
$$\sum_{1\leqslant i<j\leqslant r}\left[\frac{n}{q_iq_j}\right]-$$
$$\sum_{1\leqslant i<j<k\leqslant r}\left[\frac{n}{q_iq_jq_k}\right]+\cdots+$$
$$(-1)^r\left[\frac{n}{q_1q_2\cdots q_r}\right]$$

注意到不超过 n 且与质数 $q_1,q_2,\cdots,q_r$ 都互质的任何一个正整数除去"1"之外都是质数,且这些质数与 $q_1,q_2,\cdots,q_r$ 中任何一个都不同,所以

$$\pi(n)=\pi(\left[\sqrt{n}\right])+\{n-\sum_{i=1}^r\left[\frac{n}{q_i}\right]+$$
$$\sum_{1\leqslant i<j\leqslant r}\left[\frac{n}{q_iq_j}\right]-\sum_{1\leqslant i<j<k\leqslant r}\left[\frac{n}{q_iq_jq_k}\right]+\cdots+(-1)^r\left[\frac{n}{q_1q_2\cdots q_r}\right]\}-1=$$
$$r-1+n-\sum_{i=1}^r\left[\frac{n}{q_i}\right]+\sum_{1\leqslant i<j\leqslant r}\left[\frac{n}{q_iq_j}\right]-$$
$$\sum_{1\leqslant i<j<k\leqslant r}\left[\frac{n}{q_iq_jq_k}\right]+\cdots+$$
$$(-1)^r\left[\frac{n}{q_1q_2\cdots q_r}\right]$$

例 3 求不超过 150 的素数的个数.

解 不超过 $\sqrt{150}<\sqrt{169}=13$ 的素数 $2,3,5,7,11(\gamma=5)$. 由定理 3,得

[x]与{x}

$$\pi(150) = 5 - 1 + 150 - \left[\frac{150}{2}\right] - \left[\frac{150}{3}\right] - \left[\frac{150}{5}\right] -$$
$$\left[\frac{150}{7}\right] - \left[\frac{150}{11}\right] + \left[\frac{150}{2\times 3}\right] + \left[\frac{150}{2\times 5}\right] + \left[\frac{150}{2\times 7}\right] +$$
$$\left[\frac{150}{2\times 11}\right] + \left[\frac{150}{3\times 5}\right] + \left[\frac{150}{3\times 7}\right] + \left[\frac{150}{3\times 11}\right] + \left[\frac{150}{5\times 7}\right] +$$
$$\left[\frac{150}{5\times 11}\right] + \left[\frac{150}{7\times 11}\right] - \left[\frac{150}{2\times 3\times 5}\right] - \left[\frac{150}{2\times 3\times 7}\right] -$$
$$\left[\frac{150}{2\times 3\times 11}\right] - \left[\frac{150}{2\times 5\times 7}\right] - \left[\frac{150}{2\times 5\times 11}\right] -$$
$$\left[\frac{150}{2\times 7\times 11}\right] - \left[\frac{150}{3\times 5\times 7}\right] - \left[\frac{150}{3\times 5\times 11}\right] -$$
$$\left[\frac{150}{3\times 7\times 11}\right] - \left[\frac{150}{5\times 7\times 11}\right] + \left[\frac{150}{2\times 3\times 5\times 7}\right] +$$
$$\left[\frac{150}{2\times 3\times 5\times 11}\right] + \left[\frac{150}{2\times 3\times 7\times 11}\right] + \left[\frac{150}{2\times 5\times 7\times 11}\right] +$$
$$\left[\frac{150}{3\times 5\times 7\times 11}\right] - \left[\frac{150}{2\times 3\times 5\times 7\times 11}\right] = 154 - (75 +$$
$50 + 30 + 21 + 13) + (25 + 15 + 10 + 6 + 10 + 7 + 4 + 4 + 2 + 1) - (5 + 3 + 2 + 2 + 1 + 0 + 1 + 0 + 0 + 0) + (0 + 0 + 0 + 0 + 0) - 0 = 154 - 189 + 84 - 14 = 35$

即 150 以内的素数共有 35 个.

定理 4 若小于等于 $\sqrt{N}$ 的素数共有 r 个

$$2 \leqslant p_1 < p_2 < \cdots < p_r \leqslant \sqrt{N}$$

若用 $\overline{S}(N)$ 表示小于等于 N 的所有素数之和,则

$$\overline{S}(N) = \sum_{i=1}^{r} p_i - 1 + \sum_{\mu=1}^{N} \mu - \sum_{i=1}^{r} \sum_{\mu=0}^{[\frac{N}{p_i}]} p_i \mu +$$
$$\sum_{1 \leqslant i < j \leqslant r} \sum_{\mu=0}^{[\frac{N}{p_i p_j}]} p_i p_j \mu - \sum_{1 \leqslant i < j < k \leqslant r} \sum_{\mu=0}^{[\frac{N}{p_i p_j p_k}]} p_i p_j p_k \mu + \cdots +$$

$$(-1)^r \sum_{\mu=0}^{[\frac{N}{p_1 p_2 \cdots p_r}]} p_1 p_2 \cdots p_r \mu \qquad ①$$

证明 （i）在 $1,2,\cdots,N$ 这 N 个自然数中，先求非 p_1 非 $p_2 \cdots$ 非 p_r 的倍数的数之和 $S'(N)$. 在这 N 个自然数中，p_i 的倍数之和为 $\sum_{\mu=0}^{[\frac{N}{p_i}]} p_i \mu$，同时是 p_i 与 p_j 的倍数的数之和为 $\sum_{\mu=0}^{[\frac{N}{p_i p_j}]} p_i p_j \mu$，同时是 p_i, p_j 和 p_k 的倍数的数之和为 $\sum_{\mu=0}^{[\frac{N}{p_i p_j p_k}]} p_i p_j p_k \mu$，……．

由逐步淘汰原理，得

$$S'(N) = \sum_{\mu=0}^{N} \mu - \sum_{\mu=0}^{[\frac{N}{p_i}]} p_i \mu + \sum_{1 \leqslant i < j \leqslant r} \sum_{\mu=0}^{[\frac{N}{p_i p_j}]} p_i p_j \mu -$$

$$\sum_{1 \leqslant i < j < k \leqslant r} \sum_{\mu=0}^{[\frac{N}{p_i p_j p_k}]} p_i p_j p_k \mu + \cdots +$$

$$(-1)^r \sum_{\mu=0}^{[\frac{N}{p_1 p_2 \cdots p_r}]} p_1 p_2 \cdots p_r \mu \qquad ②$$

（ii）$S'(N)$ 比 $\overline{S}(N)$ 多了一个 1，少了 r 个素数 $p_1, p_2, \cdots, p_r$，所以

$$\overline{S}(N) = \overline{S}'(N) - 1 + \sum_{i=1}^{r} p_i \qquad ③$$

由②，③即知定理 4 成立．

例 4 求不超过 150 的所有素数之和．

解 小于或等于 $\sqrt{150}$ 的素数为 $2,3,5,7,11$（即 $r=5$）．由定理 4，得

[x]与{x}

$$\overline{S}(150) = (2+3+5+7+11) - 1 + \sum_{\mu=1}^{150} \mu -$$

$$\sum_{\mu=0}^{[\frac{150}{2}]} 2\mu - \sum_{\mu=0}^{[\frac{150}{3}]} 3\mu - \sum_{\mu=0}^{[\frac{150}{5}]} 5\mu - \sum_{\mu=0}^{[\frac{150}{7}]} 7\mu -$$

$$\sum_{\mu=0}^{[\frac{150}{11}]} 11\mu + \sum_{\mu=0}^{[\frac{150}{2\times3}]} 6\mu + \sum_{\mu=0}^{[\frac{150}{2\times7}]} 14\mu +$$

$$\sum_{\mu=0}^{[\frac{150}{2\times11}]} 22\mu + \sum_{\mu=0}^{[\frac{150}{3\times5}]} 15\mu + \sum_{\mu=0}^{[\frac{150}{3\times7}]} 21\mu +$$

$$\sum_{\mu=0}^{[\frac{150}{3\times11}]} 33\mu + \sum_{\mu=0}^{[\frac{150}{5\times7}]} 35\mu + \sum_{\mu=0}^{[\frac{150}{5\times11}]} 55\mu +$$

$$\sum_{\mu=0}^{[\frac{150}{7\times11}]} 77\mu - \sum_{\mu=0}^{[\frac{150}{2\times3\times5}]} 30\mu - \sum_{\mu=0}^{[\frac{150}{2\times3\times7}]} 42\mu -$$

$$\sum_{\mu=0}^{[\frac{150}{2\times3\times11}]} 66\mu - \sum_{\mu=0}^{[\frac{150}{2\times5\times7}]} 70\mu - \sum_{\mu=0}^{[\frac{150}{2\times5\times11}]} 110\mu -$$

$$\sum_{\mu=0}^{[\frac{150}{2\times7\times11}]} 154\mu - \sum_{\mu=0}^{[\frac{150}{3\times5\times7}]} 105\mu -$$

$$\sum_{\mu=0}^{[\frac{150}{3\times5\times11}]} 165\mu - \sum_{\mu=0}^{[\frac{150}{3\times7\times11}]} 231\mu -$$

$$\sum_{\mu=0}^{[\frac{150}{5\times7\times11}]} 385\mu + \cdots = 27 + \frac{150\times151}{2} -$$

$$(2\times\frac{75\times76}{2} + 3\times\frac{50\times51}{2} + 5\times\frac{30\times31}{2} +$$

$$7\times\frac{21\times22}{2} + 11\times\frac{13\times14}{2}) + 6\times$$

$$\frac{25\times26}{2} + 10\times\frac{15\times16}{2} + 14\times\frac{10\times11}{2} +$$

第 12 章 容斥原理及其应用

$$22 \times \frac{6 \times 7}{2} + 15 \times \frac{10 \times 11}{2} + 21 \times \frac{7 \times 8}{2} +$$

$$33 \times \frac{4 \times 5}{2} + 35 \times \frac{4 \times 5}{2} + 55 \times \frac{2 \times 3}{2} +$$

$$77 \times 1 - (30 \times \frac{5 \times 6}{2} + 42 \times \frac{3 \times 4}{2} + 66 \times$$

$$\frac{2 \times 3}{2} + 70 \times \frac{2 \times 3}{2} + 110 \times 1 + 0 + 105 \times$$

$$1 + 0 + 0 + 0) + 0 + 0 + 0 + 0 - 0 = 27 +$$

$$11\ 325 - (5\ 700 + 3\ 825 + 2\ 325 + 1\ 617 +$$

$$1\ 001) + (1\ 950 + 1\ 200 + 770 + 462 +$$

$$825 + 588 + 330 + 350 + 165 + 77) -$$

$$(450 + 252 + 198 + 210 + 110 + 105) =$$

$$11\ 352 + 6\ 717 - (14\ 468 + 1\ 325) =$$

$$18\ 069 - 15\ 793 - 2\ 276.$$

故前 150 个自然数中之全体素（由例知，共 35 个）之和为 2 276.

例 5 将与 105 互素的所有正整数从小到大排成数列，试求出这个数列的第 1 000 项.

（1994 年全国高中数学联赛题）

为叙述简便，我们用 $S(n)$ 表示不超过 n（$n \in \mathbf{N}$）且与 105 互素的正整数的个数，用 $T(n)$ 表示不超过 n 且与 105 不互素的正整数的个数，显然，$n = S(n) + T(n)$，并记题述数列为 $a_1, a_2, \cdots, a_n, \cdots$.

解法 1 分段计算，从前面往后找 $a_{1\ 000}$.

因为
$$105 = 3 \times 5 \times 7$$

所以
$$T(105) = \left[\frac{105}{3}\right] + \left[\frac{105}{5}\right] + \left[\frac{105}{7}\right] - \left[\frac{105}{3 \times 5}\right] -$$

$$[\frac{105}{5\times 7}] - [\frac{105}{3\times 7}] + [\frac{105}{3\times 5\times 7}] = 35 +$$
$$21 + 15 - 7 - 5 - 3 + 1 = 57$$

所以 $S(105) = 105 - 57 = 48$.

对任意 $n \in \mathbf{N}, n$ 可表示为 $105k + r, k = 0, 1, 2, \cdots$, $1 \leqslant r \leqslant 105$, 且 $(n, 105) = 1 \Leftrightarrow (105 + r, 105) = 1 \Leftrightarrow (r, 105) = 1$. 把 N 分成这样的一些子集: $N_1 = \{1, 2, \cdots, 105\}, N_2 = \{105 + 1, 105 + 2, \cdots, 105 + 105\}, \cdots, N_{k+1} = \{105k + 1, 105k + 2, \cdots, 105k + 105\}, \cdots$, 则在每个子集内均有 48 个数与 105 互素.

因为 $1\ 000 = 48 \times 20 + 40$

所以 $a_{1\ 000}$ 在
$$N_{21} = \{105 \times 20 + 1, 105 \times 20 + 2, \cdots,$$
$$105 \times 20 + 105\}$$

内, 即
$$a_{100} = 105 \times 20 + a_{40}$$

而 $a_{40} = 86$, 所以 $a_{1\ 000} = 2\ 186$.

解法 2 由小到大逐步逼近 $a_{1\ 000}$. 计算得
$$S(1\ 000) = 1\ 000 - [\frac{1\ 000}{3}] - [\frac{1\ 000}{5}] - [\frac{1\ 000}{7}] +$$
$$[\frac{1\ 000}{3\times 5}] + [\frac{1\ 000}{3\times 7}] + [\frac{1\ 000}{5\times 7}] -$$
$$[\frac{1\ 000}{3\times 5\times 7}] = 457 < 1\ 000.$$

同理计算得 $S(2\ 000) < 1\ 000$.

再计算得 $S(2\ 100) = 960$.

从 2 100 开始往后找, 找到第四十个与 105 互素的数为 2 186, 所以 $a_{1\ 000} = 2\ 186$.

解法 3 用欧拉函数作工具求 $a_{1\ 000}$.

第 12 章 容斥原理及其应用

由欧拉函数 $\varphi(n)$ 的性质可得
$$\varphi(105) = \varphi(3 \times 5 \times 7) =$$
$$105\left(1 - \frac{1}{3}\right)\left(1 - \frac{1}{5}\right)\left(1 - \frac{1}{7}\right) = 48$$

再用类似于解法 1 的方法,得 $a_{1\,000} = 2\,186$.

例 6 100 个火柴盒,标号为 1 至 100. 我们可以问其中任 15 个盒子总共含有的火柴为奇数或偶数,至少要问几个问题才能确定 1 号盒子里的火柴数的奇偶性?

解 以 E_2 表示介于 104 和 208 之间的所有 2 的倍数集合,类似地定义 E_3, E_5, E_7. 容易求出

$$|E_2| = \left[\frac{208}{2}\right] - \left[\frac{103}{2}\right] = 104 - 51 = 53$$

$$|E_3| = \left[\frac{208}{3}\right] - \left[\frac{103}{3}\right] = 69 - 34 = 35$$

$$|E_5| = \left[\frac{208}{5}\right] - \left[\frac{103}{5}\right] = 41 - 20 = 21$$

$$|E_7| = \left[\frac{208}{7}\right] - \left[\frac{103}{7}\right] = 29 - 14 = 15$$

$$|E_2 E_3| = \left[\frac{208}{6}\right] - \left[\frac{103}{6}\right] = 34 - 17 = 17$$

$$|E_2 E_5| = \left[\frac{208}{10}\right] - \left[\frac{103}{10}\right] = 20 - 10 = 10$$

$$|E_2 E_7| = \left[\frac{208}{14}\right] - \left[\frac{103}{14}\right] = 14 - 7 = 7$$

$$|E_3 E_5| = \left[\frac{208}{15}\right] - \left[\frac{103}{15}\right] = 13 - 6 = 7$$

$$|E_3 E_7| = \left[\frac{208}{21}\right] - \left[\frac{103}{21}\right] = 9 - 4 = 5$$

$$|E_5 E_7| = \left[\frac{208}{35}\right] - \left[\frac{103}{35}\right] = 5 - 2 = 3$$

$$|E_2E_3E_5| = \left[\frac{208}{30}\right] - \left[\frac{103}{30}\right] = 6 - 3 = 3$$

$$|E_2E_3E_7| = \left[\frac{208}{42}\right] - \left[\frac{103}{42}\right] = 4 - 2 = 2$$

$$|E_2E_5E_7| = \left[\frac{208}{70}\right] - \left[\frac{103}{70}\right] = 2 - 1 = 1$$

$$|E_3E_5E_7| = \left[\frac{208}{105}\right] = 1, |E_2E_3E_5E_7| = 0$$

所以由容斥原理知

$$|E_2 \cup E_3 \cup E_5 \cup E_7| = (53 + 35 + 21 + 15) - (17 + 10 + 7 + 7 + 5 + 3) + (3 + 2 + 1 + 1) = 124 - 49 + 7 = 82$$

这说明在区间 $[104, 208]$ 中不能被 $2, 3, 5, 7$ 任何一数整除的共有 $(208 - 103) - 82 = 23$ 个数(实际上这中间有 19 个素数 $107, 109, 113, \cdots, 197, 199$ 以及另外 4 个数是 $11^2 = 121, 13^2 = 169, 11 \times 13 = 143, 11 \times 17 = 187$). 任取的 28 个即使包含了全部这 23 个数,还有 5 个数必须取自集合 $E_2 \cup E_3 \cup E_5 \cup E_7$,从而至少有两个数取自同一个 E_i,则该二数不互素.

例 7　一次会议有 1 990 位数学家参加,每人至少有 1 327 位合作者. 证明可以找到 4 位数学家,他们中每两个人都合作过.

(1990 年第 31 届 IMO 备选题)

证明　设数学家 a_1 与 a_2 合作过. 与 a_i 合作过的数学家的集合记为 A_i,则

$$|A_1 \cap A_2| = |A_1| + |A_2| - |A_1 \cup A_2| \geq$$
$$2 \times 1 327 - 1 990 > 0$$

从而有数学家 $a_3 \in A_1 \cap A_2$.

$$|A_1 \cap A_2 \cap A_3| = |A_1 \cap A_2| + |A_3| -$$
$$|(A_1 \cap A_2) \cup A_3| \geq$$

第12章 容斥原理及其应用

$$3 \times 1327 - 2 \times 1990 = 1$$

所以有数学家 a_1, a_2, a_3, a_4 即为所求.

例8 若 n 盏灯各被一个开关单独控制,开关按自然数顺序从 1 到 n 编号. 现对开关作如下 m 次操作:$T_1, T_2, \cdots, T_m$,第 j 次操作记作 T_j,它表示对于 i, $1 \leqslant i \leqslant n, (i,j) = 1$ 时,就把第 i 号开关拉一下. 如操作 T_1,因 $(1,i) = 1, i = 1, 2, \cdots, n$,就将全部开关都拉一下. 若 $n = 1989$ 且 n 个灯泡的初始状态都是亮的. 试问:当 $m = 1989$ 时,编号为 100 及 1989 的灯泡是亮开还是熄灭?

解 若执行了 m 次操作后,某号开关拉了奇数次,它就是熄灭的,而当某号开关拉了偶数次,那它就是亮开的.

由于 $100 = 2^2 \times 5^2$,故在 $1, 2, \cdots, 1989$ 中与 100 互素的正整数的个数即为 $1, 2, \cdots, 1989$ 中不能被 2 或 5 整除的数的个数,即为 $B(1989, 2, 5)$

$$B(1989, 2, 5) = [1989] - \left[\frac{1989}{2}\right] - \left[\frac{1989}{5}\right] + \left[\frac{1989}{2 \cdot 5}\right] =$$
$$1989 - 994 - 397 + 198 = 796$$

$B(1989, 2, 5)$ 为偶数,因此,经过 1989 次操作后,第 100 号开关拉了偶数次,因而它是亮的

$$1989 = 3^2 \times 13 \times 17$$

$$B(1989, 3, 13, 17) = [1989] - \left[\frac{1989}{3}\right] - \left[\frac{1989}{13}\right] -$$
$$\left[\frac{1989}{17}\right] + \left[\frac{1989}{3 \times 17}\right] + \left[\frac{1989}{3 \times 17}\right] +$$
$$\left[\frac{1989}{3 \times 17}\right] - \left[\frac{1989}{3 \times 13 \times 17}\right] =$$
$$1989 \times (1 - \frac{1}{3}) \times (1 - \frac{1}{13}) \times$$

$$(1-\frac{1}{17})=3\times2\times12\times16$$

也为偶数,故经过1 989次操作后,第1 989号灯泡是亮开的.

例9 设S是复平面上的单位圆周(即模等于1的复数的集合),f是从S到S的映射,对于任何$Z\in S$,定义$f^{(1)}(Z)=f(Z),f^{(2)}(Z)=f(f(Z)),\cdots,f^{(k)}(Z)=\underbrace{f(f(\cdots(f(x))))}_{k\uparrow}$. 如果$a\in S$及自然数$n$,使得

$$f^{(1)}(c)\neq c,f^{(2)}(c)\neq c,\cdots,f^{(n-1)}(c)\neq c,f^{(n)}(c)=c$$

我们说c是f的n—周期点.

设m是大于1的自然数,f的定义如下

$$f(Z)=Z^m\quad(Z\in S)$$

试计算f的1 989—周期点的点数.

解 设k为f的1 989—周期点所成的集合. 定义$B_n=\{Z|f^{(n)}(Z)=Z\}$,显然k一定是$B_{1\,989}$的子集,但是$B_{1\,989}$中还含有不是k中的点,应把它们去掉,$B_{1\,989}$中这样的点Z_0应被除去:$f^{(1\,989)}(Z_0)=Z_0$且有自然数l使$l<1\,989$且$f^{(l)}(Z_0)=Z_0$,在这样的所有l中,一定有一个最小的数,记为S,使$f^{(s)}(Z_0)=Z_0$,必须指出,此时$S|1\,989$. 如若不然,可设

$$1\,989=S\times t+r(t,r\text{为自然数})$$

且$0\leqslant r<s$,于是

$$Z_0=f^{(1\,989)}(Z_0)=f^{(st+r)}(Z_0)=$$
$$f^{(r)}(f^{(s)}f^{(s)}\cdots f^{(s)}(Z_0))=f^{(r)}(Z_0)$$

这与l的最小值矛盾,这表明

$k=B_{1\,989}\setminus\{Z|f^{(s)}(Z)=Z_0,\text{自然数}S|1\,989\text{且}S<1\,989\}$

即$B_{1\,989}\setminus\cup B_s$,其中$1\leqslant S<1\,989$且$S|1\,989$;也就是说,$S$取遍1 989的一切真因子. 由于

第12章 容斥原理及其应用

$$1\,989 = 3^2 \times 13 \times 17 = 153, 3^2 \times 13 = 117$$

这三数中的某一个真因子. 所以

$$\cup B_s = B_{117} \cup B_{153} \cup B_{663} (1 \leq S < 1\,989, S | 1\,989)$$

所以 $k = B_{1\,989} \setminus (B_{117} \cup B_{153} \cup B_{663})$,由容斥原理得

$$|B_{117} \cup B_{153} \cup B_{663}| = |B_{117}| + |B_{153}| + |B_{663}| -$$
$$|B_{153} \cap B_{663}| - |B_{117} \cap B_{663}| -$$
$$|B_{117} \cap B153| + |B_{153} \cap B_{117} \cap B_{663}|$$

由前面的分析可知 $B_i \cap B_j = B_{(i,j)}$,这里 (i,j) 表示 i 与 j 的最大公因数,故

$$B_{153} \cap B_{663} = B_{51}, B_{117} \cap B_{663} = B_{39}$$
$$B_{117} \cap B_{153} = B_9, B_{117} \cap B_{153} \cap B_{663} = B_3$$

但是,我们的 $f = Z^m$,故

$$B_k = \{Z | Z^{m^k} = Z, Z \neq 1\} = \{Z | Z^{m^k - 1} = 1\}$$

由此可见,$|B_k| = m^k - 1$,故

$$|k| = (m^{1\,989} - 1) - (m^{117} - 1) - (m^{153} - 1) -$$
$$(m^{663} - 1) + (m^9 - 1) + (m^{39} - 1) +$$
$$(m^{51} - 1) - (m^3 - 1) = m^{1\,989} - m^{117} -$$
$$m^{153} - m^{663} + m^9 + m^{39} + m^{51} - m^3$$

例 10 $S = \{1, 2, \cdots, 280\}$,求最小的 n 使得 S 中的任一 n 元子集中必有 5 个元素两两互素.

(1991 年第 32 届 IMO 试题)

解 设 $A_1 = \{k | k \in S, 2 | k\}, A_2 = \{k | k \in S, 3 | k\}$,$A_3 = \{k | k \in S, 5 | k\}, A_4 = \{k | k \in S, 7 | k\}, A = A_1 \cup A_2 \cup A_3 \cup A_4$. 易知

$$|A_1| = \left[\frac{280}{2}\right] = 140, |A_2| = 93, |A_3| = 56, |A_4| = 40$$

$$|A_1 \cap A_2| = \left[\frac{280}{2 \times 3}\right] = 46, |A_1 \cap A_3| = 28, |A_1 \cap A_4| = 20$$

$|A_2 \cap A_3| = 18, |A_2 \cap A_4| = 13$

$|A_3 \cap A_4| = 8, |A_1 \cap A_2 \cap A_3| = [\frac{280}{2 \times 3 \times 5}] = 9$

$|A_1 \cap A_2 \cap A_4| = 6, |A_1 \cap A_3 \cap A_4| = 4, |A_2 \cap A_3 \cap A_4| = 2$

$|A_1 \cap A_2 \cap A_3 \cap A_4| = [\frac{280}{2 \times 3 \times 5 \times 7}] = 1$

由容斥原理,得

$|A| = |A_1 \cup A_2 \cup A_3 \cup A_4| =$
$140 + 93 + 56 + 40 - 46 - 28 - 20 - 18 - 13 -$
$8 + 9 + 6 + 4 + 2 - 1 = 216$

对于 A 中的任意 5 个元素,根据抽屉原则,必定有两个元素属于同一个 $A_i (1 \leqslant i \leqslant 4)$,这两个元素不互素,故我们证明了 $n > 216$.

另一方面,令

$B_1 = \{1\} \cup \{S$ 中的全体素数$\}$

$B_2 = \{2^2, 3^2, 5^2, 7^2, 11^2, 13^2\}$

$B_3 = \{2 \times 131, 3 \times 89, 5 \times 53, 7 \times 37, 11 \times 23, 13 \times 19\}$

$B_4 = \{2 \times 127, 3 \times 83, 5 \times 47, 7 \times 31, 11 \times 9, 13 \times 17\}$

$B_5 = \{2 \times 113, 3 \times 79, 5 \times 43, 7 \times 29, 11 \times 17\}$

$B_6 = \{2 \times 109, 3 \times 73, 5 \times 41, 7 \times 23, 11 \times 23\}$

易知

$|B_1| = 60$,令 $B = B_1 \cup B_2 \cup B_3 \cup B_4 \cup B_5 \cup B_6$

则

$|B| = 60 + 6 + 6 + 6 + 5 + 5 = 88$

在 S 中任取 217 个元素,则至少有 $217 - 192 = 25$ 个元素属于 B,这 25 个元素中至少有 $[\frac{25}{6}] + 1 = 5$ 个元素属于某个 $B_i (1 \leqslant i \leqslant 6)$,而 B_i 中的数是两两互素的,这就是说,S 中每个有 217 个元素的子集都含有 5

个两两互素的数.

综上可知,n 的最小值为 217.

练 习 九

1. 试求从 1 到 500 的自然数中,那些不能被 3 或 5 任何一个整除的数的个数.
2. 求小于 780 与 780 互质的数的个数 $\varphi(60)$.
3. 求不超过 120 的质数的个数.
4. 求前 100 个自然数中不是 2 的倍数,也不是 3 的倍数,也不是 5 的倍数,还不是 7 的倍数的数之和.
5. 求前 120 个正整数中的全体素数之和.
6. 设 $S(M)$ 表示集合 M 的所有子集个数的和.如果集合 A,B,C 满足 $S(A)+S(B)+S(C)=S(A\cup B\cup C)$,且 $|A|=|B|=100$,求 $|A\cap B\cap C|$ 的最小值.
7. 三个圆形纸片 A,B,C 放在桌子上,已知三个纸片不能同时用针扎起,那么这三个纸片所盖住的面积 $S\geqslant \frac{1}{2}(|A|+|B|+|C|)$,其中 $|A|$ 表示圆 A 的面积.
8. 已知 A 钟每 4 秒敲一下,B 钟每 5 秒敲一下,C 钟每 6 秒敲一下,新年来到时,三种同时敲响同时停敲,某人一共听到 365 声钟响,问 A,B,C 三具钟各敲了几下?

格点问题

格点问题又称整点问题. 就是指平面直角坐标系中纵、横坐标都是整数的点的问题.

先介绍一下与格点有关的定理.

毕克(Pick)定理1 若整点三角形的面积为 S,三角形内部的整点数为 N,三角形边界上的整点数(包括顶点)为 L,则

$$S = N + \frac{L}{2} - 1$$

证明 (1)先考虑四边平行于坐标轴的整点矩形 $ABCD$(图 13.1). 设 $AB = m$, $AD = n$,则 $S_{矩形} = mn$,矩形内部的整点数 $N = (m-1)(n-1)$,矩形边上的整点数

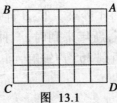

图 13.1

$$L = 2(m+1) + 2(n-1) = 2(m+n)$$

得

$$N + \frac{L}{2} - 1 = (m-1)(n-1) + \frac{2(m+n)}{2} - 1 =$$

$$mn = S_{矩形}$$

因此,对四边平行于坐标轴的整点矩形 ABCD 来说,定理成立.

（2）再考虑两直角边分别与坐标轴平行的 Rt△ABC(图 13.2). 设 AB,BC 均平行于坐标轴,过 A 作 AD∥BC,过 C 作 CD∥AB,得整点矩形 ABCD,显然其面积是 Rt△ABC 的 2 倍. 令 N_1,L_1 分别表示三角形内部、边上的整点数,N_2,L_2 分别表示矩形内部、边上的整点数.

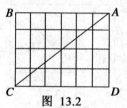

图 13.2

(i)若 Rt△ABC 的斜边 AC 上无整点,则由对称性知

$$N_1 = \frac{1}{2}N_2, \quad L_1 = \frac{L_2}{2} + 1$$

所以

$$N_1 + \frac{L_1}{2} - 1 = \frac{1}{2}(N_2 + \frac{L_2}{2} - 1) = \frac{1}{2}S_{矩形} = S$$

(ii)若 Rt△ABC 的斜边 AC 上有 r 个整点,则由对称性知

$$N_1 = \frac{1}{2}N_2 - \frac{r}{2}, \quad L_1 = \frac{L_2}{2} + 1 + r$$

所以

$$N_1 + \frac{L_1}{2} - 1 = \frac{N_2}{2} - \frac{r}{2} + \frac{1}{2}(\frac{1}{2}L_2 + 1 + r) - 1 =$$

$$\frac{1}{2}(N_2 + \frac{1}{2}L_2 - 1) = \frac{1}{2}S_{矩形} = S$$

由(i),(ii)知,对两直角边分别和坐标轴平行的直角三角形来说,定理成立.

(3)最后来证明任意的整点 $\triangle ABC$.

(i)若 $\triangle ABC$,如图 13.3 所示,经过顶点分别作坐标轴的平行线,相交得整点矩形 $ADEF$,同时得 $Rt\triangle ADB, Rt\triangle BEC, Rt\triangle AFC$,分别用 Ⅰ, Ⅱ, Ⅲ 表示其相应的量. 设整点矩形 $ADEF$ 的边 $AD = m, DE = n$. 则

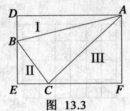

图 13.3

$$S + S_Ⅰ + S_Ⅱ + S_Ⅲ = mn \qquad ①$$
$$N + N_Ⅰ + N_Ⅱ + N_Ⅲ + L - 3 = (m-1)(n-1) \qquad ②$$
$$L + L_Ⅰ + L_Ⅱ + L_Ⅲ - 2L = 2(m+n) \qquad ③$$

由 $① - ② - \frac{1}{2} \times ③$,得

$$[S - (N + \frac{L}{2})] + [S_Ⅰ - (N_Ⅰ + \frac{L_Ⅰ}{2}) + 1] +$$

$$[S_Ⅱ - (N_Ⅱ + \frac{L_Ⅱ}{2}) + 1] + [S_Ⅲ - (N_Ⅲ + \frac{L_Ⅲ}{2}) + 1] =$$

$$mn - (mn - n - m + 1) - (m + n) = -1$$

即

$$S - (N + \frac{L}{2}) = -1$$

所以 $$S = N + \frac{L}{2} - 1$$

(ii)若 $\triangle ABC$ 如图 13.4 所示. 可以用类似的方法来予以证明.

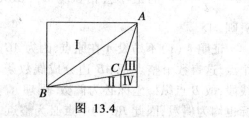

图 13.4

由(i),(ii)知,对于整点三角形总有

$$S = N + \frac{L}{2} - 1$$

例1 求证:不可能有整点正三角形.

证明 假设存在整点 $\triangle ABC$,则根据上面的定理有

$$S = N + \frac{L}{2} - 1 \qquad ①$$

此正三角形的面积又可表示为

$$S = \frac{\sqrt{3}}{4}[(x_A - x_B)^2 + (y_A - y_B)^2] \qquad ②$$

因为 x_A, x_B, y_A, y_B 都是整数,所以 $(x_A - x_B)^2 + (y_A - y_B)^2$ 也是整数.

因此,由式②知它的面积是个无理数,这与式①所示的它的面是个有理数相矛盾.

故不可能存在整点正三角形.

例2 整点 $\triangle ABC$ 的边 AB, AC 上除端点外分别有奇数个整点.

(1)求证:边 BC 上除端点外还有奇数个整点;

(2) $\triangle ABC$ 三边上除端点外分别有 $m, n, p(m, n, p$ 均为奇数)个整点,记 $\dfrac{(m+1)(n+1)}{2}$, $\dfrac{(n+1)(p+1)}{2}$, $\dfrac{(p+1)(m+1)}{2}$ 的最小公倍数为 d,$\triangle ABC$ 的面积为 S,则 $d \mid S$.

证明 (1) 不妨设 A 在原点,因为 AB 边上有奇数个点,这奇数个整点把 AB 边分成偶数条长度相等的线段,故 B 点纵横坐标必为偶数. 同理,C 点的纵横坐标也均为偶数,因此 BC 的中点必为整点,故 BC 边上有奇数个整点.

(2) 设边 AB, AC 上靠点 A 最近的整点为 M_1, M_2,联结 M_1M_2,则 $AM_1 = \dfrac{1}{m+1}AB$,$AM_2 = \dfrac{1}{n+1}AC$. 故

$$S = (m+1)(n+1) S_{\triangle AM_1M_2}$$

由毕克定理 1 知,整点 $\triangle AM_1M_2$ 的面积要么是整数,要么是半整数(即 $\dfrac{a}{2}$ 的形式,其中 a 为整数),故

$$\dfrac{(m+1)(n+1)}{2} \mid S$$

同理可知

$$\dfrac{(n+1)(p+1)}{2} \mid S, \dfrac{(p+1)(m+1)}{2} \mid S$$

所以 $d \mid S$.

例3 设 $\triangle ABC$ 的顶点的坐标是整数,且在 $\triangle ABC$ 的内部只有一个整点(但在边上允许有整点). 求证: $\triangle ABC$ 的面积 $\leq \dfrac{9}{2}$.

(1990 年第 31 届 IMO 候选题)

证明 设 O 为 $\triangle ABC$ 内的整点,边 BC, CA, AB 的

中点分别为 A_1, B_1, C_1. 显然,O 在 $\triangle A_1B_1C_1$ 内部或它的边界上. 否则,由于 A, B, C 关于 O 的对称点均为整点,在 $\triangle ABC$ 内就不止一个整点.

设 A_2 是点 A 关于 O 的对称点,D 是平行四边形 $ABCD$ 的第四个顶点(图 13.5),则 A_2 为 $\triangle BCD$ 的内点或在它的边界上.

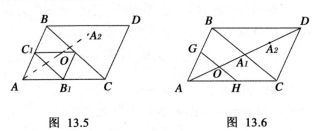

图 13.5　　　　　图 13.6

(1)A_2 为 $\triangle BCD$ 的内点.

因为 A_2 是整点,所以 A_2 就是 O 关于平行四边形 $ABCD$ 中心 A_1 的对称点——$\triangle BCD$ 内唯一的整点. A,O,A_2,D 是线段 AD 相继续的整点,所以 $AD=3AO$. 由于 A,B,C 地位相同,O 是 $\triangle ABC$ 的重心,过 O 作线段 $GH /\!/ BC$,若 BC 内部的整点多于两个,则 GH 内部必含有一个不同于 O 的整点(因为 BC 上每两个整点的距离小于等于 $\frac{1}{4}BC$,而 $OG=OH=\frac{1}{3}BC$). 因此,BC 内部至多只有两个整点. AB 与 AC 有同样的结论.

总计,在 $\triangle ABC$ 的周界上整点数小于等于 9. 利用毕克定理 1,得

$$S_{\triangle ABC} \leqslant 1+\frac{9}{2}-1=\frac{9}{2}$$

(2)A_2 在 $\triangle BCD$ 的边界上.

与(1)类似可以推出 BC 内部的整点数不超过 3

(仅当 O 在 B_1C_1 上时出现 3 个整点). AB 与 AC 内部整点数均不能多于 1. 总计, $\triangle ABC$ 边界上整点数小于等于 8, 因此

$$S_{\triangle ABC} \leq 1 + \frac{8}{2} - 1 = 4$$

将毕克定理 1 推广到一般的整点凸 n 边形中, 即

毕克(Pick)定理 2 若整点凸 n 边形的面积为 S, 内部的整点数为 N, 边界上的整点数为 L, 则

$$S = N + \frac{L}{2} - 1$$

证明 用数学归纳法证明.

(1) 当 $n = 3$ 时, 由定理 1, 命题成立.

(2) 假设 $n = k$ 时, 命题成立, 即

$$S_k = N_k + \frac{L_k}{2} - 1 \qquad ①$$

当 $n = k+1$ 时, 如图 13.7 所示. 设整点 $\triangle A_1 A_k A_{k+1}$ 的面积为 S', 内部的整点数是 N', 边上的整点数是 L', 由定理 1 知

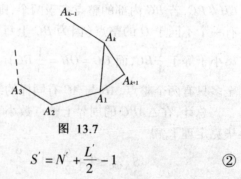

图 13.7

$$S' = N' + \frac{L'}{2} - 1 \qquad ②$$

而 $S_{k+1} = S_k + S'$. 设 $A_1 A_k$ 上除端点外的整点数为 f, $N_{k+1} = N_k + N' + f$, $L_{k+1} = (L_k - f) + [L' - (f+2)]$,

将式①+②,得
$$S_k + S' = N_k + N' + \frac{L_k + L'}{2} - 2$$
即
$$S_{k+1} = N_{k+1} - f + \frac{L_{k+1} + 2f + 2}{2} - 2 =$$
$$N_{k+1} + \frac{L_{k+1}}{2} - 1$$

所以 $n = k+1$ 时命题也成立.

由(1),(2)可知,对 $n \geqslant 3$ 的所有自然数命题成立.

例 4 求证:对边平行且相等的整点凸 $2n$ 边形的面积总是整数.

证明 如图 13.8 所示,因为在整点凸 $2n$ 边形 $A_1 A_2 \cdots A_n$ 中,$A_1 A_2 \underline{\underline{\parallel}} A_{n+1} A_{n+2}$,$A_2 A_3 \underline{\underline{\parallel}} A_{n+2} A_{n+3}$,$\cdots$,$A_n A_{n+1} \underline{\underline{\parallel}} A_{2n} A_1$,可设 $A_1 A_2$ 上除端点外的整点数为 m_1. $A_2 A_3$ 上除端点外的整点数为 m_2,$\cdots$,$A_n A_{n+1}$ 上除端点外的整点数为 m_n. 所以,整点凸 $2n$ 边形 $A_1 A_2 \cdots A_{2n}$ 的边上的整点数

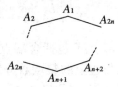

图 13.8

$$L_{2n} = 2(m_1 + m_2 + \cdots + m_n) + 2n =$$
$$2(m_1 + m_2 + \cdots + m_n + n)$$

它是偶数,故 $S_{2n} = N_{2n} + \frac{L_{2n}}{2} - 1$ 一定是个整数.

上面的定理还可以推广为:

定理 3 若整点凹 n 边形($n \geqslant 4$)的面积为 S,内部的整点数为 N,边上的整点数为 L,则

$$S = N + \frac{L}{2} - 1$$

证明 当 $n=4$ 时,凹四边形 $ABCD$ 如图 13.9 所示. 联结 AC,则整点凹四边形 $ABCD$ 可分为两个整点 $\triangle ABC$ 与 $\triangle ACD$,设其面积分别为 S_1, S_2,内部的整点数分别为 N_1, N_2,边上的整点数分别为 L_1, L_2. 于是由定理 2 可知

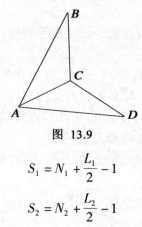

图 13.9

$$S_1 = N_1 + \frac{L_1}{2} - 1$$

$$S_2 = N_2 + \frac{L_2}{2} - 1$$

又设 L_{AC} 是边 AC 上不包括含端点的整点数,则四边形内部的整点数与边上的整点数分别为

$$N_4 = N_1 + N_2 + L_{AC}, \quad L_4 = L_1 + L_2 - 2L_{AC} - 2$$

而四边形的面积

$$S_4 = S_1 + S_2 = N_1 + \frac{L_1}{2} - 1 + N_2 + \frac{L_2}{2} - 1 =$$

$$N_1 + N_2 + L_{AC} + \frac{L_1 + L_2}{2} - L_{AC} - 2 =$$

$$N_1 + N_2 + L_{AC} + \frac{L_1 + L_2 - 2L_{AC} - 2}{2} - 1 =$$

$$N_4 + \frac{L_4}{2} - 1$$

此即定理 3 对于 $n=4$ 时成立.

假定 $n=k$ 时,命题成立. 即有

$$S_n = N_k + \frac{L_k}{2} - 1$$

当 $n = k+1$ 时,由于 $k+1$ 边形是凹的,故至少存在一个如图 13.10 所示的 $A_i A_{i+1} A_{i+2}$ 这样凹进去部份,因此,联结 $A_i A_{i+2}$,则 $k+1$ 边形转化为 k 边形. 设整点 $\triangle A_i A_{i+1} A_{i+2}$ 的面积为 S',内部的整点数为 N',边上的整

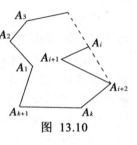

图 13.10

点数为 L',由定理 2 可知,$S' = N' + \frac{L'}{2} - 1$,又设 $A_i A_{i+2}$ 上除端点外的整点数为 f,于是

$$N_{k+1} = N_k - N' - L' + f + 2$$

$$L_{k+1} = (L_k - f) + L' - f - 2 = L_k + L' - 2f - 2$$

由 $L_{k+1} = S_k - S'$ 及归纳假设可知

$$S_k = N_k + \frac{L_k}{2} - 1 - (N' + \frac{L'}{2} - 1) =$$

$$N_k + N' - f - 3 + \frac{L_{k+1} - L' + 2f + 2}{2} - N' - \frac{L'}{2} + 1 =$$

$$N_k + \frac{L_{k+1}}{2} - 1$$

所以命题对 $n = k+1$ 也成立. 根据数学归纳法原理知,命题对一切不小于 4 的自然数都成立.

综合定理 2,定理 3 得

毕克定理　若整点 n 边形的面积为 S,内部的整点数为 N,边上的整点数为 L,则
$$S = N + \frac{L}{2} - 1$$

例 5　设 S 是 $n \times n$ 的正方形. 试证:不论 S 在格点平面上的位置如何,都不会盖住多于 $(n+1)^2$ 个格点.

证明　如果正方形 S 的四个顶点均为格点,且平行于坐标轴,则它恰好盖住 $(n+1)^2$ 个格点.

如图 13.11,设 H 是包含在正方形 S 内,并且每个顶点都是格点的最大凸多边形(如果 S 的每个顶点都是格点,则 S 与 H 重合). 于是 H 的面积不会超过 S 的面积,H 的面积 $\leq n^2$. 根据毕克定理,得

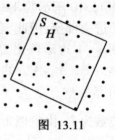

图 13.11

$$S_H = q + \frac{p}{2} - 1 \leq n^2$$

$$q + \frac{p}{2} \leq n^2 + 1 \quad \text{①}$$

其中 q 和 p 分别表示多边形 H 内部及边上的格点数. 另外,注意到正方形 S 的周长不小于凸多边形 H 的周长,则 H 的周长小于等于 $4n$. 由于两个格点之间的最小距离是 1,故多边形 H 的边上至多有 $4n$ 个格点,进而 $p \leq 4n$. 所以

$$\frac{p}{2} \leq 2p \quad \text{②}$$

综合①与②可得,正方形 S 所盖住的格点数为

$$q+p \leqslant n^2+1+2n=(n+1)^2$$

下面几道问题是与平面区域有关的格点问题.

例 6 当 m 是正整数时,在曲线 $y=x^2-4x+2m+3$ 和直线 $y=2mx$ 所围成区域内(包括边界)所含有的整数点有多少个?

解 抛物线
$$y=x^2-4x+2m+3$$
和直线 $y=2mx$ 交点的横坐标为方程
$$x^2-4x+2m+3=2mx$$
的实根,即
$$x_1=1, x_2=2m+3$$
对于满足 $1 \leqslant i \leqslant 2m+3$ 的整点 i, $x=i$ 与直线 $y=2mx$ 的交点 A_i 是整点 $(i, 2mi)$,与抛物线的交点 B_i 是整点 $(i, i^2-4i+2m+3)$,如图 13.12 所示. 于是 A_iB_i 上的整点个数为 $2mi-(i^2-4i+2m+3)+1$. 所以区域内(包括边界)的整点总数为

$$\sum_{i=1}^{2m+3}[2mi-(i^2-4i+2m+3)+1]=$$
$$\sum_{i=1}^{2m+3}[-i^2+2(m+2)i-2(m+1)]=$$
$$-\frac{1}{6}(2m+3)(2m+4)(4m+7)(2m+3) \cdot$$
$$\frac{(2m+3)(2m+4)}{2}-2(m+1)(2m+3)=$$
$$\frac{1}{3}(2m+3)(2m^2+3m+4)$$

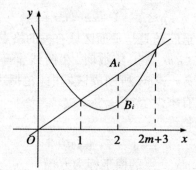

图 13.12

例 7 已知 x,y 都是两位的正整数,且 $x>y, x+y<100$. 问 x,y 的解有多少组?

解 由题意,x,y 满足

$$\begin{cases} 10 \leqslant x < 100 \\ y < x \\ x+y < 100 \end{cases} \Leftrightarrow \begin{cases} 10 \leqslant y < 100 \\ 10 \leqslant y < x \\ x+y < 100 \end{cases} \quad ①$$

在直角坐标系中表示①,如图 13.13 中 $\triangle ABC$ 区域(含 AB,不含 AC,BC)中的整点数就是所求的解的组数.

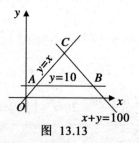

图 13.13

易知 $A(10,10)$,$B(90,10)$,$C(50,50)$. 所以 $\triangle ABC$ 为整点三角形,且

$$m = (90-10-1) + (90-10-2) + 3 = 160$$

第13章 格点问题

$$S_{\triangle ABC} = \frac{1}{2} \times 80 \times 40 = 1\,600$$

于是根据毕克定理知

$$n = S_{\triangle ABC} - \frac{m}{2} + 1 = 1\,600 - 80 + 1 = 1\,521$$

而线段 AB 内有 $90 - 10 - 1 = 79$ 个整点,故满足①的整点有 $1\,521 + 79 = 1\,600$ 个.

所以,满足题意的解有 1 600 组.

下面再介绍一个简单的命题.

定理 函数 $y = f(x)$ 在 (Q, S) 上连续,且函数值非负,则在区域 $Q < x \leqslant S, 0 < y \leqslant f(x)$ 内的整点个数为 $\sum_{Q < x \leqslant S} [f(x)]$.

由于区域 $Q < x \leqslant S, 0 < y \leqslant f(x)$ 内的整点无明显秩序,不便计数,我们按整点横坐标的不同取值分类计数. 设 (Q, S) 上最小的整数是 x_0,可以分成 $x_0, x_0 + 1, x_0 + 2 + \cdots, [S]$ 这样几类. 当 $x = x_0 + k(0 \leqslant k \leqslant [S] - 1)$ 时,y 的可取值是 $1, 2, \cdots, [f(x_0)]$,共 $[f(x_0)]$ 个,利用加法原理就可以求出全部整点数.

证明 对任一个 $x_0 \in (Q, S)$,在给定的区域内沿直线 $x = x_0$ 有 $[f(x_0)]$ 个整点. 由加法原理,所求的整点数是 $\sum_{Q < x \leqslant S} [f(x)]$.

例 8 位于直线 $y = \frac{2}{3}x - \frac{1}{2}, x = 10$ 和横坐标轴形成的三角形内部和边界上的整点有多少个?

解 由定理知,所求的整点个数为

$$\sum_{0 < x \leqslant 10} \left[\frac{2}{3}x - \frac{1}{2}\right] + 10 =$$
$$\left[\frac{2}{3} - \frac{1}{2}\right] + \left[\frac{4}{3} - \frac{1}{2}\right] + \cdots + \left[\frac{20}{3} - \frac{1}{2}\right] + 10 =$$

$$\left[\frac{1}{6}\right]+\left[\frac{5}{6}\right]+\left[\frac{3}{2}\right]+\left[\frac{13}{6}\right]+\left[\frac{17}{6}\right]+\left[\frac{7}{2}\right]+$$

$$\left[\frac{25}{6}\right]+\left[\frac{29}{6}\right]+\left[\frac{11}{2}\right]+\left[\frac{37}{6}\right]+10=37$$

下面讨论一个特殊区域的格点数.

定理 平面区域 G

$$\begin{cases} x\geq 0, y\geq 0 \\ \dfrac{x}{a}+\dfrac{y}{b}\leq 1 \end{cases} \quad (a,b\in \mathbf{R}^+)$$

内的格点数

$$N=\sum_{i=1}^{[b]}[x_i]-L \qquad ①$$

其中 x_i 表示过点 $(0,i)$ 的直线 $y=i(i=1,2,\cdots,[b])$ 与直线 $\dfrac{x}{a}+\dfrac{y}{b}=1$ 交点 A_i 的横坐标,L 表示 x_i 为正整数的个数.

证明 显然,在每一条直线 $y=i$ 上位于点 $(0,i)$,点 A_i 之间的内格点数为 $[x_i]$ 个,而在区域内的直线 $y=i$ 共有 $[b]$ 条,因此,这些直线上共有格点 $\sum_{i=1}^{[b]}[x_i]$ 个;但当 x_i 为整数时,在 $[x_i]$ 中有一个格点 $(x_i, b-\dfrac{b}{a}x_i)$ 是直线 $\dfrac{x}{a}+\dfrac{y}{b}=1$ 上的点,如果 x_i 是整数的共有 L 个,那么区域 G 内部的格点必为 $N=\sum_{i=1}^{[b]}[x_i]-L$.

我们注意到 $x_i=a+(-\dfrac{a}{b}i)$,易知 x_i 是以 $-\dfrac{a}{b}$ 为公差的等差数列的各项. 因此,x_i 的计算也是不难的.

例9 某同学拿 5 元钱买纪念邮票,桌面 4 分钱的每套 5 张,8 分钱的每套 4 张,如果每种至少买一

第13章 格点问题

套,共有几种买法?

解 设桌面4分钱的买 x 套,8分钱的买 y 套,则 $20x+32y\leqslant 500$ 或 $\dfrac{x}{25}+\dfrac{y}{15.625}\leqslant 1$. 满足题设条件的所有买法,即求区域

$$G\begin{cases} x\geqslant 1, y\geqslant 1 \\ \dfrac{x}{25}+\dfrac{y}{15.625}\leqslant 1 \end{cases}$$

的格点数.

由公式①,得

$$x_i = a+\left(-\dfrac{a}{b}\right)i = 25-1.6i$$

当 i 分别取 $1,2,\cdots,15$ 时,有

$$[x_1]=[23.4]=23$$
$$[x_2]=[23.4-1.6]=[21.8]=21$$
$$[x_3]=20,[x_4]=18,[x_5]=17$$
$$[x_6]=15,[x_7]=13,[x_8]=12$$
$$[x_9]=10,[x_{10}]=9,[x_{11}]=7$$
$$[x_{12}]=5,[x_{13}]=4,[x_{14}]=2$$
$$[x_{15}]=1$$

由于 x_i 为整数时,$[x_i]$ 个格点都符合题设条件,因此,共有买法种数是

$$N=\sum_{i=1}^{15}[x_i]=177(\text{种})$$

下面再用这个定理来解前面的例7.

由题设知,所求解的组数就是区域

$$D\begin{cases} 10\leqslant y<x \\ x+y<100 \end{cases}$$

的格点数,而区域 D 是图13.14中所示 $\triangle ABC$(不包括

AC,BC)的点集.由图可知,$10 < x < 90, 10 \leqslant y < 50$. 因为 $\triangle ABC$ 内的格点数 = 四边形 $EBCD$ 内的格点数 – 四边形 $EACD$ 的格点数.由公式①知

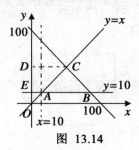

图 13.14

四边形 $EBCD$ 内的格点数

$$N_1 = \sum_{i=10}^{49} [100-i] - L_1$$

其中 L_1 表示 $(100-i)$ 为整数的个数,$L_1 = 40$.

四边形 $EACD$ 内的格点数

$$N_2 = \sum_{i=10}^{49} [i]$$

即

$$N_1 = 90 + 89 + \cdots + 51 - 40 = 2\,780$$
$$N_2 = 10 + 11 + \cdots + 49 = 1\,180$$

所以 $\triangle ABC$ 内的格点数 $= N_1 - N_2 = 1\,600$.

由此例可知,定理中的公式①可以推广到 n 边形的情形.

例 10 $T = \{(x,y) \mid x^2 + y^2 \leqslant r^2, r > 0\}$,求证 T 内的整点数为

$$1 + 4[r] + 8 \sum_{0 < x \leqslant \frac{r}{\sqrt{2}}} [\sqrt{r^2-x^2}] - 4[\frac{r}{\sqrt{2}}]^2$$

证明 T 的区域是以原点 O 为圆心,r 为半径的

第 13 章 格点问题

圆周及圆内部分.

在 T 中位于坐标轴上的整点包括原点和各重合于坐标轴的半径上的整点,这部分的整点共有 $1+4[r]$ 个. 再考虑圆在第一象限内的整点,把圆在第一象限内的点集分成如下两个集合的交

$$T_1 = \{(x,y) \mid 0 < x \leqslant \frac{r}{\sqrt{2}}, 0 < y \leqslant \sqrt{r^2 - x^2}\}$$

$$T_2 = \{(x,y) \mid 0 < y \leqslant \frac{r}{\sqrt{2}}, 0 < x \leqslant \sqrt{r^2 - x^2}\}$$

即

$$T_1 \cup T_2 = \{(x,y) \mid x^2 + y^2 \leqslant r^2, x > 0, y > 0\}$$

由图 13.15 知

$$T_1 \cap T_2 = \{(x,y) \mid 0 < x \leqslant \frac{r}{\sqrt{2}}, 0 < y \leqslant \frac{r}{\sqrt{2}}\}$$

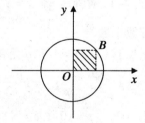

图 13.15

而 $T_1, T_2, T_1 \cap T_2$ 内的整点数各是

$$|T_1| = \sum_{0 < x \leqslant \frac{r}{\sqrt{2}}} [\sqrt{r^2 - x^2}]$$

$$|T_2| = \sum_{0 < y \leqslant \frac{r}{\sqrt{2}}} [\sqrt{r^2 - y^2}]$$

$$|T_1 \cap T_2| = [\frac{r}{\sqrt{2}}]^2$$

[x]与{x}

所以

$$|T| = 1 + 4[r] + 4|T_1 \cup T_2| =$$
$$1 + 4[r] + 4(|T_1| + |T_2| - |T_1 \cap T_2|) =$$
$$1 + 4[r] + 4\sum_{0 < x \leq \frac{r}{\sqrt{2}}} [\sqrt{r^2 - x^2}] + 4\sum_{0 < y \leq \frac{r}{\sqrt{2}}} [\sqrt{r^2 - y^2}] - 4[\frac{r}{\sqrt{2}}]^2 =$$
$$1 + 4[r] + 8\sum_{0 < x \leq \frac{r}{\sqrt{2}}} [\sqrt{r^2 - x^2}] - 4[\frac{r}{\sqrt{2}}]^2$$

练 习 十

1. 求由曲线 $y = \frac{x^2}{4} - 1$、横轴、x 轴、$x = 8$ 所围成的曲边三角形上的整数个数.

2. $p, q \in \mathbf{N}, p, q \neq 1$,且 $(p, q) = 1, p, q$ 是奇数,证明
$$\sum_{0 < x < \frac{q}{2}} [\frac{p}{q}x] + \sum_{0 < y < \frac{p}{2}} [\frac{q}{p}y] = (\frac{p-1}{2})(\frac{q-1}{2})$$

3. 求不定方程 $5x + 2y + z = 10n (n \in \mathbf{N})$ 的非负整数解的组数.

4. 设 $n > 0$,平面区域 $T = \{(x, y) | x > 0, y > 0, 且 xy \leq n\}$,证明 T 内的整点数为
$$2\sum_{0 < x \leq \sqrt{n}} [\frac{n}{x}] - [\sqrt{n}]^2$$

5. 证明:整点凸五边形的面积不小于 $\frac{5}{2}$.

整边三角形问题

整边三角形是最古老的数学问题之一,也是近年来数学竞赛中最热门的问题之一. 三边长均为整数的三角形,也称为整边三角形. 在这里我们只研究几类特殊的整边三角形.

定理1 三边长为连续自然数,且周长不超过 n 的三角形中,有 1 个钝角三角形,1 个直角三角形,$[\dfrac{n-3}{3}] - 3$ 个锐角三角形.

证明 不妨设三角形的三边长为 k,$k+1$,$k+2$(k 是大于1 的自然数),最大角为 α,则由余弦定理得

$$\cos\alpha = \dfrac{k^2 + (k+1)^2 - (k+2)^2}{2k(k+1)} = \dfrac{k-3}{2k}$$

(i) 当 $0 < k < 3$ 时,$\cos\alpha < 0$,α 为钝角,又 $k > 1$,所以 $k = 2$,故边长为 2,3,4 的三角形是钝角三角形;

(ii) 当 $k = 3$ 时,$\cos\alpha = 0$,α 是直角,故边长为 3,4,5 的三角形是直角三角形;

(iii) 当 $k>3$ 时,$\cos\alpha>0$,α 为锐角,故边长为 k,$k+1$,$k+2$(k 是大于 3 的自然数)的三角形是锐角三角形.

由于所求三角形是边长为连续自然数,且周长不超过 n 的三角形,故有
$$\begin{cases}k+(k+1)+(k+2)\leqslant n\\ k+(k+1)>k+2\end{cases}$$

所以 $$1<k\leqslant\frac{n-3}{3}$$

综上所述,边长是连续自然数且周长不超过 n 的三角形有 $[\frac{n-3}{3}]-1$ 个,其中有 1 个钝角三角形,1 个直角三角形,$[\frac{n-3}{3}]-3$ 个锐角三角形,证毕.

例 1 在三边长是连续自然数且周长不超过 100 的三角形中,锐角三角形的个数是_____.

(1987 年全国初中数学联赛题)

解 由定理 1 知,满足条件的锐角三角形的个数是
$$\frac{100-3}{3}-3=29$$

定理 2 三边长为自然数,且最大边长为 $n(n\in\mathbf{N})$ 的三角形个数为
$$f(n)=\begin{cases}\frac{1}{4}n(n+2),\text{当 }n\text{ 为偶数时}\\ \frac{1}{4}(n+1)^2,\text{当 }n\text{ 为奇数时}\end{cases}$$

或 $$f(n)=[\frac{(n+1)^2}{4}]$$

证明 设三角形的三边长分别为 a,b,c,不妨设 $a\leqslant b\leqslant c=n$,则由"三角形两边之和大于第三边"的性

质,得

(ⅰ)当 $n=2k(k\in \mathbf{N}^*)$ 时,则:

$b=2k$ 时, $a=1,2,\cdots,2k$,所以有 $2k$ 个三角形;

$b=2k-1$ 时, $a=2,3,\cdots,2k-1$,所以有 $2k-2$ 个三角形;

⋮

$b=k+2$ 时, $a=k,k+1,k+2,k-1$,有 4 个三角形;

$b=k+1$ 时, $a=k,k+1$,所以有 2 个三角形.

于是,当 $n=2k$ 即 $k=\dfrac{n}{2}$ 时,三角形的总个数为

$$2+4+\cdots+(2k-2)+2k=k\cdot\dfrac{2+2k}{2}=$$

$$k\cdot(k+1)=$$

$$\dfrac{n}{2}\cdot(\dfrac{n}{2}+1)=$$

$$\dfrac{(n+1)^2-1}{4}$$

(ⅱ)当 $n=2k-1$ 时,则:

$b=2k-1$ 时, $a=1,2,\cdots,2k-1$,所以有 $2k-1$ 个三角形;

$b=2k-3$ 时, $a=2,3,\cdots,2k-2$,所以有 $2k-3$ 个三角形;

⋮

$b=k+1$ 时, $a=k-1,k,k+1$,则有 3 个三角形;

$b=k$ 时, $a=k$,则有 1 个三角形.

于是,当 $n=2k-1$ 即 $k=\dfrac{n+1}{2}$ 时,三角形的总个数为

$$1+3+\cdots+(2k-3)+(2k-1) = k \cdot \frac{1+2k-1}{2} =$$
$$k^2 = \left(\frac{n+1}{2}\right)^2 =$$
$$\frac{(n+1)^2}{4}$$

由于定理 2 具有三角形三边长为正整数这一特殊条件,故可用格点法予以简洁的证明.

设三角形的另两边长为 $x,y,x,y,n \in \mathbf{N}$,且 $x \leqslant y \leqslant n$,所以 $x+y>n$.

因为三角形一边长 n 已固定,且三边长 x,y,n 表示正整数,所以可让这种三角形对应于直角坐标系上的格点 (x,y),于是满足 $\begin{cases} x+y>n \\ x \leqslant y \leqslant n \end{cases}$ 的正整数解的组数就是 △BCD 内及边上的格点数(不包括线段 CD 上的格点). △DBC 内及边界上的格点分布自下向上构成等差数列.

如图 14.1 所示,当 n 是偶数时,三角形的个数为

$$2+4+\cdots+n = \frac{(2+n) \cdot \frac{1}{2}n}{2} = \frac{1}{4}(n+2)n$$

如图 14.2 所示,当 n 是奇数时,正方形 ABCD 的对角线的交点不在格点上,此时三角形的个数为

$$1+3+\cdots+n = \frac{(n+1)\frac{1}{2}(n+1)}{2} = \frac{1}{4}(n+1)^2$$

第 14 章 整边三角形问题

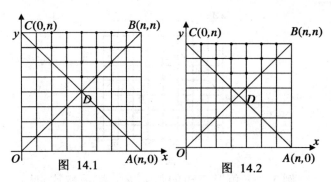

图 14.1　　　　图 14.2

例 2　三边长均为整数且最大边长是 11 的三角形共有多少个?

（1983 年全国高中数学联赛题）

解　由定理 2,得
$$f(11) = \frac{1}{4} \times (11+1)^2 = 36$$

定理 3　三角形三边长为整数,次大边长为 n 的三角形的个数为 $\frac{1}{2}n(n+1)$.

读者可仿照定理 2 的证明方法来证明定理 3,下面仅给出格点证法.

设三角形三边长为 a,b,c,且 $a \leqslant b = n \leqslant c$($a,b,c \in \mathbf{N}$). 因为三角形任意两边之差小于第三边,即 $c-a<b=n$,这样由 $c-a=n$ 的下半平面,$c=n$ 的上半平面和 $a=n$ 的左半平面构成 △ABC 区域,所求三角形的个数就是区域所包括的格点个数的全体(AC 边上的格点除外),如图 14.3 所示. △ABC 区域中符合条件的格点分布按从左至右成等差数列. 故不论 n 的奇偶数,所求的三角形的个数即格点数为
$$1 + 2 + \cdots + n = \frac{1}{2}n(n+1)$$

[x]与{x}

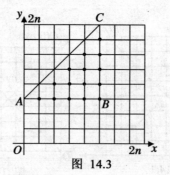

图 14.3

例3 三角形三边的长 a,b,c 都是整数,且 $a \leqslant b \leqslant c$. 如果 $b=10$,那么这样的三角形共有_____.

A. 10 个   B. 55 个   C. 100 个   D. 无数个

(1990 年苏州市高中数学竞赛题)

解 由定理 3,得符合条件的三角形的个数为 $\frac{1}{2} \times 10 \times (10+1) = 55$ 个,选 B.

定理4 三边长为整数,最小边长为 n 的三角形共有无穷多个.

这个定理显然是成立的.

下面我们来讨论一个比较复杂的问题:周长为 n 的边长为整数的三角形的个数.

设三角形的边长为 a,b,c,并设 $a \leqslant b \leqslant c$,周长为 n,我们来计算这样的三角形的个数 D_n. 根据三角形条件,D_n 就是下列方程——不等式混合组的解数

$$\begin{cases} a+b+c=n \\ a+b>c \\ a \leqslant b \leqslant c \end{cases} \quad ①$$

首先,由于 $c<a+b$,知 $2c<(a+b)+c=n$,$c<\frac{n}{2}$,因此 $c \leqslant \left[\frac{n-1}{2}\right]$,又 $c \geqslant b \geqslant a$,$3c \geqslant a+b+c=n$,$c \geqslant$

$\dfrac{n}{3}$,仅当 n 为 3 的倍数时,取等号;如果 $n = 3m + 2$,则 $c \geq \dfrac{n+1}{3}$,如 $n = 3m + 1$,则 $c \geq \dfrac{n+2}{3}$,所以 $c \geq \left[\dfrac{n+2}{3}\right]$.

所以

$$\left[\dfrac{n+2}{3}\right] \leq c \leq \left[\dfrac{n-1}{3}\right] \quad (n \geq 3) \qquad ②$$

对于固定的 c,方程 $a + b = n - c$ 符合条件 $a + b > c$ 及 $a \leq b \leq c$ 的正整数解有且仅有 $(n - 2c, c)$,$(n - 2c + 1, c - 1)$,$(n - 2c + 2, c - 2)$,$\cdots$,$\left(\left[\dfrac{n-c}{2}\right], \left[\dfrac{n-c+1}{2}\right]\right)$,其总数是

$$d_c = c - \left[\dfrac{n-c+1}{2}\right] + 1 \qquad ③$$

因此,①的总解数是

$$D_n = \sum_{c = \left[\frac{n+2}{3}\right]}^{\left[\frac{n-1}{2}\right]} \left(c - \left[\dfrac{n-c+1}{2}\right] + 1\right) \qquad ④$$

于是,我们有:

定理 5　三边长为整数且周长为 n 的三角形的个数是 D_n.

当然公式④用起来,由于受 $[\ ]$ 的影响还比较麻烦,下面化去取整符号.

由于

$$\left[\dfrac{n+c+1}{2}\right] = \dfrac{n + c + \dfrac{1 + (-1)^{n+c+1}}{2}}{2} = \dfrac{2(n+c) + 1 + (-1)^{n+c+1}}{4}$$

所以

$$d_c = c+1-\left[\frac{n+c+1}{2}-c\right] = 2c+1-\left[\frac{n+c+1}{2}\right] =$$

$$2c+1-\frac{2(n+c)+1+(-1)^{n+c+1}}{4} =$$

$$\frac{6c+3-2n+(-1)^{n+c}}{4} \qquad ⑤$$

令 $n=6k+r(0\leqslant r\leqslant 5, k=0,1,2,\cdots)$,则

$$\begin{cases} x=\left[\dfrac{n+2}{3}\right]=2k+\left[\dfrac{r+2}{3}\right] \\ y=\left[\dfrac{n-1}{2}\right]=3k-1+\left[\dfrac{r+1}{3}\right] \end{cases} \qquad ⑥$$

由④,⑤,⑥,得

$$D_n = \sum_{c=x}^{y} \frac{6c-2n+3+(-1)^{n+c}}{4} =$$

$$\frac{3}{2}\sum_{c=x}^{y} c - \frac{2n-3}{4}\sum_{c=x}^{y} 1 + \frac{1}{4}\sum_{c=x}^{y}(-1)^{n+c} =$$

$$\frac{3}{2}\cdot\frac{(x+y)(y-x+1)}{2} - \frac{2n-3}{4}(y-x-1) +$$

$$\frac{(-1)^n}{4}\sum_{c=x}^{y}(-1)^c =$$

$$\frac{1}{4}(y-x+1)(3x+3y-2n+3) +$$

$$\frac{(-1)^n}{4}\cdot\frac{(-1)^x+(-1)^y}{2} \qquad ⑦$$

下面对 r 的不同情形,来计算 D_n.

当 $r=0$ 时,$x=2k, y=3k-1, n=6k(k\in \mathbf{N}^*)$则

$$D_n = \frac{1}{4}k(9k-3+6k-12k+3) +$$

$$\frac{1}{4} \cdot \frac{1+(-1)^{k-1}}{4} = \frac{3k^2}{4} + \frac{1+(-1)^{k-1}}{8}$$

把 $k = \frac{n}{6}$ 代入上式，得

$$D_n = \frac{n^2}{48} + \frac{1+(-1)^{\frac{n-6}{6}}}{8} \quad (n \equiv 0 (\bmod 6)) \quad \text{⑧}$$

对于 $r = 1, 2, 3, 4, 5$ 的情形，应用⑥,⑦分别得到

$$D_n = \frac{k(3k+4)}{4} + \frac{1+(-1)^{k-1}}{8} =$$

$$\frac{n^2+6n+7}{48} + \frac{1+(-1)^{\frac{n-7}{6}}}{8} \quad (n \equiv 1 (\bmod 6)) \quad \text{⑨}$$

$$D_n = \frac{3(k+1)^2}{4} - \frac{1+(-1)^{k-1}}{8} =$$

$$\frac{n^2-4}{48} - \frac{1+(-1)^{\frac{n-8}{6}}}{8} \quad (n \equiv 2 (\bmod 6)) \quad \text{⑩}$$

$$D_n = \frac{3(k+1)^2}{4} + \frac{1+(-1)^k}{8} =$$

$$\frac{n^2+6n+9}{48} + \frac{1+(-1)^{\frac{n-3}{6}}}{8} \quad (n \equiv 3 (\bmod 6)) \quad \text{⑪}$$

$$D_n = \frac{3(k+4)}{4} + \frac{1+(-1)^{k-1}}{8} =$$

$$\frac{n^2-16}{48} + \frac{1+(-1)^{\frac{n-10}{6}}}{8} \quad (n \equiv 4 (\bmod 6)) \quad \text{⑫}$$

$$D_n = \frac{(k+1)(3k+5)}{4} - \frac{1+(-1)^k}{8} =$$

$$\frac{n^2+6n+5}{48} - \frac{1+(-1)^{\frac{n-5}{6}}}{8} \quad (n \equiv 5 (\bmod 6)) \quad \text{⑬}$$

将⑧~⑬各式整理，得

$$D_n = \begin{cases} \dfrac{n^2}{48} + \dfrac{1+(-1)^{\frac{n-6}{6}}}{8} & n \equiv 0 \pmod 6 \\[2mm] \dfrac{(n+3)^2-16}{48} + \dfrac{1+(-1)^{\frac{n-7}{6}}}{8} & n \equiv 1 \pmod 6 \\[2mm] \dfrac{n^2-4}{48} - \dfrac{1+(-1)^{\frac{n+4}{6}}}{8} & n \equiv 2 \pmod 6 \\[2mm] \dfrac{(n+3)^2}{48} + \dfrac{1+(-1)^{\frac{n-6}{6}}}{8} & n \equiv 3 \pmod 6 \\[2mm] \dfrac{n^2-16}{48} + \dfrac{1+(-1)^{\frac{n+2}{6}}}{8} & n \equiv 4 \pmod 6 \\[2mm] \dfrac{(n+3)^2-4}{48} - \dfrac{1+(-1)^{\frac{n-5}{6}}}{8} & n \equiv 5 \pmod 6 \end{cases}$$

例4 周长为 52 且三角形三边长为整数的三角形共有多少个?

解 因为

$$52 \equiv 4 \pmod 6$$

所以

$$D_{52} = \frac{52^2-16}{48} + \frac{1-1}{8} = 56$$

下面我们从另一种角度考虑边长为整数,且周长为 n 的不全等三角形的个数.

设 x, y, z 表示三角形的三边长,则

$$x+y+z = n \qquad ①$$
$$x < y+z, y < z+x, z < x+y$$

用 N 表示满足上述条件的三角形的个数.

由于 $z = n-x-y$ 是由 x, y 决定的,而 x, y 满足

$$0 < x < \frac{n}{2}, 0 < y < \frac{n}{2}, \frac{n}{2} < x+y < n \qquad ②$$

第14章 整边三角形问题

在直角坐标平面上,满足②的整点(x,y)的个数就是满足①的三角形个数N,所以:

当n为奇数时

$$N = \frac{1}{2}\{(\frac{n+1}{2})^2 - \frac{n+1}{2}\} = \frac{n^2-1}{8}$$

当n为偶数时

$$N = \frac{1}{2}\{(\frac{n+2}{2})^2 - 4 \cdot \frac{n}{2} + 2 - \frac{n}{2} - 1\} = \frac{n^2-6n+8}{8}$$

在上面的计算中,每个不等边三角形被计算了6次,如边长为p,q,r的三角形有:

(1)$x=p, y=q, z=r$;
(2)$x=p, y=r, z=q$;
(3)$x=q, y=p, z=r$;
(4)$x=q, y=r, z=p$;
(5)$x=r, y=p, z=q$;
(6)$x=r, y=q, z=p$.

每个等腰(但不是等边)三角形被计算了3次,如边长为$p,p,q(p \neq q)$的三角形有:

(1)$x=p, y=p, z=q$;
(2)$x=p, y=q, z=p$;
(3)$x=q, y=p, z=p$.

每个等边三角形只计算了一次.

令S是不等边三角形的个数,P是等腰三角形的个数,E是等边三角形的个数,则

$$N = 6S + 3P + E$$

我们欲求

$$T = S + P + E$$

[x]与{x}

因为
$$S = \frac{1}{6}(N - 3P - E)$$
所以
$$T = \frac{N + 3P + 5E}{6} = \frac{N + 3I + 2E}{6}$$

其中 $I = P + E$ 为等腰和等边三角形的个数.

由于 N 已经求得,只需求出 E 和 I. 当 n 是 3 的倍数时,$E = 1$;当 n 不是 3 的倍数时,$E = 0$. 考虑
$$2x + y = n, x > 0, y > 0, 2x > y$$
的整数解的个数. 令 $y = n - 2x$,则
$$\frac{n}{4} < x < \frac{n}{2}$$
所以 x 的整数解有 $\left[\frac{n-1}{2}\right] - \left[\frac{n}{4}\right]$ 个,即
$$x = \left[\frac{n}{4}\right] + 1, \left[\frac{n}{4}\right] + 2, \cdots, \left[\frac{n-1}{2}\right]$$
故
$$I = \left[\frac{n-1}{2}\right] - \left[\frac{n}{4}\right]$$

现在来求 T. 令 $n = 12q + r, 0 \leq r \leq 11$.

若 $r = 0$,则
$$N = \frac{n^2 - 6n + 8}{8}, I = \frac{n}{2} - 1 - \frac{n}{4} = \frac{n-4}{4}, E = 1$$
$$T = \frac{n^2 - 6n + 8}{48} + \frac{n-4}{8} + \frac{1}{3} = \frac{n^2}{48}$$

若 $r = 1$,则
$$N = \frac{n^2 - 1}{8}, I = \frac{n-1}{2} - \frac{n-1}{4} = \frac{n-1}{4}, E = 0$$
$$T = \frac{n^2 - 1}{48} + \frac{n-1}{8} = \frac{n^2 + 6n - 7}{48}$$

第14章 整边三角形问题

若 $r = 2,3,4,5,6,7,8,9,10,11$ 时

$$T = \frac{n^2-4}{48}, \frac{n^2+6n+21}{48}, \frac{n^2-16}{48}, \frac{n^2+6n-7}{48},$$
$$\frac{n^2+12}{48}, \frac{n^2+6n+5}{48}, \frac{n^2-16}{48}, \frac{n^2+6n+9}{48},$$
$$\frac{n^2-4}{48}, \frac{n^2+6n+5}{48}$$

综上所述,可得:

当 n 是偶数时,$T = \varphi(\frac{n^2}{48})$;

当 n 是奇数时,$T = \varphi(\frac{n^2+6}{48})$.

其中 $\varphi(x)$ 表示与 x 最接近的整数,例如,$\varphi(2.3) = 2, \varphi(10.65) = 10$.

例5 试问边长为整数,周长为 1 984 的三角形共有多少种?

(1985 年第 1 期《数学通报》〈问题解答 332〉)

解 由上面的结论,$n = 1\,984$ 为偶数,所以

$$T = \varphi(\frac{1\,984^2}{48}) = \varphi(\frac{3\,936\,256}{48}) = 82\,005$$

即边长都是整数,周长为 1 984 的三角形共有 82 005 种.

例6 设 $t(n)$($n = 3,4,5,\cdots$)表示互不全等的、边长为整数、周长为 n 的三角形的个数,例如 $t(3) = 1$. 证明

$$t(2n-1) - t(2n) = [\frac{n}{6}] \text{ 或 } [\frac{n}{6}+1]$$

(1989 年第 30 届 IMO 候选题)

证明 设 $a \leq b \leq c$ 为一个三角形的三条边,$a,b,c \in \mathbf{N}$,并且 $a+b+c = 2n$. 令映射

$$f:(a,b,c) \to (a-1,b,c)$$

由于 $a-1 \geq c-b$，且 $a-1$ 与 $c-b$ 的奇偶性不同，所以 $a-1 > c-b$. 从而 $(a-1,b,c)$ 可以构成边长为 $a-1,b,c$，周长为 $2n-1$ 的三角形.

显然，不同的 (a,b,c) 产生不同的 $(a-1,b,c)$. 并且只有边长为 (b,b,c)，$2b+c=2n-1, b, c \in \mathbf{N}$ 的三角形没有原象. 由于这时

$$4b-1 \geq 2b+c = 2n-1 \geq 3b$$

所以 $\left[\dfrac{2n-1}{3}\right] \geq b \geq \dfrac{n}{2}$.

于是这种三角形的个数为

$$\left[\dfrac{2n-1}{3}\right] - \left[\dfrac{n+1}{2}\right] + 1 = \left[\dfrac{2(n+1)}{3}\right] - \left[\dfrac{n+1}{2}\right]$$

设 $n = 6k + l - 1 (1 \leq l \leq 6)$，则上式为

$$k + \left[\dfrac{2l}{3}\right] - \left[\dfrac{l}{2}\right] = \begin{cases} k+1, & l=3,5,6 \\ k, & l=1,2,4 \end{cases}$$

即

$$t(2n-1) - t(2n) = \begin{cases} \left[\dfrac{n}{6}\right]+1, & \text{若 } n=6k+2, 6k+4, 6k+5 \\ \left[\dfrac{n}{6}\right], & \text{若 } n=6k, 6k+1, 6k+3 \end{cases}$$

例7 用集合 $S = \{1, 2, \cdots, n\}$ ($n > 3$) 中的三个不同的数作边长，可以作出多少个不同的三角形？

解 设 T_n 为所求的数，则 T_{n+1} 为与集合 $S\{n+1\}$ 相应的数. 考虑 $T_{n+1} - T_n$，它表示一条边的长为 $n+1$，另两条边的长是 S 中两个不同的数的三角形的个数. 每一个这样的三角形它的两条不等于 $n+1$ 的边的长度之和为下面的数：$2n-1, 2n-2, \cdots, n+3, n+2$（共 $n-2$ 个）. 具有这些和的三角形的个数，分别为

第14章 整边三角形问题

$$1,1,2,2,3,3,\cdots,n-2$$

(因为 $2n-i=n+(n-i)=(n-1)+(n-i+1)=(n-2)+(n-i+2)=\cdots$)

所以

$$T_{n+1}-T_n=1+1+2+2+3+3+\cdots n-2=$$

$$\begin{cases} \dfrac{1}{4}n(n-1), & n\text{ 为偶数} \\ \dfrac{1}{4}(n-1)^2, & n\text{ 为奇数} \end{cases}$$

从而

$$T_{2r}-T_{2r-2}=(T_{2r}-T_{2r-1})+(T_{2r-1}-T_{2r-2})=$$
$$(r-1)^2+(r-1)(r-2)=$$
$$2r^2-5r+3 \qquad (\ast)$$

将式($\ast$)中的 r 依次用 $r-1,r-2,\cdots,4,3$ 代替,再将所得各式相加,得

$$T_{2r}-T_4=2\times\dfrac{1}{6}r(r+1)(2r+1)-5\times\dfrac{r(r+1)}{2}+$$
$$3r-(2\times 2^2-5\times 2+1)=$$
$$\dfrac{1}{6}r(r-1)(4r-5)-1$$

显然 $T_4=1$(仅 $2,3,4$ 组成一个三角形,而 1 不能与 $2,3,4$ 中任意两数组成三角形),所以

$$T_{2r}=\dfrac{1}{6}r(r-1)(4r-5)$$

从而

$$T_{2r-1}=T_{2r}+r(r-1)=\dfrac{1}{6}r(r-1)(4r+1)$$

即

[x]与{x}

$$T_n = \begin{cases} \dfrac{1}{24}n(n-2)(2n-5), & n=2r \\ \dfrac{1}{24}n(n-1)(n-3)(2n-1), & n=2r+1 \end{cases}$$

练 习 十 一

1. 三边长为各不相等的整数且周长小于 13 的三角形共有多少个？

2. 周长为 30，各边长互不相等且都是整数的三角形中，不全等的有多少个？

3. 已知三角形的三条边长均为整数，其中有一条边长为 4，但它不是最短边，这样的三角形共有_____个.

4. 设 m,n,p 均为自然数，适合 $m \leqslant n \leqslant p$ 与 $m+n+p=15$，则以 m,n,p 为三边长的三角形有多少个？

其他问题

在这一节里,就近年来国内外数学竞赛中的几个问题,说明它们灵活多变的解题方法.

例1 求出 $\left[\dfrac{10^{20\,000}}{10^{100}+3}\right]$ 的个位数字.

(1986年第47届美国大学生数学竞赛题)

解 令 $10^{100}=n$,则

$$A=\left[\dfrac{10^{20\,000}}{10^{100}+3}\right]=\left[\dfrac{n^{200}}{n+3}\right]$$

$$=\left[\dfrac{n^{200}-3^{200}}{n+3}+\dfrac{3^{200}}{n+3}\right]$$

因为 $n+3$ 整除 $n^{25}+3^{25}$,故整除 $n^{50}-3^{50}$,从而整除 $n^{200}-3^{200}$,同时 $3^{200}=9^{100}<n+3$,所以

$$A=\dfrac{n^{200}-3^{200}}{n+3}=\dfrac{n^{200}-81^{50}}{n+3}$$

A 的分母的个位数字为3,分子的个位数字为 $10-1=9$,故 A 的个位数字为3.

例2 设 n 为正整数,计算

$$\left[\dfrac{n+1}{2}\right]+\left[\dfrac{n+2}{2^2}\right]+\left[\dfrac{n+2^2}{2^3}\right]+\cdots$$

$[x]$ 与 $\{x\}$

(1968 年第 10 届 IMO 试题)

分析 题目算式中分母为 2 的方幂,由于 $2^k = (\underbrace{100\cdots0}_{k\uparrow})_2$,因此,在二进制记数系统中除以 2^k 就简单地成为小数点左移 k 位. 又由于一个十进制整数的二进制表示必为一个二进制整数,一个十进制纯小数的二进制表示必为一个二进制纯小数,反之亦然. 因此,一个正数的"取整数部分"运算在二进制中与在十进制中一样,只要把小数部分划去即可. 这样一来,用二进制数的运算来计算此题就显得十分简洁.

解 设 $n = (a_m a_{m-1} \cdots a_1 a_0)_2$,$a_m = 1$,$a_i = 0$ 或 $1(i = 0, 1, 2, \cdots, m-1)$. 于是,对 $k = 1, 2, \cdots, m$ 有

$$\frac{n + 2^{k-1}}{2^k} = \frac{(a_m a_{m-1} \cdots a_1 a_0)_2 + (\overbrace{100\cdots0}^{(k-1)\uparrow})_2}{(1\underbrace{00\cdots0}_{k\uparrow})_2} =$$

$$(a_m a_{m-1} \cdots a_k (a_{k+1} + 1) \cdots a_1 a_0)_2$$

从而

$$\left[\frac{n + 2^{k-1}}{2^k}\right] = \begin{cases} (a_m a_{m-1} \cdots a_k)_2 + 1, & a_{k-1} = 1 \\ (a_m a_{m-1} \cdots a_k)_2, & a_{k-1} = 0 \end{cases}$$

这就是

$$\left[\frac{n + 2^{k-1}}{2^k}\right] = (a_m a_{m-1} \cdots a_k)_2 + a_k - 1, k = 1, 2, \cdots, m$$

又 $\left[\frac{n + 2^m}{2^{m+1}}\right] = 1 = a_m$,$k > m + 1$ 时,$\left[\frac{n + 2^{k-1}}{2^k}\right] = 0$. 于是

$$\sum_{k=1}^{\infty} \left[\frac{n + 2^{k-1}}{2^k}\right] = \sum_{k=1}^{m+1} \left[\frac{n + 2^{k-1}}{2^k}\right] =$$

$$\sum_{k=1}^{m} \left[\frac{n + 2^{k-1}}{2^k}\right] + a_m =$$

$$(a_m a_{m-1} \cdots a_1)_2 + a_0 + (a_m a_{m-1} \cdots a_2) +$$
$$a_1 + \cdots + (a_m a_{m-1})_2 + a_{m-2} + (a_m)_2 +$$
$$a_{m-1} + a_m = a_m((\underbrace{11\cdots 1}_{m\uparrow})_2 + 1) +$$
$$a_{m-1}((\underbrace{11\cdots 1}_{(m-1)\uparrow})_2 + 1) + \cdots +$$
$$a_2((11)_2 + 1) + a_1((1)_2 + 1) + a_0 =$$
$$a_m(\underbrace{100\cdots 0}_{m\uparrow})_2 + a_{m-1}(\underbrace{100\cdots 0}_{(m-1)\uparrow})_2 + \cdots +$$
$$a_2(100)_2 + a_1(10)_2 + a_0 =$$
$$(a_m a_{m-1} \cdots a_2 a_1 a_0)_2 = n$$

例3 任给无理数 α 和正整数 θ，一定可以找到一个有理数 $\dfrac{n}{m}(0 < m \leq \theta)$，使得

$$|\alpha - \frac{n}{m}| < \frac{1}{m\theta}$$

证明 不妨设 $0 < \alpha < 1$，把区间 $(0,1)$ 分成 θ 等分，再考虑 $\theta + 1$ 个小数部分

$$\{0\}, \{\alpha\}, \{2\alpha\}, \cdots, \{\theta\alpha\}$$

则一定有两个数列如 $\{h\alpha\}, \{k\alpha\}$ 在同一区间内，设 $h \leq k$，则

$$0 \leq \{k\alpha\} - \{h\alpha\} < \frac{1}{\theta}$$

记

$$\{k\alpha\} = k\alpha - [k\alpha], \{h\alpha\} = h\alpha - [h\alpha]$$

则

$$0 \leq (k-h)\alpha - ([k\alpha] - [h\alpha]) < \frac{1}{\theta}$$

令 $m = |k - h|, n = [k\alpha] - [h\alpha]$，则

$$0 \leq \frac{|k-h|}{m}\alpha - \frac{n}{m} < \frac{1}{m\theta}$$

[x]与{x}

即
$$|\alpha - \frac{n}{m}| < \frac{1}{m\theta}$$

例4 已给实数 $a > 1$,构造一个有界无穷数列 x_0, $x_1, x_2, \cdots$,使得对每一对不同的非负整数 i, j,有 $|x_i - x_j| \cdot |i - j|^\alpha \geq 1$.

(1991年第32届IMO试题)

证明 先证一个引理:

对于自然数 p, q,如果 $p < (4 - \sqrt{2})q$,则
$$|p - \sqrt{2}q| > \frac{1}{4q}$$

因为
$$|p - \sqrt{2}q| = \frac{|p^2 - 2q^2|}{p + \sqrt{2}q} > \frac{1}{(4-\sqrt{2})q + \sqrt{2}q} = \frac{1}{4q}$$

构造数列
$$4(\sqrt{2}n - [\sqrt{2}n])\ (n = 1, 2, \cdots)$$

显然 $|x_n| \leq 4$,即 $\{x_n\}$ 是有界的.

当 $i > j \geq 1$ 时
$$|x_i - x_j| = 4|(i-j)\sqrt{2} - ([\sqrt{2}i] - [\sqrt{2}j])|$$

因为
$$[\sqrt{2}i] - [\sqrt{2}j] < \sqrt{2}i - \sqrt{2}j + 1 \leq$$
$$\sqrt{2}(i-j) + (i-j) = (\sqrt{2}+1)(i-j) <$$
$$(4 - \sqrt{2})(i-j)$$

所以
$$|x_i - x_j| = 4 \cdot \frac{1}{4(i-j)} = \frac{1}{i-j}$$

即
$$|x_i - x_j| \cdot |i - j| > 1$$

于是

第15章 其他问题

$$|x_i - x_j| \cdot |i-j|^a > 1$$

例5 求 $\lim\limits_{n\to\infty} \sqrt[n]{[\alpha[\alpha[\cdots\alpha[\alpha]\cdots]]]}, \alpha \geq 0$.

解 $[\alpha] \geq \alpha - 1$

$[\alpha[\alpha]] > [\alpha(\alpha-1)] = [\alpha^2 - \alpha] > \alpha^2 - \alpha - 1$

$\vdots$

$[\underbrace{\alpha[\alpha\cdots[\alpha[\alpha]}_{n\text{层}}\cdots]]] > \alpha^n - \alpha^{n-1} - \alpha^{n-2} - \cdots -$

$\alpha^2 - \alpha - 1 = \alpha^n - \dfrac{\alpha^n - 1}{\alpha - 1} = \dfrac{(\alpha-2)\alpha^n + 1}{\alpha - 1}$

当 $\alpha > 2$ 时

$$\lim_{n\to\infty} \dfrac{\sqrt[n]{(\alpha-2)\alpha^n + 1}}{\sqrt[n]{\alpha - 1}} = \alpha \cdot \lim_{n\to\infty} \dfrac{\sqrt[n]{(\alpha-2) + \dfrac{1}{\alpha^n}}}{\sqrt[n]{\alpha - 1}} = \alpha$$

所以所求极限大于等于 α. 又

$$\sqrt[n]{[\alpha[\alpha\cdots[\alpha]\cdots]]} < \sqrt[n]{\alpha^n} = \alpha$$

所以所求极限小于等于 α. 故由两边夹法则知

$$\lim_{n\to\infty} \sqrt[n]{[\alpha[\alpha\cdots[\alpha]\cdots]]} = \alpha \quad (\alpha > 2)$$

当 $\alpha = 2$ 时

$$\sqrt[n]{[2[2\cdots[2]\cdots]]} = \sqrt[n]{2^n} = 2$$

当 $1 \leq \alpha < 2$ 时,因为 $[\alpha] = 1$,知所求极限为 1.

当 $0 < \alpha < 1$ 时,$[\alpha] = 0$,知所求极限为 0.

例6 试求出最大的正数 c,对于每个自然数 n,均有 $\{n\sqrt{2}\} \geq \dfrac{c}{n}$. 确定使 $\{n\sqrt{2}\} = \dfrac{c}{n}$ 的自然数 n. (这里 $\{n\sqrt{2}\} = n\sqrt{2} - [n\sqrt{2}]$)(1989 年第 30 届 IMO 试题)

解 $c = \dfrac{1}{2\sqrt{2}}$.

[x]与{x}

若 c 为正数,对 $n \in \mathbf{N}$ 恒有 $\{n\sqrt{2}\} \geqslant \dfrac{c}{n}$. 我们取

$$n_k = \dfrac{1}{2\sqrt{2}}((\sqrt{2}+1)^{4k+1} + (\sqrt{2}-1)^{4k+1})$$

则 n_k 为自然数,且

$$\sqrt{2}\,n_k = \dfrac{1}{2}((\sqrt{2}+1)^{4k+1} + (\sqrt{2}-1)^{4k+1}) =$$

$$\dfrac{1}{2}((\sqrt{2}+1)^{4k+1} - (\sqrt{2}-1)^{4k+1}) +$$

$$(\sqrt{2}-1)^{4k+1}$$

由于 $0 < (\sqrt{2}-1)^{4k+1} < 1$,所以

$$[\sqrt{2}\,n_k] = \dfrac{1}{2}((\sqrt{2}+1)^{4k+1} - (\sqrt{2}-1)^{4k+1})$$

$$\{\sqrt{2}\,n_k\} = (\sqrt{2}-1)^{4k+1}$$

$$n_k\{\sqrt{2}\,n_k\} = \dfrac{1}{2\sqrt{2}}((\sqrt{2}+1)^{4k+1} +$$

$$(\sqrt{2}-1)^{4k+1})(\sqrt{2}-1)^{4k+1} =$$

$$\dfrac{1}{2\sqrt{2}}(1 + (\sqrt{2}-1)^{2(4k+1)}) \to$$

$$\dfrac{1}{2\sqrt{2}}\ (k \to \infty)$$

于是 $$c \leqslant \dfrac{1}{2\sqrt{2}}$$

另一方面,设 $m = [n\sqrt{2}]$,则

$$n\sqrt{2} > m > n\sqrt{2} - 1$$

从而

$$1 \leqslant 2n^2 - m^2 = n^2(\sqrt{2} + \dfrac{m}{n})(\sqrt{2} - \dfrac{m}{n}) <$$

286

第 15 章 其他问题

$$n^2(\sqrt{2} - \frac{m}{n}) \cdot 2\sqrt{2}$$

于是对一切 n

$$\frac{1}{2\sqrt{2}n} < n(\sqrt{2} - \frac{m}{n}) = n\sqrt{2} - m = \{n\sqrt{2}\}$$

综合以上讨论即知 $c = \frac{1}{2\sqrt{2}}$,并且使 $\{n\sqrt{2}\} = \frac{1}{2\sqrt{2}n}$ 的 n 不存在.

例7 设 k 个整数 $1 \leqslant a_1 < a_2 < \cdots < a_k \leqslant n$,任意两个数 a_i, a_j 的最小公倍数 $[a_i, a_j] > n$,则 $\sum_{i=-1}^{k} \frac{1}{a_i} < \frac{3}{2}$.

证明 首先,证明 $k \leqslant [\frac{n+1}{2}]$.

若不然,设 $k > [\frac{n+1}{2}]$,则数列

$$1 \leqslant a_1 < a_2 < \cdots < a_k \leqslant n$$

中至少有一个 $a_i | a_j, 1 \leqslant i < j \leqslant k$. 这是因为,若令 $a_i = 2^{\lambda_i} b_i, \lambda_i \geqslant 0, b_i$ 为正奇数,且 $1 \leqslant b_i \leqslant a_i \leqslant n, i = 1, 2, \cdots, k$,即这 k 个奇数都在 1 至 n 之间.

另一方面,无论 $n = 2t - 1$,还是 $n = 2t$,1 到 n 之间都恰有 t 个奇数,但

$$k > [\frac{2t-1+1}{2}] = t, k > [\frac{2t+1}{2}] = t$$

根据抽屉原理,数列 $\{b_i\}$ 中至少有两个数相等,不妨设 $b_i = b_j, 1 \leqslant i < j \leqslant k$. 于是由 $a_i = 2^{\lambda_i} b_i, a_j = 2^{\lambda_j} b_j$ 及 $a_i < a_j$ 得 $\lambda_i = \lambda_j$,故 $a_i | a_j$. 于是 $[a_i, a_j] = a_j \leqslant n$,与所设矛盾.

这就证明了 $k \leq [\frac{n+1}{2}]$. 作数列

$$a_1, 2a_1, \cdots, [\frac{n}{a_1}]a_1, a_2, 2a_2, \cdots, [\frac{n}{a_2}]a_2, a_3, \cdots, a_k,$$

$$2a_k, \cdots, [\frac{n}{a_k}]a_k \qquad ①$$

首先证明数列①中没有两个数相等,若不然,可设

$$b'a_i = b''a_i, 1 \leq b' < b'' \leq [\frac{n}{a_i}], 1 \leq i \leq k \qquad ②$$

或

$$b'a_i = b''a_j, 1 \leq b' \leq [\frac{n}{a_i}], 1 \leq b'' \leq [\frac{n}{a_j}] (1 \leq i < j \leq k)$$

$$\qquad ③$$

显然式②不可能成立. 由式③

$$[a_i, a_j] \leq [a_i, b''a_j] = [a_i, b'a_i] = b'a_i \leq n$$

这与题设矛盾. 故式③不可能成立.

由于 $[a_i, a_j] > n$, 故 $a_1 \neq 1$, 从而①中每个数都不为1,而①中任何数

$$ba_i \leq [\frac{n}{a_i}]a_i \leq \frac{n}{a_i}a_i = n$$

故①中至多有 $n-1$ 个数. 因此得

$$\sum_{i=1}^{k} [\frac{n}{a_i}] \leq n-1$$

于是

$$\sum_{i=1}^{k} \frac{n}{a_i} - k < \sum_{i=1}^{k} [\frac{n}{a_i}] \leq n-1$$

即

$$\sum_{i=1}^{k} \frac{n}{a_i} < n-1+k \leq n-1+[\frac{n+1}{2}] \leq$$

$$n-1+\frac{n+1}{2}=\frac{3n-1}{2}<\frac{3n}{2}$$

故 $$\sum_{i=1}^{k}\frac{1}{a_i}<\frac{3}{2}$$

例8 设有一个 $n(n>3)$ 个顶点的平面凸多边形的所有对角线的长度之和为 d，周长为 p，证明

$$n-3<\frac{2d}{p}<[\frac{n}{2}][\frac{n+1}{2}]-2$$

（1984年第25届IMO试题）

证明 设凸多边形的顶点为 $A_1, A_2, \cdots, A_n$. 为方便计算，我们约定 A_{i+n} 即为 A_i.

下面把对角线与不大于半周长的那些边的和进行比较. 显然有

$$A_1A_3 < A_1A_2 + A_2A_3$$
$$A_2A_4 < A_2A_3 + A_3A_4$$
$$A_3A_5 < A_3A_4 + A_4A_5$$
$$\vdots$$
$$A_nA_{n+2} < A_nA_1 + A_1A_2$$

将以上各式相加，得

$$\sum_{i=1}^{n}A_iA_{i+2}<2p$$

同理

$$\sum_{i=1}^{n}A_iA_{i+3}<3p$$
$$\vdots$$
$$\sum_{i=1}^{n}A_iA_{i+[\frac{n}{2}]}<[\frac{n}{2}]p \quad (n\text{ 为奇数})$$

于是当 n 为奇数时，有

$$d < (2+3+\cdots+[\tfrac{n}{2}])p =$$

$$\tfrac{p}{2}([\tfrac{n}{2}]+2)([\tfrac{n}{2}]-1)$$

即

$$\tfrac{2d}{p} < [\tfrac{n}{2}][\tfrac{n+1}{2}] - 2$$

当 n 为偶数时,注意到所有的

$$A_i A_{i+\frac{n}{2}} < \tfrac{1}{2} \cdot \tfrac{n}{2} p$$

于是有

$$\sum_{i=1}^{n} A_i A_{i+2} < 2p$$

$$\sum_{i=1}^{n} A_i A_{i+3} < 3p$$

$$\vdots$$

$$\sum_{i=1}^{n} A_i A_{i+\frac{n}{2}-1} < (\tfrac{n}{2}-1)p$$

$$\sum_{i=1}^{n} A_i A_{i+\frac{n}{2}} < \tfrac{1}{2} \cdot \tfrac{n}{2} p$$

将以上各式相加,得

$$d < (2+3+\cdots+(\tfrac{n}{2}-1))p + \tfrac{n}{4}p =$$

$$\tfrac{(2+\tfrac{n}{2}-1)(\tfrac{n}{2}-2)p}{2} + \tfrac{n}{4}p = \tfrac{n^2-8}{8}p$$

$$\tfrac{2d}{p} < \tfrac{n^2}{4} - 2 = [\tfrac{n}{2}][\tfrac{n+1}{2}] - 2$$

这就证明了右边的不等式,下面证明左边的不等式,即证明 $\dfrac{2d}{p} > n-3$.

如图 15.1 所示,由
$$MA_i + MA_{i+1} > A_i A_{i+1}$$
$$MA_{i+k} + MA_{i+k+1} > A_{i+k} A_{i+k+1}$$

得
$$A_i A_{i+k} + A_{i+1} A_{i+k+1} > A_i A_{i+1} A_{i+k} A_{i+k+1}$$

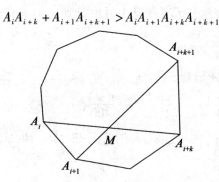

图 15.1

取 $i = 1, 2, \cdots, n, k = 2, 3, \cdots, n-2$,得
$$2d > (n-3)p, \dfrac{2d}{p} > n-3$$

于是有
$$n-3 < \dfrac{2d}{p} < \left[\dfrac{n}{2}\right]\left[\dfrac{n+1}{2}\right] - 2$$

例9 问公元后 n 年 m 月 p 日是星期几?

解 设公元 1 年 1 月 1 日到这天的总天数是 A,则这天星期几是 A 被 7 除所得的余数.

设 $\dfrac{A}{7} = \left[\dfrac{A}{7}\right] + \alpha, 0 \leqslant \alpha < 1$,则
$$7\alpha = A - 7\left[\dfrac{A}{7}\right], 0 \leqslant 7\alpha < 7$$

显然,7α 就是 A 被 7 除所得的余数,设 $x = 7\alpha$,故

[x]与{x}

$$x = A - 7\left[\frac{A}{7}\right]$$

因为公历逢四年一闰,逢一百年不闰,逢四百年再闰,闰月以 29 天计算. 所以

$$A = 365(n-1) + \left(\left[\frac{n-1}{4}\right] - \left[\frac{n-1}{100}\right] + \left[\frac{n-1}{400}\right]\right) + w$$

式中 w 表示公元 n 年从 1 月 1 日到 m 月 p 日所经过的天数.

所以

$$x = (364+1)(n-1) + \left(\left[\frac{n-1}{4}\right] - \left[\frac{n-1}{100}\right] + \left[\frac{n-1}{400}\right]\right) + w -$$

$$7\left[\frac{(364+1)(n-1) + \left(\left[\frac{n-1}{4}\right] - \left[\frac{n-1}{100}\right] + \left[\frac{n-1}{400}\right]\right) + w}{7}\right]$$

设

$$B = (364+1)(n-1) + \left[\frac{n-1}{4}\right] - \left[\frac{n-1}{100}\right] + \left[\frac{n-1}{400}\right]$$

故 $x = B + w - 7\left[\frac{B+w}{7}\right]$.

如 1992 年 6 月 10 日

$$B = 1\,992 + \left[\frac{1\,992}{4}\right] - \left[\frac{1\,992}{100}\right] + \left[\frac{1\,992}{400}\right] =$$

$$1\,992 + 498 - 19 + 4 = 2\,475$$

$$w = 31 + 28 + 31 + 30 + 31 + 10 = 161$$

所以

$$x = 2\,475 + 161 - 7\left[\frac{2\,475 + 161}{7}\right] =$$

$$2\,636 - 7 \times 376 = 4$$

即 1992 年 6 月 10 日是星期四.

第 15 章 其他问题

例 10 晚会上有 n 个人,试证其中存在 2 人,使得其余 $n-2$ 个人中至少有 $\left[\dfrac{n}{2}\right]-1$ 个人,每个人或者同这 2 人都相识,或者同这 2 个人都不相识. 假设"相识"是对称关系.

(1985 年第 14 届美国数学竞赛题)

证明 给定 2 人,若第 3 人只同这 2 人中的 1 人相识,我们就叫第 3 人对于这 2 人组为"混合式"的.

设某 A 恰好同 k 个人相识,则与 $n-k-1$ 个人不相识,于是 A 对于 $k(n-k-1)$ 个组的 2 个人组为"混合式"的.

由于
$$k(n-k-1) \leqslant \dfrac{(n-1)^2}{4}$$

所以每个人至多对于 $\dfrac{n(n-1)^2}{4}$ 个组是"混合式"的. 我们把这些"混合式"的 2 人组分成 C_n^2 类,则至少有一类,至多有
$$\left[\dfrac{\dfrac{n(n-1)^2}{4}}{C_4^2}\right]=\left[\dfrac{n-1}{2}\right]$$

个"混合式"2 人组.

于是存在一个 2 人组,使得这 2 人至多和 $\left[\dfrac{n-1}{2}\right]$ 个人组成"混合式"2 人组.

那么这 2 人至少和 $n-2-\left[\dfrac{n-1}{2}\right]=\left[\dfrac{n}{2}\right]-1$ 个人不组成混合式 2 人组,即和 $\left[\dfrac{n}{2}\right]-1$ 个人或者都相识或者都不相识.

例 11 已知一对互素的正整数 $p>q$,求所有的实数 c,d,使得集合 $A=\{[\frac{np}{q}],n\in \mathbf{N}\}$ 和 $B=\{[c+d],n\in \mathbf{N}\}$ 满足 $A\cap B=\varnothing, A\cup B=\mathbf{N}$.

(1989 年捷克斯洛伐克数学竞赛题)

解 设 c 和 d 是满足条件的一对实数,对任意正整数 m,考察集合 $S_m=\{1,2,\cdots,mp\}$. 易证 $mp\in A, mp-1\in B$,而且 S_m 中含有 mq 个 A 中的元素,因而有 $m(p-q)$ 个是 B 的元素,所以有 $[cm(p-q)+d]=mp-1$. 于是

$$mp-1\leqslant cm(p-q)+d<mp$$

$$\frac{p}{p-q}-\frac{1}{m(p-q)}\leqslant c+\frac{d}{m(p-q)}<\frac{p}{p-q}$$

于上式中含 $m\to\infty$ 取极限,即得 $c=\frac{p}{p-q}$.

由此可得

$$B=\{[\frac{p}{p-q}n+d],n\in\mathbf{N}\}=$$

$$\{n+[\frac{q}{p-q}n+d],n\in\mathbf{N}\} \qquad ①$$

而由

$$mp-1=[cm(p-q)+d]=[mp+d]=mp+[d]$$

又可得到 $-1\leqslant d<0$. 我们改写

$$A=\{[\frac{np}{q}],n\in\mathbf{N}\}=\{n+[\frac{p-q}{q}n],n\in\mathbf{N}\} \qquad ②$$

因为 $(p,q)=1$,故 $(p-q,q)=1$,从而存在正整数 λ,μ,使得 $1\leqslant\lambda<p-q, 1\leqslant\mu<q$ 且

$$\lambda q-\mu(p-q)=1 \qquad ③$$

于是

$$b_\lambda = \lambda + \left[\frac{\lambda q}{p-q} + d\right] = \lambda + \mu + \left[\frac{1}{p-q} + d\right] \in B$$

$$a_\mu = \mu + \left[\frac{\mu(p-q)}{q}\right] =$$

$$\mu + \lambda - 1 + \left[\frac{q-1}{q}\right] =$$

$$\mu + \lambda - 1 \in A$$

注意到 $-1 \leqslant d < 0$，且 $b_\lambda \neq a_\mu$，便得

$$-\frac{1}{p-q} \leqslant d < 0$$

上面得到实数对 c,d 应满足的必要条件

$$c = \frac{p}{p-q}, \quad -\frac{1}{p-q} \leqslant d < 0$$

下面证明这也是充分条件. 令

$$A_1 = \{a_1, a_2, \cdots, a_q\}$$
$$B_1 = \{b_1, b_2, \cdots, b_{p-q}\}$$

则

$$A = \bigcup_{k=0}^{\infty} A_1 + \{k\}, B = \bigcup_{k=0}^{\infty} B_1 + \{k\}$$

其中 $c + \{k\} = \{c+k, c \in \mathbf{C}\}$. 因而，为证明 $A \cap B = \varnothing$，$A \cup B = \mathbf{N}$，只需验证 $A_1 \cap B_1 = \varnothing$，$A_1 \cup B_1 = S_1$. 因为 $A_1 \subset S_1, B_1 \subset S_1, A_1, B_1, S_1$ 的元素分别为 $q, p-q, p$，故又只需证明 $A_1 \cap B_1 = \varnothing$.

因为 $a_q = p, b_{p-q} = p - 1$，而 A, B 中的其他元素都比它们小，故不会在另一集合中有相同元素. 而对于 $A_i \setminus \{a_q\}$ 中的任一元素 $j + \left[\frac{p-q}{q}j\right], 1 \leqslant j < q-1, j(p-q)/q$ 都不是整数；对于 $B_1 \setminus \{B_{p-q}\}$ 中的任一元素 b_1，$1 \leqslant i \leqslant p-q-1$，都有

$$b_1 = i + \left[\frac{q}{p-q}i + d\right] = i + \left[\frac{q}{p-q}i\right]$$

若有正整数 $i, j, 1 \leq i < p-q, 1 \leq i < q$,使

$$j + \left[\frac{p-q}{q}j\right] = a_j = b_i = i + \left[\frac{q}{p-q}i\right]$$

记 $\frac{p-q}{q}j = m + \alpha, \frac{qi}{p-q} = k + \beta$,其中 $0 < \alpha < 1, 0 \leq \beta < 1$. 于是有

$$j + \frac{p-q}{q}j > j + \left[\frac{p-q}{q}j\right] = i + \left[\frac{qi}{p-q}\right] = i + k =$$

$$k + \frac{(p-q)(k+\beta)}{q} \geq k + \frac{(p-q)k}{q}$$

从而 $j > k$. 这样一来

$$j > \left[\frac{(p-q)}{q}j\right] > k + \left[\frac{(p-q)(k+1)}{q}\right] \geq$$

$$k + \left[\frac{(p-q)(k+\beta)}{q}\right] = i + \left[\frac{q}{p-q}i\right]$$

矛盾. 这就完成了全部证明.

例 12 对于非负整数 $n, f(n)$ 定义如下

$$f(0) = 0, f(1) = 1, f(n) = f\left(\left[\frac{n}{2}\right]\right) + n - 2\left[\frac{n}{2}\right]$$

当 $0 \leq n \leq 1991$ 时,求 $f(n)$ 的最大值.

(1991 年日本数学奥林匹克试题)

解 将整数 $n(n \geq 0)$ 用 2 进制表示

$$n = a_i a_{i-1} \cdots a_2 a_1$$

其中 $a_1, a_2, \cdots, a_{i-1}, a_i$ 是 0 或 1,那么

$$\frac{n}{2} = a_i a_{i-1} \cdots a_2 + \frac{a_i}{2}.$$

所以

$$\left[\frac{n}{2}\right] = a_i a_{i-1} \cdots a_2$$

$$2\left[\frac{n}{2}\right] = a_i a_{i-1} \cdots a_2 0$$

所以

$$f(n) = f\left[\frac{n}{2}\right] + n - 2\left[\frac{n}{2}\right] = f(a_i a_{i-1} \cdots a_2) + a_1 =$$
$$f(a_i a_{i-1} \cdots a_3) + a_2 + a_1 = \cdots =$$
$$f(a_i) + a_{i-1} + \cdots + a_2 + a_1 =$$
$$f(0) + a_i + a_{i-1} + \cdots + a_1 =$$
$$a_i + a_{i-1} + \cdots + a_2 + a_1$$

因 $0 \leqslant n < 1991$,而

$$2^{10} < 1991 < 2^{11} - 1$$

故题设中的 n 在 2 进制中至多是 11 位数,而 1 991 在 2 进制中是 11111000111,$f(n)$ 等于 2 进制中各位数码之和,由于它不可能为 11111111111,所以 $f(n)$ 的最大值只能为 10. 这些 n 值在 2 进制中是 $1111\cdots11$(10 位数),$10111\cdots11$,$11011\cdots11$,$11101\cdots11$,$1111011\cdots11$(以上都是 11 位数),相应的 n 的 10 进制数是 1 023,1 535,1 791,1 919,1 983. 它们相对应于 $f(n)$ 的最大值是 10.

例 13 求所有自然数 n,使得 $\min\limits_{k \in \mathbf{N}}(k^2 + \left[\frac{n}{k^2}\right]) = 1991$.

(1991 年中国数学奥林匹克试题)

解

$$\min\limits_{k \in \mathbf{N}}(k^2 + \left[\frac{n}{k^2}\right]) = 1991 \Leftrightarrow k^2 + \frac{n}{k^2} \geqslant 1991 \quad ①$$

对任意 $k \in \mathbf{N}$,存在 $k_0 \in \mathbf{N}$,使得

$$k_0^2 + \frac{n}{k^2} < 1992 \quad ②$$

由于①$\Leftrightarrow k^4 - 1991k^2 + n \geq 0$,任意$k \in \mathbf{N}$,即

$$(k^2 - \frac{1991}{2})^2 + n - \frac{1991^2}{4} \geq 0 (k \in \mathbf{N})$$

又

$$\min_{k \in \mathbf{N}}(k^2 - \frac{1991}{2})^2 = (1024 - \frac{1992}{2})^2$$

从而①$\Leftrightarrow (1024 - \frac{1991}{2})^2 + n - \frac{1991^2}{4} \geq 0$,即

$$n \geq 1024 \times 967 \qquad ③$$

②$\Leftrightarrow$存在$k_0 n \in \mathbf{N}$,使得$-k_0^4 + 1992k_0^2 - n > 0$,即

$$-(k_0^2 - 996)^2 - n + 996^2 > 0$$

由于

$$\max_{k \in \mathbf{N}}\{-(k^2 - 996)^2\} = -(1024 - 996)^2$$

从而

$$②\Leftrightarrow -(1024 - 996)^2 - n + 996^2 > 0$$

即

$$n < 1024 \times 968 \qquad ④$$

由③和④$\Leftrightarrow 1024 \times 967 \leq n < 1024 \times 968$ 即为所求.

例14 每个自然数都不能表成$[n + \sqrt{n} + \frac{1}{2}]$,其中$n \in \mathbf{N}$,对否?

(1989 年 IMO 预选题)

解 记$f(n) = [n + \sqrt{n} + \frac{1}{2}], n \in \mathbf{N}$,则

$$f(n+1) - f(n) = [n + 1 + \sqrt{n+1} + \frac{1}{2}] -$$

$$[n + \sqrt{n} + \frac{1}{2}] =$$

$$1 + [\sqrt{n+1} + \frac{1}{2}] - [\sqrt{n} + \frac{1}{2}]$$

于是，当且仅当 $[\sqrt{n+1}+\frac{1}{2}] > [\sqrt{n}+\frac{1}{2}]$，也即存在某个 $m \in \mathbf{N}$ 使得 $\sqrt{n}+\frac{1}{2} < m \leqslant \sqrt{n+1}+\frac{1}{2}$ 时，$f(n+1)-f(n) > 1$. 由

$$\sqrt{n}+\frac{1}{2} < m \leqslant \sqrt{n+1}+\frac{1}{2}$$

得 $n < m^2 - m + \frac{1}{4} \leqslant n+1$，即存在 $m \in \mathbf{N}$，使得 $n = m^2 - m$.

另一方面，对任意 $n \in \mathbf{N}$，因为

$$\sqrt{n+1}-\frac{1}{2} < \sqrt{n}+\frac{1}{2}$$

所以

$$f(n+1) = n+2+[\sqrt{n+1}-\frac{1}{2}] \leqslant$$

$$n+[\sqrt{n}+\frac{1}{2}]+2 = f(n)+2$$

于是

$$f(n+1)-f(n) = \begin{cases} 2, & \text{当 } n = m^2-m(m=2,3,\cdots) \\ 1, & \text{其他} \end{cases}$$

而且因为当 $m \geqslant 2$ 时

$$m-1 < \sqrt{m^2-m}+\frac{1}{2} < m$$

所以

$$f(m^2-m)+1 = m^2+[\sqrt{m^2-m}+\frac{1}{2}]-m+1 = m^2$$

于是 $f(n)$ 可以取除形如 $f(m^2-m)+1 = m^2$ 的数以及小于 $f(1)=2$ 的数之外的所有自然数，这就证明一个自然数不能表为 $[n+\sqrt{n}+\frac{1}{2}]$ 的必要且充分条件

[x]与{x}

是,它是某个自然数的平方.

例15 证明:若对每个 $n \in \mathbf{N}, a, b, c$ 满足 $[na] + [nb] = [nc]$,则 a, b, c 至少有一个是整数.

(1983年保加利亚数学竞赛题)

证明 首先注意,由题中条件可以推出 $c = a + b$. 事实上,如果 $c > a + b$,则取 $n \geq \dfrac{1}{c-a-b}$,从而

$$[nc] > nc - 1 \geq na + nb \geq [na] + [nb]$$

如果 $c < a + b$,取 $n \geq \dfrac{2}{a+b-c}$,从而有

$$[nc] \leq nc \leq na - 1 + nb - 1 < [na] + [nb]$$

都与题中条件矛盾,此外,当 $n = 1$ 时,有 $[a] + [b] = [c]$. 其次,如果记 $a = [a] + \alpha, b = [b] + \beta, c = [c] + \gamma$,则 $\alpha, \beta, \gamma \in [0, 1)$. 且由

$$[an] + [bn] = ([a]n + [\alpha n]) ([b]n + [\beta n]) = ([a] + [b])n + [\alpha n] + [\beta n] = [c]n + [\gamma n]$$

可以推得

$$[\alpha n] + [\beta n] = [\gamma n]$$

因此,不失一般性,可设 $0 \leq a < 1, 0 \leq b < 1$ 且 $c = a + b < 1$. 设 $a \neq 0, b \neq 0$,分两种情形讨论.

(1)设 a, b 为有理数,即 $a = \dfrac{k}{m}, b = \dfrac{l}{m}, c = \dfrac{k+l}{m}$,其中 $k, l, m \in \mathbf{N}$,且 $k + l < m$. 于是,如果 $n = m - 1$,则

$$[an] = \left[\dfrac{k(m-1)}{m}\right] = \left[k - \dfrac{k}{m}\right] = [k - a] = k - 1$$

同理

$$[bn] = l - 1, [cn] = k + l - 1$$

因此,等式 $[an] + [bn] = [cn]$ 对这样的 n 不成

立.

（2）设 a,b 至少有一个为无理数，不妨设为 a，则 $p \in \mathbf{N}$，使得 $a + pb < 1 \leqslant a + (p+1)b$. 下面证明：对某个 $n \in \mathbf{N}$，有 $a + pb < \{na\}$.

事实上，记 $\varepsilon = 1 - (a + pb)$，并考虑 $\{a\}, \{2a\}, \{3a\}, \cdots, \{ta\}$，其中 $t > \dfrac{1}{\varepsilon} + 1$. 因为所有这些数都属于区间 $(0,1)$，故其中必有这样的两个数 $\{ra\}$ 和 $\{qa\} (r<q)$，其差小于 ε，否则这些数中最大者和最小者之差不小于 $\varepsilon(t-1) > \varepsilon \cdot \dfrac{1}{\varepsilon} = 1$. 因此，要么 $\{(q-r)a\} > 1 - \varepsilon$，要么 $\{(q-r)a\} < \varepsilon$. 对前者，取 $n = q - r$，可得 $a + pb = 1 - \varepsilon < \{na\}$；对后者，记 $\delta = \{(q-r)a\}$，并取 $s \in \mathbf{N}$，使 $\delta s < 1 \leqslant \delta(s+1)$. 此时，设 $n = s(q-r)$，得
$$\{nq\} = s\{(q-r)a\} = \delta s > 1 - \varepsilon$$

因此，对后者有 $a + pb < \{na\}$，对于所求的 n 值，应有等式
$$[na] + [nb] = [nc]$$
$$\{na\} + \{nb\} = n(a+b) - ([na] + [nb]) = \{nc\}$$

于是有
$$\{na\} > a, \{nc\} = \{na\} + \{nb\} \geqslant$$
$$\{na\} > a + pb \geqslant a + b = c$$
$$\{nb\} = \{nc\} - \{na\} < 1 - (a+pb) =$$
$$1 - (a + (p+1)b - l) \leqslant$$
$$1 - (1 - b) = b$$

由此得到 $n > 1$ 且
$$[(n-1)a] = [na], [(n-1)c] = [nc], [(n-1)b] = [nb] - 1$$
这表明，等式

$$[(n-1)a] + [(n-1)b] = [(n-1)c]$$
不成立. 这就证明, a 和 b 中至少有一个为 0, 矛盾. 因此, 题中的结论是正确的.

例 16 证明: 存在正实数 λ, 使得对任意 $n \in \mathbf{N}$, $[\lambda^n]$ 与 n 的奇偶性相同, 并给出一个如此的正实数 λ.

(1988 年中国集训班测试题)

证明 取 $\lambda = \dfrac{3+\sqrt{17}}{2}, \mu = \dfrac{3-\sqrt{17}}{2}$, 则 λ 和 μ 是二次方程 $x^2 - 3x - 2 = 0$ 的两个根. 于是
$$\lambda^2 - 3\lambda - 2 = 0, \mu^2 - 3\mu - 2 = 0$$
上两式分别乘以 λ^n 和 μ^n, 得
$$\lambda^{n+2} - 3\lambda^{n+1} - 2\lambda^n = 0, \mu^{n+2} - 3\mu^{n+1} - 2\mu^n = 0$$
上两式相加, 记 $S_n = \lambda^n + \mu^n$, 则有
$$S_{n+2} - 3S_{n+1} - 2S_n = 0$$

由此得到, $S_{n+2} \equiv S_{n+1} \pmod{2}$. 显然 $S_0 = 2, S_1 = 3, S_2 = 13$. 因此, 当 $n \geq 1$ 时, $S_n \equiv 1 \pmod{2}$. 另一方面, 因为 $-1 < \mu < 0$, 所以, 当 n 为奇数时, $[\lambda^n] = S_n$, 当 n 为偶数时, $[\lambda^n] = S_n - 1$. 于是, 当 n 为奇数时, $[\lambda^n] = S_n \equiv 1 \equiv n \pmod{2}$, 当 n 为偶数时, $[\lambda^n] = S_n - 1 \equiv 0 \equiv n \pmod{2}$. 即 $[\lambda^n]$ 与 n 有相同的奇偶性.

练习题解答或提示

练习一

1. 因为当 $x=4$ 时,$y=0$,所以 $\left[\dfrac{4+[u]}{4}\right]=\dfrac{4+[u]}{4}$,$\dfrac{4+[u]}{4}$ 是一个整数,要选择的 u 必须当 $x=4$ 时 $[u]$ 能被 4 整除. 把 $x=4$ 分别代入四个选项得

    A. $\dfrac{3}{2}$,B. $\dfrac{5}{4}$,C. 1,D. $\dfrac{3}{4}$

    显然 $\left[\dfrac{3}{2}\right]$,$\left[\dfrac{5}{4}\right]$,$[1]$ 都不能被 4 整除,而 $\left[\dfrac{3}{4}\right]=0$,它能被 4 整除,故 $u=\dfrac{x-1}{4}$,选 D.

2. 因为 $a<\sqrt{a^2+a+1}<a+1$,所以 $\left[\sqrt{a^2+a+1}\right]=a$.

3. (1) 26;

    (2) 因为 $12^3=1728<1\ 987<2\ 197=13^3$,所以
    $$12<\sqrt[3]{1\ 987}<13$$
    所以
    $$1\ 986+12<1\ 986+\sqrt[3]{1\ 987}<1\ 986+13$$

[x]与{x}

所以 $12 < \sqrt[3]{1\,986 + \sqrt[3]{1\,987}} < 13, \cdots, 11 < \sqrt[3]{1\,715 + \cdots} < 12, \cdots, 1 < \sqrt[3]{1 + \sqrt[3]{2 + \cdots}} < 2$,故

$$\left[\sqrt[3]{1 + \sqrt[3]{2 + \sqrt[3]{3 + \sqrt[3]{\cdots + \sqrt[3]{1\,987}}}}}\right] = 1$$

4. 当 $k \geq 2$ 时,有

$$(\sqrt{k+2} - \sqrt{k})^2 > 0 \qquad \qquad ①$$

$$(\sqrt{k} - \sqrt{k-2})^2 > 0 \qquad \qquad ②$$

由①得

$$\sqrt{k}\sqrt{k+2} - k < 1, \text{即 } \sqrt{k+2} - \sqrt{k} < \frac{1}{\sqrt{k}} \qquad ③$$

由②得

$$\frac{1}{\sqrt{k}} < \sqrt{k} - \sqrt{k-2} \qquad \qquad ④$$

由③,④得

$$\sqrt{k+2} - \sqrt{k} < \frac{1}{\sqrt{k}} < \sqrt{k} < \sqrt{k-2} \qquad ⑤$$

$k \geq 2$,在⑤中令 $k = 3, 5, \cdots, 2k+1, \cdots, 1\,981^2$. 将这些不等式相加得

$$\sqrt{1\,981^2 + 2} - \sqrt{3} < \frac{1}{\sqrt{3}} + \frac{1}{\sqrt{5}} + \cdots + \frac{1}{\sqrt{1\,981^2}} < \sqrt{1\,981^2} - 1$$

即 $\sqrt{1\,981^2 + 2} + 1 - \sqrt{3} < S < 1\,981$

因为

$$1\,980 < 1\,981 + 1 - 2 < \sqrt{1\,981^2 + 2} + 1 - \sqrt{3}$$

所以 $1\,980 < S < 1\,981$,所以 $[S] = 1\,980$.

5. 令 $S_n = \sum_{k=1}^{n^2} [\sqrt{k}]$ ($n = 1, 2, 3 \cdots$),显然 $S_1 = 1$. 因为

$$S_m - S_{m-1} = \sum_{k=1}^{m^2}[\sqrt{k}] - \sum_{k=1}^{(m-1)^2}[\sqrt{k}] =$$
$$[\sqrt{(m-1)^2+1}] + [\sqrt{(m-1)^2+2}] + \cdots +$$
$$[\sqrt{m^2-1}] + [\sqrt{m^2}]$$

而
$$[\sqrt{(m-1)^2+1}] = [\sqrt{(m-1)^2+2}] = \cdots =$$
$$[\sqrt{m^2-1}] = m-1$$

又因为$[\sqrt{m^2}] = m$,所以
$$S_m - S_{m-1} = 2(m-1)^2 + m$$

所以
$$\sum_{m=2}^{n}(S_m - S_{m-1}) = 2\sum_{m=2}^{n}(m-1)^2 + \sum_{m=2}^{m}m$$

即
$$S_m - S_1 = 2 \times \frac{(n-1)n(2n-1)}{6} + \frac{(n+2)(n-1)}{2}$$

所以
$$S_n = 1 + \frac{2}{3}(n-1)n(2n-1) + \frac{1}{2}(n+2)(n-1) =$$
$$\frac{1}{6}(4n^3 - 3n^2 + 5n)$$

6. 1 989.

7. $-3\ 956\ 121$.

8. 先证明,对一切大于 2 的自然数 n,恒有 $n+2 < 2^n$.
于是
$$S < \sqrt{2 + \sqrt[3]{3 + \sqrt[4]{4 + \cdots + \sqrt[1989]{1\ 989 + 2}}}} < \cdots <$$
$$\sqrt{2 + \sqrt[3]{3+2}} < \sqrt{2+2} = 2$$

又显然有 $S > 1$,所以 $[S] = 1$.

9. 提示：$\dfrac{1}{k^2} < \dfrac{1}{k-1} - \dfrac{1}{k}, k \geq 2, k \in \mathbf{N}, [S] = 1$.

10. 提示：$\dfrac{1}{k!} < \dfrac{1}{2^{k-1}}, k \geq 3, k \in 1, [S] = 1$.

11. 先证明

$$\dfrac{3}{2}[\sqrt[3]{(n+1)^2} - \sqrt[3]{n^2}] < \dfrac{1}{\sqrt[3]{n}} < \dfrac{3}{2}[\sqrt[3]{n^2} - \sqrt[3]{(n-1)^2}]$$

$$\sum_{k=4}^{1\,000\,000} \dfrac{3}{2}(\sqrt[3]{k^2} - \sqrt[3]{(k-1)^2}) > \sum_{k=4}^{1\,000\,000} \dfrac{1}{\sqrt[3]{k}} >$$

$$\sum_{k=4}^{1\,000\,000} \dfrac{3}{2}(\sqrt[3]{(k+1)^2} - \sqrt[3]{k^2})$$

即

$$\dfrac{3}{2}(\sqrt[3]{1\,000\,000^2} - \sqrt[3]{3^2}) > x > \dfrac{3}{2}(\sqrt[3]{1\,000\,000^2} - \sqrt[3]{4^2})$$

亦即 $14\,997 > x > 14\,996$，所以 $[x] = 14\,996$.

12. $a_i = (i^2 + 11i + 4 - 4)(i^2 + 11i + 4 + 6) =$
$(k_i - 4)(k_i + 6) = k_i^2 + 2k_i - 24 =$
$k_i^2 + 2(k_i - 12)$

其中 $k_i = i^2 + 11i + 4$. 由于 $k_i > 15$，故 $k_i^2 < a_i$. 另一方面，$(k_i + 1)^2 - a_i = 25 > 0$. 于是

$$k_i^2 < a_i < (k_i + 1)^2, k_i < \sqrt{a_i} < k_i + 1$$

所以

$$[\sqrt{a_i}] = k_i = i^2 + 11i + 4$$

$$\sum_{i=1}^{n}[\sqrt{a_i}] = \sum_{i=1}^{n}(i^2 + 11i + 4) =$$

$$\dfrac{n(n+1)(2n+1)}{6} + \dfrac{11n(n+1)}{2} + 4n =$$

$$\dfrac{n}{3}(n^2 + 18n + 29)$$

附录　练习题解答或提示

13. 1 992.

15. 要使 $\dfrac{m^2+7}{m+4}$ 不是既约分数,必须 $d=(m^2+7,m+4)>1$,所以,$(m^2+7,m+4)=(m(m+4)-4(m+4)+23,m+4)=(23,m+4)=23$. 由 $23\mid(m+4)$ 且 $5\leqslant m+4\leqslant 1\,994$ 知,在 1 到 1 990 中这样的 m 共有 $\left[\dfrac{1\,994}{23}\right]-\left[\dfrac{5}{23}\right]=86$ 个.

16. 先设 $a>0$,假设 $a<\dfrac{N-1}{N}$,则 $[Na]<N-1$,从而数 $[a],\cdots,[Na]$ 中必有相同的,可见应有 $a\geqslant\dfrac{N-1}{N}$.

同理应有 $\dfrac{1}{a}\geqslant\dfrac{N-1}{N}$,所以 $\dfrac{N-1}{N}\leqslant a\leqslant\dfrac{N}{N-1}$. 易知在这个区间中的每一个数都满足要求. 对 $a<0$ 的情形可作类似地考察.

17. 61 个.

练习二

1. 原方程即为 $[x]=-\dfrac{x}{2}-\dfrac{11}{4}$,$0\leqslant x-(-\dfrac{x}{2}-\dfrac{11}{4})<1$. 解得 $-\dfrac{11}{6}\leqslant x<-\dfrac{7}{6}$,$[x]=-2$,$x=-\dfrac{3}{2}$.

2. 由 $x-1<[x]\leqslant x$,代入原方程得
$$\begin{cases}3x+5x-50\geqslant 0\\ 3x+5(x-1)-50<0\end{cases}$$
解得 $\dfrac{50}{8}\leqslant x<\dfrac{55}{8}$,所以 $[x]=6$,从而 $x=6\dfrac{2}{3}$.

3. 令 $t=\dfrac{3(2x+1)}{4}$,则 $x=\dfrac{4t-3}{6}$,则原方程化为 $\left[\dfrac{8t+3}{15}\right]=t$,从而 $0\leqslant\dfrac{8t+3}{15}-t<1$,解之得 $-1\dfrac{5}{7}<$

[x]与{x}

$t \leqslant \frac{3}{7}$，因为 t 为整数，所以 $t = 0$ 或 $t = -1$. 从而得 $x = -\frac{1}{2}$ 或 $x = -\frac{7}{6}$.

4. 因为 $-x^2 + 3x = -(x - \frac{1}{2})^2 + \frac{9}{4} \leqslant \frac{9}{4}$，$x^2 + \frac{1}{2} \geqslant \frac{1}{2}$. 所以原方程若有解，仅有下列三种情形：

(1) $[-x^2 + 3x] = [x^2 + \frac{1}{2}] = 0$，即

$$\begin{cases} 0 \leqslant -x^2 + 3x < 1 \\ \frac{1}{2} \leqslant x^2 + \frac{1}{2} < 1 \end{cases}$$

解之得 $0 \leqslant x < \frac{3 - \sqrt{5}}{2}$.

(2) $[-x^2 + 3x] = [x^2 + \frac{1}{2}] = 1$，即

$$\begin{cases} 1 \leqslant -x^2 + 3x < 2 \\ 1 \leqslant x^2 + \frac{1}{2} < 2 \end{cases}$$

解得 $\frac{\sqrt{2}}{2} \leqslant x < 1$.

(3) $[-x^2 + 3x] = [x^2 + \frac{1}{2}] = 2$，即

$$\begin{cases} 2 \leqslant -x^2 + 3x < \frac{9}{4} \\ 2 \leqslant x^2 + \frac{1}{2} < 3 \end{cases}$$

解得 $\frac{\sqrt{6}}{2} \leqslant x < \frac{\sqrt{10}}{2}$.

5. 原方程可化为 $\{x\} = \frac{1}{2}[x]$. 因为 $0 \leqslant \{x\} < 1$，所以

附录 练习题解答或提示

$0 \leq \frac{1}{2}[x] < 1$,又因为 $x \neq 0$,所以 $[x] = 1$,所以 $x = 1.5$.

6. 由 $x = [x] + \{x\}$,得
$$\{x^2\} = \{([x] + \{x\})^2\} =$$
$$\{[x]^2 + 2[x]\{x\} + \{x\}^2\} =$$
$$\{2[x]\{x\} + \{x\}^2\}$$

可知等式 $\{x^2\} = \{x\}^2$ 仅当 $2[x]\{x\}$ 为整数时成立.

所以 $0 \leq x < 1$ 或 $x = m + \frac{p}{2m}$, m 为任意整数, $0 \leq p \leq 2m$, p 为整数.

7. 因为 $0 \leq \{\frac{6x+5}{8}\} < 1$,所以 $0 \leq \frac{81-90x}{8} < 1$. 解得 $\frac{41}{90} < x \leq \frac{81}{90}$,所以 $\frac{29}{30} < \frac{6x+5}{8} \leq 1 + \frac{9}{30}$. 所以 $\{\frac{6x+5}{8}\} = \frac{6x+5}{8}$ 或 $\frac{6x+5}{8} - 1$,即

$$\frac{81-90x}{40} = \frac{6x+5}{8} \Rightarrow x = \frac{7}{15}$$

或

$$\frac{81-90x}{40} = \frac{6x+5}{8} - 1 \Rightarrow x = \frac{4}{5}$$

8. 将 $\{x\} = x - [x]$ 代入原方程得
$$4x^3 + x - 1 = [x]$$

因为 $x - 1 < [x] \leq x$,所以 $x - 1 < 4x^3 + x - 1 \leq x$,

所以 $0 < x \leq 2^{-\frac{2}{3}}$,所以 $[x] = 0$,即 $4x^3 + x - 1 = 0$,

所以 $x = \frac{1}{2}$.

9. $3 \leq x \leq 5$.

309

[x]与{x}

10. $x = -\sqrt{5}, x = -2, x = 1.$

11. $x = -\sqrt[3]{11}, x = -2, x = 1.$

12. 将两个方程相减得 $2[x] - 3[x-2] - 2 = 0$. 因为 $[x-2] = [x] - 2$, 所以 $[x] = 4, y = 11$. 又因为 x 不是整数, 所以 $15 < x + y < 16$.

13. (1) 设 $[x] = n$, 由原方程得 $x^2 + 7 = 8n$. 知 $n > 0$, 由 $n \leq x < n + 1$, 得
$$n^2 + 7 \leq x^2 + 7 < (n+1)^2 + 7 = n^2 + 2n + 8$$
所以 $\qquad n^2 + 7 \leq 8n < n^2 + 2n + 8$
解得 $1 \leq n < 7$ 或 $4 < n \leq 7$, 即 $n = 1, 5, 6, 7$. 所以 $x = 1, \sqrt{33}, \sqrt{41}, 7$.

(2) $x = 2k\pi + \dfrac{3\pi}{2}$ 与 $x = 2([2k\pi + \dfrac{3\pi}{2}] + 1) - (2k\pi + \dfrac{3\pi}{2}), k \in \mathbf{Z}.$

14. 因为所给方程左边是整数, 所以 $\{x\}$ 是整数, 又 $0 \leq \{x\} < 1$, 所以 $\{x\} = 0$, 于是 x 是整数, 即 $[x^3] = x^3$, $[x^2] = x^2, [x] = x$, 则 $x^3 + x^2 + x = -1, (x^2+1)(x+1) = 0$, 所以 $x = -1$.

15. $\dfrac{x-1}{2} - 1 < \dfrac{x^2 - 2x - 3}{12} \leq \dfrac{x-1}{2}$, 故有 $4 - \sqrt{13} \leq x < 3$ 或 $5 < x \leq 4 + \sqrt{13}$. $\left[\dfrac{x-1}{2}\right]$ 的取值只能是 $-1, 0$ 或 $2, 3$. 所以 $x = 1 + 2\sqrt{7}, 1 + 2\sqrt{10}$.

16. (1) 当 $x \neq 1$ 时, 有 $|x-1|(|x+1|-1) = \{x\}$. 分 $x > 1, -1 \leq x < 1$ 与 $x < -1$ 三种情况讨论, 得原方程有三个解 $x = 0, -2, -\sqrt{5}$.

(2) 因为 $0 \leq 2\cos^2 x \leq 2$, 所以 $[\tan x]$ 的值只能取 0,

310

附录　练习题解答或提示

1,2. 经验证只有 $[\tan x] = 1$ 成立, $x = k\pi + \dfrac{\pi}{4}, k \in \mathbf{Z}$.

17. (1) 设 $[3x] = m$, 则 $m \leqslant 3x < m+1$, 即

$$\dfrac{m}{3} \leqslant x < \dfrac{m+1}{3} \qquad ①$$

设 $[2x] = n$, 则 $n \leqslant 2x < n+1$, 即

$$\dfrac{n}{2} \leqslant x < \dfrac{n+1}{2} \qquad ②$$

且

$$8m - 5n = 3 \qquad ③$$

由①,②得

$$\begin{cases} \dfrac{n}{2} < \dfrac{m+1}{3} \\ \dfrac{m}{3} < \dfrac{n+1}{2} \end{cases} \Rightarrow \begin{cases} 3n < 3m+2 \\ 3n > 2m-3 \end{cases}$$

所以 $\qquad -3 < 3n - 2m < 2$

故 $\qquad 3n - 2m = k\,(k = -2, -1, 0, 1) \qquad ④$

由③,④得 $n = \dfrac{4k+3}{7}$, 因为 n 为整数, 所以 $k=1$. 所以 $n=1, m=1$ 代入①,②得

$$\begin{cases} \dfrac{1}{3} \leqslant x < \dfrac{2}{3} \\ \dfrac{1}{2} \leqslant x < 1 \end{cases} \Rightarrow \dfrac{1}{2} \leqslant x < \dfrac{2}{3}$$

(2) 用列表法可得

$$1 \leqslant x < 1\dfrac{1}{5},\ -\dfrac{3}{5} \leqslant x < -\dfrac{1}{2},\ 1\dfrac{3}{5} \leqslant x < 1\dfrac{2}{3}$$

311

[x]与{x}

(3) $x_1 = 1, x_2 = \dfrac{1+\sqrt{5}}{2}$.

18. 仿例 7 可求得满足题设的实数 x 的个数为

$$\sum_{a=1}^{n-1}\{(a+1)^3 - a^3 - 1\} = n^3 - 1 - (n-1) = n^3 - n$$

19. $n = 7$.

20. 显然 x 是不超过 1 001 的自然数,又

$$f(x) = \left[\dfrac{x}{1!}\right] + \left[\dfrac{x}{2!}\right] + \cdots + \left[\dfrac{x}{10!}\right]$$

在正整数集上是严格递增的函数. 当 $x \leqslant 1\,001$ 时,$\left[\dfrac{x}{7!}\right], \left[\dfrac{x}{8!}\right], \left[\dfrac{x}{9!}\right], \left[\dfrac{x}{10!}\right]$ 均为 0,今考虑 $\dfrac{x}{1!} + \dfrac{x}{2!} + \cdots + \dfrac{x}{6!} = 1\,001\,(x \in \mathbf{N})$,解得 $[x] = 582$,以 $x = 583$ 代入 $f(x) = 998$;$x = 584$ 代入 $f(x) = 1\,001$,所以 $x = 584$.

21. $10, 7\dfrac{1}{2}, 9\dfrac{1}{8}, 8\dfrac{2}{7}, 6\dfrac{4}{5}$. 将 $x = [x] + \{x\}$ 代入方程可化为 $([x] - 1)(\{x\} + 1) = 9$. 由此知 $\{x\}$ 是有理数,又因为 $0 \leqslant \{x\} < 1$,故可令 $\{x\} = \dfrac{n}{k}$,其中 $0 \leqslant n < k$,则 $([x] - 1)(n + k) = 9k$. 当 $n = 0$ 时,得 $x = 10$,而当 $n > 0$ 时,可认为 n 与 k 互质. 这时 $n + k$ 与 k 互质. 因而 9 应为 $n + k$ 的倍数. 所以,只有如下几种可能:

(1) $n + k = 3, n = 1, k = 2, \{x\} = \dfrac{1}{2}, [x] = 7$;

(2) $n + k = 9$,则 (a) $n = 1, k = 8, \{x\} = \dfrac{1}{8}, [x] = 9$;

附录 练习题解答或提示

(b)$n=2, k=7, \{x\}=\dfrac{2}{7}, [x]=8$;(c)$n=4, k=5$,
$\{x\}=\dfrac{4}{5}, [x]=6.$

22. n^2 个自然数对 (x,y), 其中 $1 \leqslant x \leqslant n, 1 \leqslant y \leqslant n$ 都是某一方程 $\left[x^{\frac{3}{2}}\right]+\left[y^{\frac{3}{2}}\right]=c\left(1 \leqslant c \leqslant 2\left[n^{\frac{3}{2}}\right]\right)$ 的解. 如果对任意的 c, 解的个数不大于 M, 那么 $2\left[n^{\frac{3}{2}}\right] \cdot M \geqslant n^2$ 或者 $M \geqslant \dfrac{1}{2}\sqrt{n}.$

23. 由题设 x 必为整数且 $x \geqslant 0$, 则 $ax=[a]x=\{a\}x$, 从而原方程变为
$$x=[ax]=[a]x+[\{a\}x] \quad ①$$
因为 $[a] \geqslant 1$, 所以式①成立的充要条件是 $[a]=1$ 且
$$\{a\}x < 1 \quad ②$$
因为 $x=0$ 显然满足方程, 所以 $[ax]=x$ 只对 $n-1$ 个正整数成立. 又若 $\{a\}x<1, x'<x$, 则显然 $\{a\}x'<1$. 故 $\{a\}x<1$ 的正整数解必是 $x=1,2,\cdots,n-1$. 故 $\{a\}x<1$ 的正整数解必是 $x=1,2,\cdots,n-1$. 这时 $\{a\}x<1$, 故 $\{a\}<\dfrac{1}{n-1}$. 又当 $x \geqslant n, x$ 不是①的解, 即要求 $\{a\} \geqslant 1$ 成立. 由 $\{a\}x \geqslant 1$ 及 $x \geqslant n$, 因而有 $\{a\}n \geqslant 1$, 所以 $\{a\} \geqslant \dfrac{1}{n}$. 故 $1+\dfrac{1}{n} \leqslant a < 1+\dfrac{1}{n-1}.$

24. 由方程知 $x \neq 0, [x] \neq 0$, 且 $(x-[x])\left(1-\dfrac{92}{x[x]}\right)=0$, 即 $x-[x]=0$ 或 $1-\dfrac{92}{x[x]}=0$. 所以 $x=[x]$, 即 x 为整数(非零)或 $x[x]=92.$ 令 $[x]=n$, 则

313

[x]与{x}

$$x = n + \alpha(0 \leqslant \alpha < 1), n(n+\alpha) = 92 \quad ①$$

由 $n \leqslant n+\alpha < n+1$ 与①知,$n>0$ 时,$n^2 \leqslant 92 < n(n+1)$,此不等式无正整数解. 当 $n<0$ 时,由①知 $n(n+1) < 92 \leqslant n^2$,此不等式有整数解 $n = -10$,所以 $(-10)(-10+\alpha) = 92, \alpha = 0.8$,即 $x = -9.2$.

25. 对固定的 $k \in \mathbf{N}$,等式 $[\sqrt[3]{m}] = k$ 等价不等式 $k^3 \leqslant m \leqslant (k+1)^3 - 1 (m \in \mathbf{N})$. 满足这个条件的自然数 m 的个数为 $(k+1)^3 - k^3 = 3k^2 + 3k + 1$. 因原方程左边等于 $\sum_{k=1}^{x-1} S_k$,其中 $S_k = k(3k^2 + 3k + 1)$. 因为当 $k \in \mathbf{N}$ 时,$S_k > 0, S_1 = 7, S_2 = 38, S_3 = 111, S_4 = 244$,且 $S_1 + S_2 + S_3 + S_4 = 400$. 所以原方程有唯一自然数解 $x = 5$.

练习三

1. 设 $\dfrac{y}{x} = t$,则 $y = xt$,设 $t = [t] + r_1, x = [x] + r_2, 0 \leqslant r_1, r_2 < 1$. 则

$$[y] = [xt] = [([x] + r_2)([t] + r_1)] = [[x][t] + r_1[x] + r_2[t] + r_1 r_2] \geqslant [x][t]$$

因为 $x \geqslant 1, y > 0, t > 0$,知

$$r_2[t] + r_1[x] + r_1 r_2 \geqslant 0$$

所以 $\dfrac{[y]}{[x]} \geqslant [t]$,即 $\left[\dfrac{y}{x}\right] \leqslant \dfrac{[y]}{[x]}$.

2. 由上题得 $\dfrac{[y]}{[x]} \geqslant \left[\dfrac{y}{x}\right]$,所以

$$\sum_{k=1}^{n} \dfrac{[kx]}{k} = \sum_{k=1}^{n} \dfrac{[kx]}{[k]} \geqslant \sum_{k=1}^{n} \left[\dfrac{kx}{k}\right] = n[x]$$

3. 由于 $x = [x] + \{x\}$,则 $[x]\{x\} < [x] + \{x\} - 1$,即

$$[x](\{x\} - 1) < \{x\} - 1$$

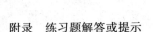

又因为$\{x\}-1<0$,所以$[x]>1$,所以$x\geq 2$.

4. 略.

5. 设$x=x_1+x_0$,$y=y_1+y_0$,其中x_1,y_1是非负整数,$0\leq x_0,y_0<1$. 于是所求证的不等式为$x_1+y_1+[5x_0]+[5y_0]\geq [3x_0+y_0]+[3y_0+x_0]$,因此只需证$[5x_0]+[5y_0]\geq [3x_0+y_0]+[3y_0+x_0]$. 又当$x_0=0$或$y_0=0$时,上式显然成立,故只需对$0<x,y<1$,证明

$$[5x]+[5y]\geq [3x+y]+[3y+x] \quad ①$$

不失一般性,可令$x\geq y$. 若$y\leq x\leq 2y$,将式①变形为

$$[5x]-[3x+y]\geq [3y+x]-[5y]$$

因为$[5x]-[3x+y]\geq [5x]-[4x]\geq 0$,$[3y+x]-[5y]\leq [5y]-[5y]=0$,式①成立. 若$x>y$,设$5x=m+r_1$,$5y=n+r_2$,其中$m,n$是非负整数,$0\leq r_1,r_2<1$,代入式①为

$$m+n\geq [\frac{3m+n+(3r_1+r_2)}{5}]+[\frac{3n+m+(3r_2+r_1)}{5}] \quad ②$$

因为$2y<x<1$,$2(5y)<5x<5$,所以$[2(n+r_2)]\leq [m+r_1]<[5]$,即$2n\leq m\leq 4$. 取数对$(n,m)=(0,0),(0,1),(0,2),(0,3),(0,4),(1,2),(1,3),(1,4),(2,4)$分别代入②中检验知,它们满足②式. 综上所述,原不等式成立.

6. 略.

7. 将每个a_i写成$2^{a_i}(2t_i-1)$的形式,其中a_i为非负整数,t_i为自然数. 对任意的$i\neq j$,因$[a_i,a_j]>2n$,所以$2t_i-1\neq 2t_j-1$. 由此推知,$2t_1-1,2t_2-1,\cdots,2t_n-1$是$1,3,\cdots,2n-1$的一个排列. 若$a_1\leq [\frac{2n}{3}]$,则

$3a_1 \leq 2n$,且 $3a_1 = 2^{a_i}(6t_1 - 3)$. 故 $6t_1 - 3$ 也是不超过 $2n - 1$ 的正奇数. 因 $6t_1 - 3 \neq 2t_1 - 1$,所以存在 $j > 1$,使 $6t_1 - 3 = 2t_j - 1$. 于是

$$[a_i, a_j] = \begin{cases} 2^{a_1}(2t_j - 1) = 3a_1 \leq 2n, & \text{若 } a_1 \geq a_j \\ a^j(2t_j - 1) = a_j \leq 2n, & \text{若 } a_1 < a_j \end{cases}$$

这与题设矛盾. 所以 $a_1 > \left[\dfrac{2n}{3}\right]$.

8. 令 $a = 7m + r_1 = 5n + r_2 = 3p + r_3$,其中 $m, n, p \in \mathbf{N}$,$0 \leq r_1 \leq 6, 0 \leq r_2 \leq 4, 0 \leq r_3 \leq 2$. 则 $\left[\dfrac{a}{7}\right] = m$,$\left[\dfrac{a}{5}\right] = n$,$\left[\dfrac{a}{3}\right] = p$. 且

$$15a = 105m + 15r_1 \qquad ①$$
$$21a = 105n + 21r_2 \qquad ②$$
$$35a = 105p + 35r_3 \qquad ③$$

①+②−③得 $a = 105(m + n - p) + (15r_1 + 21r_2 - 35r_3)$. 若题中结论不成立,即若 $m + n - p \leq 2$,则由上式,有 $a \leq 105 \times 2 + (15 \times 6 + 21 \times 4 - 35 \times 0) = 384$,这与 $a \geq 385$ 矛盾. 故求证不等式成立.

练习四

1. 令 $n^2 + 7n + 6 = a$,则 $n(n+7) = a - 6$,$(n+1)(n+6) = a$,$(n+2)(n+5) = a + 4$,$(n+3)(n+4) = a + 6$. 于是

$$p = (a-6)a(a+4)(a+6) = a^4 + 4a(a+3)(a-12)$$

因为 $n \geq 1$,所以 $a = (n+1)(n+6) > 14$,所以 $4a(a+3)(a-12) > 0$,所以 $p > a^4 \Rightarrow \sqrt[4]{p} > a$.

另一方面,$(a+1)^4 - p = (a^4 + 4a^3 + 6a^2 + 4a + 1) - (a^4 + 4a^3 + 36a^2 - 144a) = 42a^2 + 148a + 1 > 0$,所以

$a+1 > \sqrt[4]{p}$,从而有 $a < \sqrt[4]{p} < a+1$. 所以 $[\sqrt[4]{p}] = a = n^2 + 7n + 6$.

2. 设 $n = qk + r, 0 \leq r \leq k-1$,则

$$[\frac{n}{k}] = [\frac{qk+r}{k}] = [q + \frac{r}{k}] = q$$

$$\vdots$$

$$[\frac{n+(k-r-1)}{k}] = [\frac{qk+r+k-r-1}{k}] =$$

$$[\frac{qk+k-1}{k}] = [q + \frac{k-1}{k}] = q$$

$$[\frac{n+(k-r)}{k}] = [\frac{qk+r+(k-1)}{k}] =$$

$$[\frac{(q+1)k}{k}] = q+1$$

$$\vdots$$

$$[\frac{n+k-1}{k}] =$$

$$[\frac{qk+r+k-1}{k}] =$$

$$[\frac{(q+1)k+r-1}{k}] = q+1$$

这说明等式左边 k 项中,有 $(k-r)$ 个 q 和 r 个 $(q+1)$,即左边 $= (k-r)q + r(q+1) = kq + r = n$.

3. 因为

$$S = \sum_{k=1}^{n} \frac{1}{\sqrt{k}} = 1 + \frac{1}{\sqrt{2}} + \cdots + \frac{1}{\sqrt{n}} =$$

$$2(\frac{1}{2} + \frac{1}{2\sqrt{2}} + \cdots + \frac{1}{2\sqrt{n}}) >$$

$$2(\frac{1}{\sqrt{2}+1} + \frac{1}{\sqrt{3}+\sqrt{2}} + \cdots + \frac{1}{\sqrt{n^2+1}+n}) =$$

$$2(\sqrt{2}-1+\sqrt{3}-\sqrt{2}+\cdots+\sqrt{n^2+1}-n)=$$
$$2(\sqrt{n^2+1}-1)=\alpha$$

又

$$S=1+2(\frac{1}{2\sqrt{2}}+\frac{1}{2\sqrt{3}}+\cdots+\frac{1}{2\sqrt{n}})<$$
$$1+2(\frac{1}{\sqrt{2}+1}+\frac{1}{\sqrt{3}+\sqrt{2}}+\cdots+\frac{1}{\sqrt{n}+\sqrt{n^2-1}})=$$
$$1+2(\sqrt{2}-1+\sqrt{3}-\sqrt{2}+\cdots+\sqrt{n}-\sqrt{n^2-1})=$$
$$2n-1=\beta$$

所以 $\alpha<S<\beta$,因为 $\beta-\alpha=1-2(\sqrt{n^2+1}-n)<1$, β 是整数,所以 α,β 之间无整数.所以 $[S]=[\alpha]=\beta-1=2(n-1)$ 是偶数.

4. 略.

5. 略.

6. 设 $[\sqrt{n}]=k$,则 $k\leqslant\sqrt{n}<k+1$.

i) $k+\frac{1}{2}<\sqrt{n}<k+1$ 时, $\langle\sqrt{n}\rangle=k+1$,且

$$k^2+k+\frac{1}{4}<n<k^2+2k+1$$

上式两边同加上 $k=[\sqrt{n}]$,得

$$k^2+2k+\frac{1}{4}<n+[\sqrt{n}]<k^2+3k+1$$

注意到 $n+[\sqrt{n}]$ 是自然数,有

$$k^2+2k+1\leqslant n+[\sqrt{n}]<k^2+4k+4$$

即 $k+1\leqslant\sqrt{n+[\sqrt{n}]}<k+2$,故

$$\sqrt{n+[\sqrt{n}]}=k+1=\langle\sqrt{n}\rangle$$

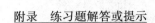

注意到 $\sqrt{n}$ 或为自然数,或为无理数,所以 $\sqrt{n} \neq k + \frac{1}{2}$.

ii) $k \leqslant \sqrt{n} < k + \frac{1}{2}$ 时,可类似于 i)证明

$$\langle \sqrt{n} \rangle = k = \sqrt{n + [\sqrt{n}]}$$

7. 因为 $[\frac{x+t^k}{t^{k+1}}] + [\frac{x+2t^k}{t^{k+1}}] + \cdots + [\frac{x+(t-1)t^k}{t^{k+1}}] =$

$$[\frac{x}{t^{k+1}} + \frac{1}{t}] + [\frac{x}{t^{k+1}} + \frac{2}{t}] + \cdots + [\frac{x}{t^{k+1}} + \frac{t-1}{t}]$$

由厄尔密特等式,得上式应为

$$[t \cdot \frac{x}{t^{k+1}}] - [\frac{x}{t^{k+1}}] = [\frac{x}{t^k}] - [\frac{x}{t^{k+1}}]$$

由于 x 是任一固定的实数,而 $t>1$ 将使 $t, t^2, t^3, \cdots$ 无限制地增大,必存在自然数 m,使 $|\frac{x}{t^m}| < 1$,因此,当 $x \geqslant 0$ 时

$$\sum_{k=0}^{\infty}([\frac{x}{t^k}] - [\frac{x}{t^{k+1}}]) = ([x] - [\frac{x}{t}]) + ([\frac{x}{t}] - [\frac{x}{t^2}]) + ([\frac{x}{t^2}] - [\frac{x}{t^3}]) + \cdots = [x]$$

而当 $x < 0$ 时,该和式为 $[x] + 1$,因为当 $-1 < q < 0$ 时,$[q] = -1$.

8. 设等式左边为 A,右边为 B,我们来证明 $A = B$. 令 $N = [\frac{k}{2-a}]$,则 $\frac{k}{2-a} = N + x$,其中 $0 \leqslant x < 1$. 注意到 $1 < a < 2$,故有 $0 < \frac{k}{N+x} = 2 - a < 1$. 从上式解得 $a = 2 - \frac{k}{N+x}$ 或 $\frac{a}{2} = 1 - \frac{k}{2(N+x)}$. 所以

319

[x]与{x}

$$A = \left[(2-\frac{k}{N+x})N+1-\frac{k}{2(N+x)}\right] =$$

$$\left[2N-\frac{kN}{N+x}+1-\frac{k}{2(N+x)}\right] =$$

$$2N-k+\left[1+\frac{(x-\frac{1}{2})k}{N+x}\right]$$

而 $B = \left[(2-\frac{k}{N+x})(N+x)\right] = 2N-k+[2x]$. 如果 $0 \leq x < \frac{1}{2}$, 则 $A = 2N-k = B$. 而当 $\frac{1}{2} \leq x < 1$ 时, $A = 2N-k+1 = B$.

9. 令 $N = 2^\alpha + a_{\alpha-1} \cdot 2^{\alpha-1} + a_{\alpha-2} \cdot 2^{\alpha-2} + \cdots + a_1 \cdot 2 + a_0$. 其中 $a_i = 0$ 或 1. $(i = 0, 1, 2, \cdots, \alpha-1)$, 于是 $N - 2^k = 2^\alpha + \cdots + (a_k - 1)2^k + \cdots + a_0$ $(k = 0, 1, 2, \cdots, \alpha-1)$, 而 $\left[\frac{N-1}{2}\right] = \left[2^{\alpha-1} + a_{\alpha-1}2^{\alpha-2} + \cdots + a_1 + \frac{a_0-1}{2}\right]$. 若 $a_0 = 1$, 则 $a_0 - 1 = 0$, 若 $a_0 = 0$, 则 $a_0 - 1 = -1$, 均有 $\left[\frac{a_0-1}{2}\right] = a_0 - 1$. 所以

$$\left[\frac{N-1}{2}\right] = 2^{\alpha-1} + a_{\alpha-1}2^{\alpha-2} + \cdots + a_1 + a_0 - 1$$

同理可得

$$\left[\frac{N-1}{2^2}\right] = 2^{\alpha-2} + a_{\alpha-1}2^{\alpha-3} + \cdots + a_2 + a_1 - 1$$

$$\vdots$$

$$\left[\frac{N-2^k}{2^{k+1}}\right] = 2^{\alpha-k-1} + \cdots + a_{k+1} + (a_k - 1)$$

所以

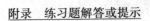

右边 $= \sum_{k=0}^{\alpha-1} 2^{\alpha-k-1} + a_{\alpha-1} \sum_{k=0}^{\alpha-2} 2^{\alpha-k-2} + (a_{\alpha-1}-1) +$

$a_{\alpha-2} \sum_{k=0}^{\alpha-3} 2^{\alpha-k-3} + (a_{\alpha-2}-1) + \cdots =$

$(2^{\alpha}-1) + (a_{\alpha-1} 2^{\alpha-1} - 1) +$

$(a_{\alpha-2} 2^{\alpha-2} - 1) + \cdots = N - \alpha - 1 =$ 左边

10. 设 x 为正整数,且 $x^2 > 4n+1$,若 x 为偶数,则 $x^2 = 4m > 4n+1, m \geq n+1, x^2 = 4m > 4n+3$;若 x 为奇数,则 $x^2 = 4m+1 > 4n+1$,同样 $x^2 > 4n+3$. 特别取 $x = [\sqrt{4n+1}] + 1$,则

$[\sqrt{4n+1}] + 1 > \sqrt{4n+3} > \sqrt{4n+1} \geq [\sqrt{4n+1}]$

所以
$$[\sqrt{4n+3}] = [\sqrt{4n+1}]$$

从而
$$[\sqrt{4n+1}] = [\sqrt{4n+2}] = [\sqrt{4n+3}]$$

又
$(\sqrt{n} + \sqrt{n+1})^2 = 2n+1 + 2\sqrt{n(n+1)} >$
$2n+1 + 2n = 4n+1$

$(\sqrt{n} + \sqrt{n+1})^2 < 2n+1 + 2(n+1) = 4n+3$

所以
$$[\sqrt{4n+1}] \leq [\sqrt{n} + \sqrt{n+1}] \leq [\sqrt{4n+3}]$$

所以
$$[\sqrt{n} + \sqrt{n+1}] = [\sqrt{4n+1}] = [\sqrt{4n+2}] = [\sqrt{4n+3}]$$

12. $n = 312$.

13. 令 $n = A - [\sqrt{A}]$,现证 $[n + \sqrt{n} + \frac{1}{2}] = A$. 记 $[\sqrt{A}] =$

[x]与{x}

x,则有 $x^2 < A < (x+1)^2$,即 $x^2 + 1 \leq A \leq x^2 + 2x \Leftrightarrow$
$x^2 - x + 1 \leq A - x = n \leq x^2 + x$,则有

$$\sqrt{x^2 - x + 1} + \frac{1}{2} \leq \sqrt{n} + \frac{1}{2} \leq \sqrt{x^2 + x} + \frac{1}{2}$$

所以

$$x < \sqrt{x^2 - x + 1} + \frac{1}{2} \leq \sqrt{n} + \frac{1}{2} \leq \sqrt{x^2 + x} + \frac{1}{2} < x + 1$$

即 $\left[\sqrt{n} + \frac{1}{2}\right] = x$,也即 $\left[n + \sqrt{n} + \frac{1}{2}\right] = n + x = A$.

练习五

1. (1) 即点集 $\{(x,y) \mid 1 \leq x < 2, 1 \leq y < 2\}$ 或点集 $\{(x,y) \mid -1 \leq x < 0, -1 \leq y < 0\}$.

(2) $[xy] = 2 \Leftrightarrow 2 \leq xy < 3$,即点集 $\{(x,y) \mid 2 \leq xy < 3\}$.

(3) $[x+y] = 1 \Leftrightarrow 1 \leq x + y < 2$.

2. 当 $x < \frac{25}{2}$ 时,$\left[\dfrac{x}{12\frac{1}{2}}\right] = 0$,所以 $f(x) = 0$. 当 $x \geq \frac{25}{2}$ 时,

$\left[\dfrac{-12\frac{1}{2}}{x}\right] = -1$,所以 $f(x) = -\left[\dfrac{x}{12\frac{1}{2}}\right]$. 故

$$f(x) = \begin{cases} 0, & 10 < x < \dfrac{25}{2} \\ -n, & \dfrac{25}{2}n \leq x < \dfrac{25}{2}(n+1), n = 1, 2, \cdots, 7 \end{cases}$$

所以在 $0 < x < 90$ 中,$f(x)$ 的值域为 8 个数
$0, -1, -2, -3, -4, -5, -6, -7$.

3. 令 $y = -x^2 + 3x + 1$,则 $y = -\left(x - \dfrac{3}{2}\right)^2 + \dfrac{13}{4}$,所以

$y \leqslant \dfrac{13}{4}$，所以 $f(x)$ 最大值为 $f(\dfrac{13}{4}) = 3$.

4. 利用下一节的定理 4，得

$$f(n) = \dfrac{n+2}{3}[\dfrac{n+2}{3}] + \dfrac{2}{3}[\dfrac{n+1}{3}] + \dfrac{2}{3}[\dfrac{n}{3}] - \dfrac{n+6}{3}[\dfrac{n-1}{3}]$$

即

$$3f(n) = (n+2)[\dfrac{n+2}{3}] + 2[\dfrac{n+1}{3}] + 2[\dfrac{n}{3}] - (n+6)[\dfrac{n-1}{3}]$$

当 $n = 3m + 1$ 时，则

$$3f(n) = (3m+3)[\dfrac{3m+3}{3}] + 2[\dfrac{3m+2}{3}] + 2[\dfrac{3m+1}{3}] - (3m+7)[\dfrac{3m}{3}] =$$

$$(3m+3)(m+1) + 2m + 2m - (3m+7)m = 3m + 1 + 2$$

所以 $3f(n) - n = 2$，即 $\dfrac{3f(n)-n}{2} = 1$. 同样，当 $n = 3m + 2$ 时，$\dfrac{3f(n)-n}{2} = 2$；当 $n = 3m + 3$ 时，$\dfrac{3f(n)-n}{2} = 3$，故原 $f(n)$ 可写成

$$\dfrac{3f(n)-n}{2} = \begin{cases} 1, & \text{当 } n = 3m+1 \text{ 时} \\ 2, & \text{当 } n = 3m+2 \text{ 时} \\ 3, & \text{当 } n = 3m+3 \text{ 时} \end{cases}$$

此处 $r = 1, s = 2, k = 3$. 故由下节定理 5，有

$$\dfrac{3f(n)-n}{2} = n - 3[\dfrac{n-1}{3}]$$

[x]与{x}

所以 $f(n) = n - 2\left[\dfrac{n-1}{3}\right]$.

5. $\max f(s) = \left[\dfrac{n}{2}\right]$. 分两种情况证明:

(1) $n = 2k$ 为偶数. k 与其相邻数之差的绝对值小于等于 k, 所以 $f(s) \leqslant k = \left[\dfrac{n}{2}\right]$. 另一方面, 在 $s = (k+1, 1, k+2, 2, \cdots, 2k, k)$ 时, $f(s) = k$.

(2) $n = 2k+1$ 为奇数. $k+1$ 与其相邻数之差的绝对值小于等于 k. 而在 $s = (k+1, 1, k+2, 2, \cdots, 2k, k, 2k+1)$ 时, $f(s) = k$. 所以仍有 $f(s) = k = \left[\dfrac{n}{2}\right]$.

6. 设 $p = 2k\pi (k \in \mathbf{N})$, 则对任意整数 n

$|f(x+p) - f(x)| = |\sin \pi(x+p) - \sin \pi x| =$

$$2\left|\sin \dfrac{\pi p}{2} \cdot \cos\left(\pi x + \dfrac{\pi p}{2}\right)\right| \leqslant$$

$$2|\sin k\pi^2| = 2|\sin k\pi^2 - \sin n\pi| =$$

$$4\left|\sin \dfrac{k\pi - n}{2}\pi \cdot \cos \dfrac{k\pi + n}{2}\pi\right| \leqslant$$

$$4\left|\sin \dfrac{(k\pi - n)}{2}\pi\right| \leqslant$$

$$2|k\pi - n|\pi$$

只需证有任意大的整数 k 及整数 n, 满足

$$|k\pi - n| < \dfrac{d}{2n} \qquad ①$$

设 m 是正整数, $\dfrac{1}{m} < \dfrac{d}{2\pi}$. k_0 是一个任意大的正整数. 因为 $0 \leqslant \{k\pi\} \leqslant 1$, 在 $m+1$ 个数 $0, \{k_0\pi\}, \{2k_0\pi\}, \cdots, \{mk_0\pi\}$ 中, 必有两个数的距离小于等于 $\dfrac{1}{m}$, 设

$$0 \leqslant \{bk_0\pi\} - \{ak_0\pi\} \leqslant \frac{1}{m}, 则$$

$$0 \leqslant (b-a)k_0\pi - ([bk_0\pi] - [ak_0\pi]) < \frac{d}{\pi}$$

令 $k = (b-a)k_0, n = [bk_0\pi] - [ak_0\pi]$,则①成立.

7. $A(n) = \left[\dfrac{-1+\sqrt{8n+1}}{2}\right]$.

练习六

1. (1) 设 $f(n) = a_n$,则

$$f(n) = \begin{cases} 1, & 当 n = 4k 或 4k-3 时 \\ -1, & 当 n = 4k-2 或 4k-1 时 \end{cases}$$

(k 为不小于 1 的整数)

又知函数 $y = \left[\dfrac{n}{2}\right]$ 的变化规律是

$$y = \left[\dfrac{n}{2}\right] = \begin{cases} 2k-2, & 当 n = 4k-3 时 \\ 2k, & 当 n = 4k 时 \\ 2k-1, & 当 n = 4k-2 或 4k-1 时 \end{cases}$$

所以 $f(n) = (-1)^{\left[\frac{n}{2}\right]}$.

(2) 令 $f(n) = b_n$,则

$$f(n) = \begin{cases} 1, & 当 n = 1 时 \\ 1, & 当 n = mk+i(m 为不小于 1 的奇数, 2 \leqslant i \leqslant k+1) 时 \\ -1, & 当 n = mk+i(m 为不小于 0 的偶数, 2 \leqslant i \leqslant k+1) 时 \end{cases}$$

又因为函数 $y = \left[\dfrac{n+k-2}{k}\right]$ 的变化规律为

$$y = \begin{cases} 0, & 当 n = 1 时 \\ m+1, & 当 n = mk+i, 2 \leqslant i \leqslant k+1 时 \end{cases}$$

又 $m+1 = \begin{cases} 偶数, & 当 m 为奇数时 \\ 奇数, & 当 m 为偶数时 \end{cases}$

所以 $f(n) = (-1)^{\left[\frac{n+k-2}{k}\right]}$.

(3) 设 $C_n = f(n) \cdot \dfrac{1}{n}$,则

$$f(n) = \begin{cases} 1, & n = 4k-3 \text{ 或 } 4k \\ -1, & n = 4k-2 \text{ 或 } 4k-1 \end{cases} (k \in \mathbf{Z}^+)$$

但

$$\left[\dfrac{n}{2}\right] = \begin{cases} 2k-2, & n = 4k-3 \\ 2k, & n = 4k \\ 2k-1, & n = 4k-2 \text{ 或 } 4k-1 \end{cases}$$

所以 $f(n) = (-1)^{\left[\frac{n}{2}\right]}$,所以 $a_n = (-1)^{\left[\frac{n}{2}\right]} \cdot \dfrac{1}{n}$.

(4) $a_n = (-1)^{\left[\frac{n+k-2}{k}\right]} \cdot \dfrac{1}{n}$.

2. 令

$$x_n = \begin{cases} 7n, & n = 5m+1 \\ 4n, & n = 5m+2 \\ 16n, & n = 5m+3 \\ 13n, & n = 5m+4 \\ 10n, & n = 5m+5 \end{cases}$$

则

$$\dfrac{x_n - n}{3n} = \begin{cases} 2, & n = 5m+1 \\ 1, & n = 5m+2 \\ 5, & n = 5m+3 \\ 4, & n = 5m+4 \\ 3, & n = 5m+5 \end{cases}$$

这里 $r=2, s=3, l=5$. 由定理 6

$$\dfrac{x_n - n}{3} = 3 - n + 5\left[\dfrac{n+2}{5}\right]$$

$$x_n = 10n - 3n^2 + 15n\left[\dfrac{n+2}{5}\right]$$

令
$$y_n = \begin{cases} 17, & n = 5m+1 \\ 22, & n = 5m+2 \\ 2, & n = 5m+3 \\ 7, & n = 5m+4 \\ 12, & n = 5m+5 \end{cases}$$

则
$$\frac{y_n+3}{5} = \begin{cases} 4, & n = 5m+1 \\ 5, & n = 5m+2 \\ 1, & n = 5m+3 \\ 2, & n = 5m+4 \\ 3, & n = 5m+5 \end{cases}$$

这里 $r=4, s=1, l=5$, 由定理 5

$$\frac{y_n+3}{5} = n+3 - 5\left[\frac{n+2}{5}\right]$$

$$y_n = 5n + 12 - 25\left[\frac{n+2}{5}\right]$$

所以 $a_n = x_n + y_n = 12 + 15n - 3n^2 + 15n\left[\frac{n+2}{5}\right] - 25\left[\frac{n+2}{5}\right]$.

3. 分别考察 $\{a_n\}$: $4m+1$ 项, $4m+2$ 项, $4m+3$ 项与 $4m+4$ 项, 得

$$a_n = \begin{cases} 8n^2, & n = 4m+1 \\ 6n^2, & n = 4m+2 \\ 4n^2, & n = 4m+3 \\ 10n^2, & n = 4m+4 \end{cases}$$

则

$$\frac{a_n - 2n^2}{2n^2} = \begin{cases} 3, & n = 4m+1 \\ 2, & n = 4m+2 \\ 1, & n = 4m+3 \\ 4, & n = 4m+4 \end{cases}$$

此处 $r=3, s=1, k=4$. 由定理 6,得

$$\frac{a_n - 2n^2}{2n^2} = 4 - n + 4\left[\frac{n}{4}\right]$$

所以 $a_n = 10n^2 - 2n^3 + 8n^2\left[\frac{n}{4}\right]$.

4. 考察 $\{a_n\}$ 的各项的分子,得

$$f(n) = \begin{cases} \dfrac{n+2}{3}, & n = 3m+1 \\ \dfrac{n+1}{3}, & n = 3m+2 \\ \dfrac{n}{3}, & n = 3m+3 \end{cases}$$

由定理 6,得 $f(n) = 1 + \left[\dfrac{n-1}{3}\right]$. 同样,考察 $\{a_n\}$ 的各项的分母,得

$$g(n) = \begin{cases} n+1, & n = 3m+1 \\ n+3, & n = 3m+2 \\ n+5, & n = 3m+3 \end{cases}$$

由定理 5,得

$$g(n) = 3n - 1 - 6\left[\frac{n-1}{3}\right]$$

所以 $a_n = \dfrac{f(n)}{g(n)} = \dfrac{1 + \left[\dfrac{n-1}{3}\right]}{3n - 1 - 6\left[\dfrac{n-1}{3}\right]}.$

5. 首先,注意到 $m - n > 1$ 时,$[m]$ 与 $[n]$ 的值一定不

同,由此

$$\frac{(k+1)^2}{1\,991} - \frac{k^2}{1\,991} > 1$$

即 $2k+1 > 1\,991, k > 995$. 于是从第 996 项起至 1 991项,即

$$\left[\frac{996^2}{1\,991}\right], \left[\frac{997^2}{1\,991}\right], \cdots, \left[\frac{1\,991^2}{1\,991}\right]$$

都不相同,这里共有 996 个不同的数. 另一方面,当 $k \leqslant 44$ 时,$0 < \frac{k^2}{1\,991} < 1$,$\left[\frac{k^2}{1\,991}\right] = 0$,从而前 44 个数均为 0. 当 $45 \leqslant k \leqslant 63$ 时,$1 < \frac{k^2}{1\,991} < 2$,$\left[\frac{k^2}{1\,991}\right] = 1$,于是前 63 个数只能为 0 或 1. 又

$$\left[\frac{995^2}{1\,991}\right] = 497, \left[\frac{996^2}{1\,991}\right] = 498$$

从而前 995 项必出现 $0,1,2,\cdots,497$ 共 498 个不同的数. 于是有 $996 + 498 = 1\,494$ 个不同的数.

6. 为满足题设条件可选 $a_1 = 2^{100\,000} - 2$,因为此时

$$a_2 = \left[\frac{3}{2}a_1\right] + 1 = 3 \times 2^{99\,999} - 3 + 1 = 3 \times 2^{99\,999} - 2$$

$$a_3 = \left[\frac{3}{2}a_2\right] + 1 = 3^2 \times 2^{99\,998} - 3 + 1 = 3^2 \times 2^{99\,998} - 2$$

$$\vdots$$

$$a_{99\,999} = \left[\frac{3}{2}a_{99\,998}\right] + 1 = 3^{99\,998} \times 2^2 - 2$$

$$a_{100\,000} = \left[\frac{3}{2}a_{99\,999}\right] + 1 = 3^{99\,999} \times 2 - 2$$

$$a_{100\,001} = \left[\frac{3}{2}a_{100\,000}\right] + 1 = 3^{100\,000} - 2$$

因此 $a_1, a_2, \cdots, a_{100\,000}$ 全为偶数,而 $a_{100\,001}$ 是奇数.

[x]与{x}

7. 由递推公式得

$$l_2 = \left[\frac{l_1 + m + 2k}{k}\right]$$

$$l_3 = \left[\frac{1}{k}\left[\frac{l_1 + m + 2k}{k} + m + 3k\right]\right] =$$

$$\left[\frac{1}{k^2}(l_1 + m(1+k) + (2k + 3k^2))\right]$$

$$\vdots$$

由归纳易得

$$l_n = \left[\frac{1}{k^{n-1}}(l_1 + m(1 + k + \cdots + k^{n-2}) + (2k + 3k^2 + \cdots + nk^{n-1}))\right]$$

由级数求和公式

$$1 + x + \cdots + x^n = \frac{x^{n+1} - 1}{x - 1}$$

及

$$1 + 2x + \cdots + nx^{n-1} = \frac{nx^n(x-1) - x^n + 1}{(x-1)^2}$$

代入 l_n 的表达式得

$$l_n = \left[\frac{1}{k^{n-1}}\left(l_1 + m\frac{k^{n-1} - 1}{k - 1} + \frac{nk^n(k-1) - k^n + 1}{(k-1)^2} - 1\right)\right]$$

当 $k = 2$ 时,$l_n = \left[\frac{l_1 - m}{2^{n-1}}\right] + m + 2(n-1)$.

8. 设 m 为正奇数,令 $(\sqrt{2} + 1)^m = \sqrt{2}x_m + y_m, x_m, y_m \in$ **N**. 则

$$(\sqrt{2} - 1)^m = \sqrt{2}x_m - y_m$$

两式相乘得

$$2x_m^2 = y_m^2 + 1$$

所以

330

$2(x_m y_m)^2 = x_m^4 + y_m^4, y_m^2 < \sqrt{2} x_m y_m < y_m^2 + 1$

取 $n = x_m y_m$,则 $a_m = [\sqrt{2} x_m y_m] = y_m^2$.

9. $\{x_n\}$ 正项递增

$$x_{n+1} = x_n^2 + x_n = x_n(1 + x_n)$$

$$\frac{1}{1+x_n} = \frac{x_n}{x_{n+1}} = \frac{x_n^2}{x_n x_{n+1}} = \frac{x_{n+1} - x_n}{x_n x_{n+1}} = \frac{1}{x_n} - \frac{1}{x_{n+1}}$$

所以

$$S = \frac{1}{x_1 + 1} + \frac{1}{x_2 + 1} + \cdots + \frac{1}{x_{100} + 1} =$$

$$\left(\frac{1}{x_1} - \frac{1}{x_2}\right) + \left(\frac{1}{x_2} - \frac{1}{x_3}\right) + \cdots + \left(\frac{1}{x_{100}} - \frac{1}{x_{101}}\right) =$$

$$\frac{1}{x_1} - \frac{1}{x_{101}} = 2 - \frac{1}{x_{101}}$$

可以验证 $x_{101} > 1$,所以 $0 < \frac{1}{x_{101}} < 1$.

所以 $[S] = 1$.

10. (1) $a_n = \left[\frac{1 + \sqrt{8n-7}}{2}\right]$;

(2) $a_n = 3\left[\frac{7 + \sqrt{24n-23}}{6}\right] - 2$;

(3) $a_n = 4\left[\frac{5 + \sqrt{8n-7}}{4}\right] - 3$.

11. 由二项式定理有 $(1+\sqrt{2})^n + (1-\sqrt{2})^n = 2$.

$\sum_{k=0}^{[\frac{n}{2}]} C_n^{2k} (\sqrt{2})^{2k}$ 是偶数. $(1+\sqrt{2})^n = $ 偶数 $- (1-\sqrt{2})^n$,由于 $-1 < 1-\sqrt{2} < 0$,故 $|(1-\sqrt{2})^n| < 1$,且 $(1-\sqrt{2})^n$ 正负交错. 从而知 $[(1+\sqrt{2})^n]$ 是偶奇交错的.

[x]与{x}

12. $[a_{100}]=14$.

13. 因为 $a_1=1, a_2=2, a_3=2\frac{1}{2}, a_4=3, a_5=3\frac{1}{3}, a_6=3\frac{2}{3}, a_7=4, a_8=4\frac{1}{4},\cdots$,由此数列单调上升,且通项具有 $m+\frac{k}{m}(0 \leqslant k \leqslant m-1)$ 的形式(可用数学归纳法加以论证).这样数列中整数部分为 1 的项有 1 个,为 2 的项有 2 个,为 3 的项有 3 个;……因此,整数部分不超过 19 的项共有 $1+2+\cdots+19=190$ 个.所以,$a_{191}=20$,而当 $n>191$ 时,有 $a_n>20$.

14. $a_{1000}=495$.试验证,序列 $a_1, a_2, \cdots, a_k, \cdots$ 的前若干项是 $1,1,1,1,2,2,2,3,3,4,4,4,5,5,6,6,\cdots$.再证明这个序列中除去 1 和形式为 2^n 的数以外每一个自然数都出现 2 次,而 1 出现 4 次,形式为 2^n 的数各出现 3 次,再经过简单的计算即可求出 a_{1000}.

16. 10^k 在二进制下有 $[k\log_2 10]+1$ 位,10^k 在五进制下有 $[k\log_5 10]+1$ 位,取 $\alpha=\log_2 10, \beta=\log_5 10$,由本节定理 8 可证明原结论.

练习七

1. $\left[\frac{2804}{7}\right]-\left[\frac{1986}{7}\right]=400-283=117$(个).

2. 249 个.

3. $7(250!)=40, 11(250!)=24, 23(250!)=10$.

4. $200!=2^{197}\times 3^{97}\times 5^{49}\times 7^{32}\times 11^{19}\times 13^{16}\times 17^{11}\times 19^{10}\times 23^{8}\times 29^{6}\times 31^{6}\times 37^{5}\times 41^{4}\times 43^{4}\times 47^{4}\times 53^{3}\times 59^{3}\times 61^{3}\times 67^{2}\times 71^{2}\times 73^{2}\times 79^{2}\times 83^{2}\times 89^{2}\times 97^{2}\times 101\times 103\times 107\times 109\times 113\times 127\times 131\times 139\times 149\times 151\times 157\times 163\times$

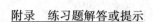

$$167 \times 173 \times 179 \times 181 \times 191 \times 193 \times 197 \times 199$$

5. $(2\,000!)^3$ 末尾有 1 497 个零.

6. $C_{200}^{100} = 2^3 \times 3 \times 5 \times 11 \times 13^2 \times 17 \times 37 \times 53 \times 59 \times 61 \times$
$101 \times 103 \times 107 \times 109 \times 113 \times 127 \times 131 \times$
$139 \times 149 \times 151 \times 157 \times 163 \times 167 \times 173 \times$
$179 \times 181 \times 191 \times 193 \times 197 \times 199$

7. 这个乘积为 $1\,992 \times 1\,990 \times \cdots \times 6 \times 4 \times 2 = 2^{996} \times 996!$,因此只要计算在 994! 中含有多少个质数 5:
$\left[\dfrac{996}{5}\right] + \left[\dfrac{996}{5^2}\right] + \left[\dfrac{996}{5^3}\right] + \left[\dfrac{996}{5^4}\right] + \left[\dfrac{996}{5^5}\right] = 199 + 39 + 7 + 1 + 0 = 246$.

8. 因为 $C_{100}^{50} = \dfrac{100!}{(50!)^2}$. 分子中 100! 中有 $\left[\dfrac{100}{7}\right]\left[\dfrac{100}{7^2}\right] = 16$ 个 7,分母 $(50!)^2$ 中有 $2\left(\left[\dfrac{50}{7}\right]+\left[\dfrac{50}{7^2}\right]\right) = 2(7+1) = 16$ 个 7,从而 C_{100}^{50} 不是 7 的倍数.

9. $7(1\,000!) = \left[\dfrac{1\,000}{7}\right] + \left[\dfrac{1\,000}{7^2}\right] + \left[\dfrac{1\,000}{7^3}\right] = 164$,
$7(100!) = \left[\dfrac{100}{7}\right] + \left[\dfrac{100}{7^2}\right] = 16$,所以 $k = 164 - 16 = 148$.

10. 在 1 到 b 的整数中能被 p_1 整除的个数为 $\left[\dfrac{b}{p}\right]$ 个,能同时被 $p_1 p_2$ 整除的整数就是能被 $p_1 p_2$ 的最小公倍数 q 整除的数. 在 1 到 b 的整数中能被 q 整除的个数为 $\left[\dfrac{b}{q}\right]$ 个. 因而所求的个数为 $\left[\dfrac{b}{p}\right] - \left[\dfrac{b}{q}\right]$.
由于 45 与 84 的最小公倍数为 1 260. 在五位数中能被 45 整除的整数个数为

[x]与{x}

$$\left[\frac{99\,999}{45}\right] - \left[\frac{9\,999}{45}\right] = 2\,000$$

能被 1 260 整除的个数为 $\left[\frac{99\,999}{1\,260}\right] - \left[\frac{9\,999}{1\,260}\right] = 72$. 所以所求的整数个数为 $2\,000 - 72 = 1\,928$.

11. 原式即为 $\frac{(2n)!}{n!}$, 其中分母所含 2 的方次数为 $p = \sum_{i=1}^{\infty}\left[\frac{n}{2^i}\right]$, 而分子所含 2 的方次数为 $q = \sum_{i=1}^{\infty}\left[\frac{2n}{2^i}\right] = n + \sum_{i=1}^{\infty}\left[\frac{n}{2^i}\right] = n + p$, 所以 $q - p = n$. 这正表明原式含 2 的方次数为 n.

12. 要使 $\frac{N^2+7}{N+4}$ 不是既约分数, 必须 $d = (N^2+7, N+4) > 1$. 所以, $(N^2+7, N+4) = (N(N+4) - 4(N+4) + 23, N+4) = (23, N+4) = 23$. 由 $23 \mid N+4$, 且 $5 \leqslant N+4 \leqslant 1\,994$ 知, 从 1 到 1 990 这样的 N 共有 $\left[\frac{1\,994}{23}\right] - \left[\frac{5}{23}\right] = 86$ 个.

13. 分两类讨论. (1) 当 $s = 1$ 时, $N_a = \{rn \mid n = 1, 2, \cdots\}$. 因为 $r > 1$, $m + 1 = rn_m + 1$, 显然结论成立: $r \nmid m+1$;

(2) 当 $s > 1$ 时, 由题设 $\frac{r}{s} > 1$, 有

$$1 \leqslant \left[\frac{r}{s}\right] < \left[\frac{2r}{s}\right] < \cdots < \left[\frac{(s-1)r}{s}\right] = r + \left[-\frac{r}{s}\right] < r - 1 \qquad ①$$

任取 $m = [n_0 a] \in N_a$, 令 $n_0 = qs + k \,(0 \leqslant k \leqslant s-1)$,

则
$$[n_0 a] = [qr + ka] = qr + [ka]$$
而
$$m + 1 = [n_0 a] + 1 = qr + [ka] + 1 \quad ②$$
由①有 $0 \leqslant [ka] < r - 1$,即 $1 \leqslant [ka] + 1 < r$. 再由②可见 $r \nmid m + 1$.

14. 设 $p = [\dfrac{n^2}{3}]$,如果 $n = 3k$,那么 $p = 3k^2$,如果 $n = 3k + 1, k \geqslant 0$,那么 $p = (3k + 2)k$. 在这两种情形下都只有在 $k = 1$ 时 p 才是素数,此时分别为 $p = 3$ 和 $p = 5$. 如果 $n = 3k + 2, k \geqslant 0$,那么 $p = 3k^2 + 4k + 1 = (k + 1)(3k + 1)$,这时,当 $k = 0, p$ 是合数,当 $k = 0, p = 1$. 所以,所求的素数是 3 和 5.

15. 设 $[\sqrt{n}] = k$,则 $k \leqslant \sqrt{n} < k + 1$. 所以 $k^2 \leqslant n < k^2 + 2k + 1$. 而满足此不等式且能被 k 整除的数 n 只有 $k^2, k^2 + k$ 及 $k^2 + 2k$.

16. 按 $n = 5k, 5k + 1, \cdots, 5k + 4$ 分类讨论,其中 $k = 0, 1, 2, \cdots$. 最后只有 $n = 4, 5, 6$ 时, $[\dfrac{n^2}{5}]$ 才是质数. 所求和为 $\dfrac{37}{60}$.

17. 设 $n = k^2 + m$,其中 $0 < m < 2k + 1$. 并设 $(k, m) = p$,则 $[\sqrt{n}]^3 = k^3, n^2 = k^4 + 2k^2 m + m^2$. 由②知, $k^3 \mid k^4 + 2k^2 m + m^2$,所以 $k^3 \mid 2k^2 m + m^2$. 因为 $p \mid m$,所以 $k^2 p \mid 2k^2 m$,所以 $k^2 p \mid m^2$. 令 $k = p p_1$,由 $p_1 \nmid (\dfrac{m}{p})^2, p^3 p_1 \mid m^2$,知 $p_1 = 1$. 从而 $m = k$ 或 $m = 2k$. 若 $m = k$,则 $k^3 \mid k^2$,所以 $k = 1, n = 2$. 若 $m = 2k$,则 $k \mid 4$. 所以 $k = 1, 2$ 或 4,此时 $n = 2, 3, 8, 24$.

18. 一般地，$A_n = n \cdot 2n \cdot 3n \cdot \cdots \cdot [\frac{1\,000}{n}] \cdot n = n^{[\frac{1\,000}{n}]} \cdot [\frac{1\,000}{n}]!$，所以 $A_{31} = 31^{32} \times 32!$，$A_{32} = 32^{31} \times 31!$. 由于 31 是素数，因此 $(31^{32}, 32^{30}) = 1$，于是 $(A_{31}, A_{32}) = 32!$. 当 $n \leq 30$ 时，$[\frac{1\,000}{n}] > 32$，所以 $32! \mid A_n$. 所以 $A_2, A_3, \cdots, A_{31}, A_{32}$ 的最大公因子为 $32!$.

19. $[\sqrt{500}] = 22$，$[\sqrt[3]{500}] = 7$，$[\sqrt[6]{500}] = 2$，所以 500 是这个数列的第 $500 - 22 - 7 + 2$ 项，故所求数不小于 527. 而在 500～527 中只有 512 不符合条件，又 528 符合条件，所以，已知数项的第 500 项是 528.

20. 存在. 比如 $h = \frac{1\,969^3}{1\,968}$. 提示：对于任何数 n，数 $\frac{1\,969^n}{1\,968}$ 的分数部分都是 $\frac{1}{1\,968}$.

21. $2^n \times \sqrt{2} = [2^n \times \sqrt{2}] + \alpha, 0 < \alpha < 1$，如果 $\alpha < \frac{1}{2}$，则 $[2^{n+1} \times \sqrt{2}]$ 为偶数. 如果 $\alpha > \frac{1}{2}$，则 $2^{n+1} \times \sqrt{2} = 2 \times [2 \times \sqrt[n]{2}] + 2\alpha$，且 $[2^{n+1} \times \sqrt{2}]$ 为奇数，而 $2\alpha - [2\alpha] < \alpha$. 用 2 的一系列方幂去乘 $2^n \times \sqrt{2}$，每乘一次都可使结果中的小数部分减小，直到它不超过 $\frac{1}{2}$ 为止.

22. 设数列 $\{a_n\}$ 中只有有限多个奇数项，则取奇数项 a_m，使它的下标为最大. 于是对所有 $n \in \mathbf{N}, a_{m+n}$ 都是偶数，因 $a_1 > 0$ 且数列是递增的，所以 $a_{m+1} \neq 0$. 设 $a_{m+1} = 2^p q$，q 为奇数且 $p \in \mathbf{N}$. 所以 $a_{m+2} = [\frac{3}{2} a_{m+1}] = 2^{p-1} \cdot 3q$. 同理得 $a_{m+3} = 2^{p-2} \cdot 3^2 \cdot q$.

如此继续下去,最后得 $a_{m+p+1}=3^p q$ 为奇数,与下标 m 的取法矛盾. 同理设数列 $\{a_n\}$ 只有有限多个偶数项,也可推得矛盾,从而结论证毕.

23. 对给定的 $n \in \mathbf{N}$, 记 $m=[n\sqrt{2}]$. 因为 $m \neq n\sqrt{2}$, (否则 $\sqrt{2}=\dfrac{m}{n}$ 为有理数), 所以 $m<n\sqrt{2}$ 且 $m^2<2n^2$, 所以
$$1 \leqslant 2n^2-m^2=(n\sqrt{2}-m)(n\sqrt{2}+m)=\{n\sqrt{2}\}(n\sqrt{2}+m)<\{n\sqrt{2}\}2n\sqrt{2}.$$
定义数列 $\{n_i\}$ 与 $\{m_i\}$ 如下
$$n_1=m_1=1, n_{i+1}=3n_i+2m_i, m_{i+1}=4n_i+2m_i, i \in \mathbf{N}$$
下面对某个 $i \in \mathbf{N}$ 用归纳法证明, 对所有 $i \in \mathbf{N}$, 有 $2n_i^2-m_i^2=1$ (证明略).

练习八

1. 当 $0<k<p^n$ 时
$$C_{p^n}^k=\dfrac{p^n(p^n-1)\cdots(p^n-k+1)}{k!}$$
分子中含因子 p 的个数为 $n+(k-1)!$ 中 p 的方次数,即是 $n+[\dfrac{k-1}{p}]+[\dfrac{k-1}{p^2}]+\cdots+[\dfrac{k-1}{p^{n-1}}]=1+(1+[\dfrac{k-1}{p}])+(1+[\dfrac{k-1}{p^2}])+\cdots+(1+[\dfrac{k-1}{p^{n-1}}])$
而分母中含因子 p 的个数为
$$[\dfrac{k}{p}]+[\dfrac{k}{p^2}]+\cdots+[\dfrac{k}{p^{n-1}}]$$
由于
$$1+[\dfrac{k-1}{p^s}]=[1+\dfrac{k-1}{p^s}]=[\dfrac{p^s+k-1}{p^s}] \geqslant [\dfrac{k}{p^s}]$$
所以分子中含 p 的方次数比分母中含 p 的方次数至少多 1. 故 $p \mid C_{p^n}^k$.

2. $(2+\sqrt{3})^n+(2-\sqrt{3})^n=2m(m \in \mathbf{N})$, 又

[x]与{x}

$$0 < 2-\sqrt{3} < 1 \Rightarrow 0 < (2-\sqrt{3})^n < 1$$

所以
$$(2+\sqrt{3})^n = 2m - (2-\sqrt{3})^n =$$
$$(2m-1) + (1-(2-\sqrt{3})^n)$$

故 $[(2+\sqrt{3})^n] = 2m-1$ 是奇数.

3. 因为 $(3\sqrt{21}+13)(3\sqrt{21}-13) = 20$,则
$$(3\sqrt{21}+13)^{2n+1}(3\sqrt{21}-13)^{2n+1} = 20^{2n+1}$$

所以只需证:$\{p\} = (3\sqrt{21}+13)^{2n+1}$. 令 $p = (3\sqrt{21}+13)^{2n+1} = k+\alpha$,取 $k = [p], \alpha = \{p\}$. 由于 $0 < \alpha < 1$,又因为 $0 < 3\sqrt{21}-13 < 1$,则 $\beta = (3\sqrt{21}-13)^{2n-1}$,有:$0 < \beta < 1$,但 $(3\sqrt{21}+13)^{2n+1} - (3\sqrt{21}-13)^{2n+1}$ 为整数,即 $k+\alpha-\beta$ 为整数. 由于 k 为整数,且 $0 < \alpha, \beta < 1$,则 $\alpha - \beta = 0$,即 $\alpha = \beta$. 即 $\{p\} = (3\sqrt{21}-13)^{2n+1}$.

4. 利用定理4,知小数点前一位数字为1,后一位数字为9.

5. 因为 $\{(2+\sqrt{2})^n\} = \{A \pm 13\sqrt{2}\} = 1 - \{-A - B\sqrt{2}\} = 1 - \{(2-\sqrt{2})^n\}$,又 $0 < 2-\sqrt{2} < 1$,所以
$$\lim_{n\to\infty}\{(2+\sqrt{2})^n\} = 1 - \lim_{n\to\infty}\{(2-\sqrt{2})^n\} =$$
$$1 - \lim_{n\to\infty}(2-\sqrt{2})^n = 1$$

6. 因为 $(\sqrt{3}+1)^{2n+1} - (\sqrt{3}-1)^{2n+1}$ 为整数,且 $0 < (\sqrt{3}-1)^{2n+1} < 1$. 所以 $[(\sqrt{3}+1)^{2n+1}] = (\sqrt{3}+1)^{2n+1} - (\sqrt{3}-1)^{2n+1}$,不防设 $x = \sqrt{3}+1, y = \sqrt{3}-1$,则 $x+y = 2\sqrt{3}, x-y = 2, x^2 = 4+2\sqrt{3}, x^2-y^2 = 4\sqrt{3}$ 且 $[(\sqrt{3}+1)^{2n+1}] = x^{2n+1} - y^{2n+1}$. 现用数学归纳法证明原题.

当 $n=0$ 时,$2|x-y$ 及 $2|\frac{x+y}{\sqrt{3}}$ 且 $2^2 \nmid \frac{x+y}{\sqrt{3}}$ 成立.

设 $m=k-1$ 时,$2^k|x^{2k-1}-y^{2k-1}$ 且 $2^k \nmid (x^{2k-1}-y^{2k-1})$ 及 $2^{k+1}|\frac{x^{2k-1}+y^{2k-1}}{\sqrt{3}}$ 且 $2^{k+1} \nmid \frac{x^{2k-1}+y^{2k-1}}{\sqrt{3}}$. 于是可令 $x^{2k-1}-y^{2k-1}=2^k\alpha, x^{2k-1}+y^{2k-1}=2\sqrt{3}\beta(\alpha,\beta$ 为奇数). 则

$$x^{2k+1}-y^{2k+1}=x^2(x^{2k-1}-y^{2k-1})+y^{2k-1}(x^2-y^2)=$$
$$4(x^{2k-1}-y^{2k-1})+2\sqrt{3}(x^{2k-1}+y^{2k-1})=$$
$$2^{k+1}(2\alpha+3\beta)$$

又

$$x^{2k+1}+y^{2k+1}=x^2(x^{2k-1}+y^{2k-1})-y^{2k-1}(x^2-y^2)=$$
$$4(x^{2k-1}+y^{2k-1})+2\sqrt{3}(x^{2k-1}-y^{2k-1})=$$
$$2^{k+1}\sqrt{3}(\alpha+2\beta)$$

所以 $2^{2k+1}|x^{2k+1}-y^{2k+1}, 2^{2k+2} \nmid x^{2k+1}-y^{2k+1}$ 且 $2^{k+1}|\frac{x^{2k+1}+y^{2k+1}}{\sqrt{3}}, 2^{k+2} \nmid \frac{x^{2k+1}+y^{2k+1}}{\sqrt{3}}$

综上所述,结论成立.

7. 易知,$[(1+\sqrt{3})^n]=\begin{cases}(1+\sqrt{3})^n+(1-\sqrt{3})^n-1, n \text{ 为偶数} \\ (1+\sqrt{3})^n+(1-\sqrt{3})^n, n \text{ 为奇数}\end{cases}$

当 n 是偶数时,$0<(1-\sqrt{3})^n<1$,而当 n 是奇数时,$-1<(1-\sqrt{3})^n<0$.

(1) 当 $n=2m$,则

$$[(1+\sqrt{3})^{2m}]=(1+\sqrt{3})^{2m}+(1-\sqrt{3})^{2m}-1=$$
$$\{(1+\sqrt{3})^2\}^m+\{(1-\sqrt{3})^2\}^m-1=$$
$$(4+2\sqrt{3})^m+(4-2\sqrt{3})^m-1=$$

$$2^m\{(2+\sqrt{3})^m+(2-\sqrt{3})^m\}-1$$

大括号内的数是整数,因数 $[(1+\sqrt{3})^{2m}]=2^m N-1$ 是奇数,所以,当 n 是偶数时,能够整除 $[(1+\sqrt{3})^n]$ 的 2^n 中, n 的最大值为 0.

(2) 当 $n=2m+1$,则

$$[(1+\sqrt{3})^{2m+1}]=(1+\sqrt{3})^{2m+1}+(1-\sqrt{3})^{2m+1}=$$
$$(4+2\sqrt{3})^m(1+\sqrt{3})+$$
$$(4-2\sqrt{3})^m(1-\sqrt{3})=$$
$$2^m\{(2+\sqrt{3})^m(1+\sqrt{3})+(2-\sqrt{3})^m(1-\sqrt{3})\}=$$
$$2^m\{[(2+\sqrt{3})^m+(2-\sqrt{3})^m]+$$
$$\sqrt{3}[(2+\sqrt{3})^m-(2-\sqrt{3})^m]\}$$

设 $(2+\sqrt{3})^m=a_m+b_m\sqrt{3}, a_m, b_m \in \mathbf{N}$,则
$$(2-\sqrt{3})^m=a_m+b_m\sqrt{3}$$

则
$$[(1+\sqrt{3})^{2m+1}]=2^m\{a_m+b_m\sqrt{3}+a_m-b_m\sqrt{3}+$$
$$\sqrt{3}(a_m+b_m\sqrt{3}-a_m+b_m\sqrt{3})\}=$$
$$2^m(2a_m+6b_m)=2^{m+1}(a_m+3b_m)$$

但 a_m+3b_m 是奇数,其实
$$(a_m+3b_m)(a_m-3b_m)=a_m^2-9b_m^2=a_m^2-3b_m^2-6b_m^2=$$
$$1-6b_m^2$$

因为 $1-6b_m^2$ 为奇数,所以 (a_m+3b_m) 与 (a_m-3b_m) 都是奇数,所以能整除 $[(1+\sqrt{3})^n]$ 的 2 的最高幂次,在 $n=2m+1$ 时,为

$$m+1=\frac{n+1}{2}=\left[\frac{n}{2}\right]+1$$

附录　练习题解答或提示

8. 令 $s = k + \frac{1}{2} - \sqrt{k^2 + \frac{1}{4}}$，则 $0 < s < 1$；r, s 是一元二次方程 $x^2 - (2k+1)x + k = 0$ 的两个根，设 $u_n = r^n + s^n$ $(n = 0, 1, 2, \cdots)$，则由于 $r^{n+2} - (2k+1)r^{n+1} + kr^n = 0$ 的两个根，设 $u_u = r^n + s^n$，则由于 $r^{n+2} - (2k+1)r^{n+1} + kr^n = 0, s^{n+2} - (2k+1)s^{n+1} + ks^n = 0$，相加得 $u_{n+2} = (2k+1)u_{n+1} - ku_n$，即 $u_{n+2} = k(2u_{n+1} - u_n) + u_{n+1}$，现 $u_0 = 2, u_1 = 2k + 1$，由上式易知对 $n \geq 1, u_n$ 都是整数，且被 k 除余 1，但 $r^n = u_n - s^n, 0 < s^n < 1$. 所以 $u_n - 1 < r^n < u_u$，所以 $[r^n] = u^u - 1$.

9. 设 $x_n = (3 + \sqrt{5})^n + (3 - \sqrt{5})^n, n \geq 1$，则 $x_{n+2} = (3 + \sqrt{5} + 3 - \sqrt{5})((3 + \sqrt{5})^{n+1} + (3 - \sqrt{5})^{n+1}) - ((3 + \sqrt{5})(3 - \sqrt{5})^{n+1} + (3 - \sqrt{5})(3 + \sqrt{5})^{n+1}) = 6x_{n+1} - 4x_n$，即 $x_{n+2} = 6x_{n+1} - 4x_n (n \geq 1)$，因 $x_1 = 6, x_2 = 28$ 都为整数，由上式知 x_n 都是整数. 用数学归纳法证明 x_n 被 2^n 整除. （略）

10. 易知 $(2 + \sqrt{2})^m + (2 - \sqrt{2})^m$ 为整数，从而
$$4^m - (2 + \sqrt{2})^m = 整数 + (2 - \sqrt{2})^m$$
因为 $0 < 2 - \sqrt{2} < 1$，所以 $4^m - (2 + \sqrt{2})^m$ 的整数部分是
$$I = 4^m - \{(2 + \sqrt{2})^m + (2 - \sqrt{2})^m\}$$
先证 $16 | I$. 当 $m = 1$ 时
$$I = 4^m - \{(2 + \sqrt{2})^m + (2 - \sqrt{2})^m\} = 0 \equiv 0 \pmod{16}$$
当 $m > 1$ 时，$m \geq 5$ 仍有
$$I \equiv -2 \times 2 \times \sqrt{2}^{m-1} \equiv 0 \pmod{16}$$
再证 $7 | I$. 因为 m 是一个不被 3 整除的奇自然数，

341

所以 $m = 6k+1$ 或 $6k+5$.

(1) 当 $m = 6k+1$. 因为
$$4^6 \equiv 1 \pmod 7$$
$$(2+\sqrt{2})^6 = \cdots = 1 + 7(a+b\sqrt{2})(a,b \in \mathbf{Z})$$
$$(2-\sqrt{2})^6 = 1 + 7(a-b\sqrt{2})$$

所以
$$I = 4^{6k+1}\{(2+\sqrt{2})(2+\sqrt{2})^{6k} + (2-\sqrt{2})(2-\sqrt{6})^{6k}\} \equiv$$
$$4 \cdot \{(2+\sqrt{2})(1+7(c+d\sqrt{2})) + (2-\sqrt{2})(1+7(c-d\sqrt{2}))\} \equiv 4 \cdot 4 \equiv$$
$$0 \pmod 7 (c,d \in \mathbf{Z}).$$

当 $m = 6k+5$, 同样可证 $I \equiv 0 \pmod 7$.

11. 记 $a_n = (3+\sqrt{11})^n + (3-\sqrt{11})^n$. 设 $\alpha = (3+\sqrt{11})^n, \beta = (3-\sqrt{11})^n$, 则 $a_n = \alpha + \beta$, $a_{n+1} = (3+\sqrt{11})\alpha + (3-\sqrt{11})\beta$, $a_{n+2} = (3+\sqrt{11})^2 \alpha + (3-\sqrt{11})^2 \beta = \cdots = 6a_{n+1} + 2a_n$. 因此, 对 $n \in \mathbf{Z}^+$, $a_{n+2} = 6a_{n+1} + 2a_n$, 于是由 $a_0 = 2, a_1 = 6$ 得, 对任意 $n \in \mathbf{Z}^+$, a_n 为整数. 因为 $-1 < 3-\sqrt{11} < 0$, 所以当 $n \in \mathbf{N}$ 时, $a_{2n-1} = (3+\sqrt{11})^{2n-1} + (3-\sqrt{11})^{2n-1} < (3+\sqrt{11})^{2n-1} < a_{2n-1} + 1$. 即 $a_{2n-1} = [(3+\sqrt{11})^{2n-1}]$. 用数学归纳法证明, a_{2n-2} 被 2^n 整除, 而 a_{2n-1} 被 2^n 整除, 但不被 2^{n+1} 整除.

12. 仿例 5 可证得: 设 n, a 是正整数, 且设分数 $\dfrac{(2n)!}{n!(n+a)!}$ 被写成既约形式, 则分母不被任意大于 $2a$ 的质数整除. 由此结论得, 对一切 n,

$f(n) < 2\,000$(因为$f(n)$不可能是合数,所以这是严格不等式),从而$f(n)$的值有限. 最后,不难发现,当 $n = 999$ 时

$$\frac{(2n)!}{\{n!\,(n+1\,000)!\}} = \frac{1}{\{1\,999(999)\}!}$$

所以 $B(999) = 1\,999(999!)$. 因为 $1\,999$ 是质数, $f(1\,999) = 1\,999$,因此 $f(n)$ 的最大值是 $1\,999$.

练习九

1. 267;2. $235\,2$;3. 30.

4. $\sum\limits_{i=1}^{100} i - \sum\limits_{i=1}^{[\frac{100}{2}]} 2i - \sum\limits_{i=1}^{[\frac{100}{3}]} 3i - \sum\limits_{i=1}^{[\frac{100}{5}]} 5i - \sum\limits_{i=1}^{[\frac{100}{7}]} 7i - \sum\limits_{i=1}^{[\frac{100}{2\times 3}]} 6i +$
$\sum\limits_{i=1}^{[\frac{100}{2\times 5}]} 10i + \sum\limits_{i=1}^{[\frac{100}{2\times 7}]} 14i - \sum\limits_{i=1}^{[\frac{100}{3\times 5}]} 15i + \sum\limits_{i=1}^{[\frac{100}{3\times 7}]} 21i + \sum\limits_{i=1}^{[\frac{100}{5\times 7}]} 35i -$
$\sum\limits_{i=1}^{[\frac{100}{2\times 3\times 5}]} 30i - \sum\limits_{i=1}^{[\frac{100}{2\times 3\times 7}]} 42i - \sum\limits_{i=1}^{[\frac{100}{2\times 5\times 7}]} 70i = 1\,044$

5. $2 + 3 + 5 + 7 - 1 + \sum\limits_{i=1}^{120} i - \sum\limits_{i=1}^{[\frac{120}{2}]} 2i - \sum\limits_{i=1}^{[\frac{120}{3}]} 3i - \sum\limits_{i=1}^{[\frac{120}{5}]} 5i -$
$\sum\limits_{i=1}^{[\frac{120}{7}]} 7i + \sum\limits_{i=1}^{[\frac{120}{2\times 3}]} 6i + \sum\limits_{i=1}^{[\frac{120}{2\times 5}]} 10i + \sum\limits_{i=1}^{[\frac{120}{2\times 7}]} 14i + \sum\limits_{i=1}^{[\frac{120}{3\times 5}]} 15i +$
$\sum\limits_{i=1}^{[\frac{120}{3\times 7}]} 21i + \sum\limits_{i=1}^{[\frac{120}{5\times 7}]} 35i - \sum\limits_{i=1}^{[\frac{120}{2\times 3\times 5}]} 30i - \sum\limits_{i=1}^{[\frac{120}{2\times 3\times 7}]} 42i - \sum\limits_{i=1}^{[\frac{120}{2\times 5\times 7}]} 70i -$
$\sum\limits_{i=1}^{[\frac{120}{3\times 5\times 7}]} 105i + \sum\limits_{i=1}^{[\frac{120}{2\times 3\times 5\times 7}]} 210i = 1\,593$

6. 由于含有 n 个元素的集合共有 2^n 个子集,据 $S(A) + S(B) + S(C) = S(A \cup B \cup C)$ 及 $|A| = |B| = 100$,得 $2^{100} + 2^{100} + 2^{|C|} = 2^{|A \cup B \cup C|}$,即 $1 + 2^{|C|-101} =$

$2^{|A\cup B\cup C|-101}$. 由上式知,$1+2^{|C|-101}$ 是 2 的幂且大于 1,所以 $|C|=101$,从而 $|A\cup B\cup C|=102$. 因为 $|A\cup B|\le|A\cup B\cup C|=102$. 同理 $|B\cup C|\le 102$, $|C\cup A|\le 102$. 由容斥原理得 $|A\cap B\cap C|\le |A|+|B|+|C|-|A\cup B|-|B\cup C|-|C\cup A|+|A\cup B\cup C|=403-(|A\cup B|+|B\cup C|+|C\cup A|)\ge 403-3\times 102=97$.

7. 显然
$$|\overline{A}\cap\overline{B}\cap\overline{C}|=0, \sum|A_i|=|A|+|B|+|C|$$
$$\sum|A_i\cap A_j|=|A\cap B|+|B\cap C|+|C\cap A|$$
$$\sum|A_i\cap A_j\cap A_k|=|A\cap B\cap C|$$

所以
$$|A\cup B\cup C|-|A|-|B|-|C|+|A\cap B|+|B\cap C|+|C\cap A|-|A\cap B\cap C|=|\overline{A}\cap\overline{B}\cap\overline{C}|=0$$

即
$$|A\cup B\cup C|=|A|+|B|+|C|-(|A\cap B|+|B\cap C|+|C\cap A|)-|A\cap B\cap C|$$

又
$$|A\cap B\cap C|=0, |A|\ge|A\cap B|+|A\cap C|$$
$$|B|\ge|B\cap C|+|B\cap A|$$
$$|C|\ge|C\cap B|+|C\cap A|$$

从而
$$|A\cap B|+|B\cap C|+|C\cap A|\le\frac{1}{2}(|A|+|B|+|C|)$$

所以 $|A\cup B\cup C|\ge\frac{1}{2}(|A|+|B|+|C|)$.

8. 设敲钟持续时间为 $60x$ 秒,则

344

$|A| = \dfrac{60x}{4} + 1 = 15x + 1, |B| = 12x + 1, |C| = 10x + 1,$

$|A \cap B| = 3x + 1, |B \cap C| = 2x + 1, |A \cap C| = 5x + 1,$

$|A \cap B \cap C| = x + 1$

所以

$|A \cap B \cap C| = |A| + |B| + |C| - |A \cap B| - |B \cap C| -$
$\qquad |C \cap A| + |A \cap B \cap C|$

所以

$365 = 15x + 1 + 12x + 1 + 10x + 1 - (3x + 1) -$
$(2x + 1) - (5x + 1) + x + 1 = 28x + 1$

所以 $x = 13$. 所以 $|A| = 192, |B| = 157, |C| = 131$.

练习十

1. 所求的整点数为

$\sum_{2 \leq x \leq 8} [y] + 7 = 7 + [1\dfrac{1}{4}] + [3] + [5\dfrac{1}{4}] + [8] +$

$[11\dfrac{1}{4}] + [15] = 7 + 1 + 3 + 5 + 8 + 11 + 15 = 50$

2. 在坐标平面内,作矩形 $OABC$. O 为原点,$A(\dfrac{q}{2}, 0)$,

$B(\dfrac{q}{2}, \dfrac{p}{2}), C(10, \dfrac{p}{2})$. 对角线 OB 的方程是 $y = \dfrac{p}{q}x (0 < x < \dfrac{q}{2})$. 因为 $0 < x < \dfrac{q}{2}, 0 < y < \dfrac{p}{2}, p, q$ 是正奇数,可见在矩形 $OABC$ 的边界上无整点. 可证 OB 上也无整数. 所以矩形 $OABC$ 内的整点 $= \triangle OAB$ 内的整点 $+ \triangle OBC$ 内的整点 $= \sum_{0 < x < \frac{q}{2}} [\dfrac{p}{q}x] + \sum_{0 < y < \frac{p}{2}} [\dfrac{q}{p}y]$. 另一方面,由矩形各顶点坐标知,$OABC$ 内的整点应有 $(\dfrac{p-1}{2})(\dfrac{q-1}{2})$ 个,所以结论成立.

[x]与{x}

3. 显然有 $5x+2y \leqslant 10n$. 直线 $5x+2y=10n, x=0, y=0$ 围成 Rt$\triangle ACO$. $O(0,10)$, $A(2n,0)$, $C(0,5n)$, Rt$\triangle ACO$ 上每一格点对应着不等式 $5x+2y \leqslant 10n$ 的一组整数解. 方程 $5x+2y+z=10n$ 的非负整数解的组数就是 Rt$\triangle AOC$ 上的格点数. 可求得 $\varphi(n)=5n^2+4n+1$.

4. 把 T 分为两个区域的并集

$$T_1 = \{(x,y) \mid 0 < x \leqslant \sqrt{n}, 0 < y \leqslant \frac{n}{x}\}$$

$$T_2 = \{(x,y) \mid 0 < y \leqslant \sqrt{n}, 0 < x \leqslant \frac{n}{y}\}$$

$$|T| = |T_1 \cup T_2| = |T_1| + |T_2| - |T_1 \cap T_2| =$$

$$\sum_{0<x\leqslant\sqrt{n}}[\frac{n}{x}] + \sum_{0<y\leqslant\sqrt{n}}[\frac{n}{y}] - [\sqrt{n}]^2 =$$

$$2\sum_{0<x\leqslant\sqrt{n}}[\frac{n}{x}] - [\sqrt{n}]^2$$

5. 由抽屉原理知,5 个整点中一定有两个整点的连线的中点 M 是整点.

(1)若 M 是凸五边形的内部,由毕克定理($n \geqslant 1$, $m \geqslant 5$), $S \geqslant 1 + \frac{5}{2} - 1 = \frac{5}{2}$.

(2)若 M 在边界上,不妨设 M 在边 p_1p_2 上,联结 p_5M,则整点凸五边形 $Mp_2p_3p_4p_5$ 的内部或边界上至少有一个整点,于是根据毕克定理,得

$$S_{p_1p_2p_3p_4p_5} = SMp_2p_3p_4p_5 + S\triangle p_1Mp_5 \geqslant$$

$$(\frac{5}{2} - 1 + \frac{1}{2}) + \frac{1}{2} = \frac{2}{5}$$

练习十一

1. 3 个.

2. 12 个.
3. 8 个.
4. 7 个.

编辑手记

这是一部老书的修订版,虽不新潮但我钟爱它,王维有一首诗叫《终南别业》:

中岁颇好道,晚家南山陲.
兴来每独往,胜事空自知.
行到水穷处,坐看云起时.
偶然值林叟,谈笑无还期.

台湾作家杨照以为这首诗中最重要的一句是:胜事空自知,即重点是你自己选择了,或者你自己有一个标准,决定在你的经验里什么是"胜事",什么事情是重要的,什么事情是了不起的.这些东西甚至不可能去告诉别人,或者换另外一个角度来看,才值得告诉别人.

本书的素材多取自数学奥林匹克试题,但它有向上探索的空间.如 2008

年《美国数学月刊》上有文章就介绍了一个有趣的课题：

相继整数方根的和

1. 引言

对于一个实数 x，令 $[x]$ 表示不超过 x 的最大整数。对于每个正整数 n，下列几个公式成立

$$[\sqrt{n} + \sqrt{n+1}] = [\sqrt{4n+1}] \qquad ①$$

$$[\sqrt{n} + \sqrt{n+1} + \sqrt{n+2}] = [\sqrt{9n+8}] \qquad ②$$

$$[\sqrt{n} + \sqrt{n+1} + \sqrt{n+2} + \sqrt{n+3}] = [\sqrt{16n+20}] \qquad ③$$

$$[\sqrt{n} + \sqrt{n+1} + \sqrt{n+2} + \sqrt{n+3} + \sqrt{n+4}] = [\sqrt{25n+49}] \qquad ④$$

公式①是民间创作，最近它又出现于 Macalester 学院 Stan Wagon 在本周重要问题中的问题 1052[3]；公式②在 1988 年由 F. David Hammer 在《美国数学月刊》中作为问题 E3010 被提出，在那里引出了它的多种证法[2]；公式③由 Z. Wang 在 2000 年发表[4]；而公式④则由 Xingzhi Zhan 在 2005 年第 4 期的《数学信息员》的一篇短文中所证明[5]。

我们不妨大胆地猜测，对于任何整数 k，存在一个依赖于 k 的常数 c，使得对所有 $n \geqslant 1$ 有

$$\left[\sum_{i=0}^{k-1} \sqrt{n+i}\right] = [\sqrt{k^2 n + c}] \qquad (*)$$

然而，在[5]中 Zhan 指出了当 $k=6$ 时①已经不成立了，并且猜想对所有 $k \geqslant 6$，①也是不正确的。我们这篇短文的主要目的是对 Zhan 的猜想及各种推广提

出一个证明.在下面2中,我们把这个问题置于一个一般的框架中,特别地我们证明,对于所有整数 $p \geq 2$ 和 $k \geq 2$,存在一个(最小的)整数 $n_k^{(p)}$,对于它,存在一个仅依赖于 p,k 的常数 c,使得对所有的 $n \geq n_k^{(p)}$ 有

$$\left[\sum_{i=0}^{k-1} \sqrt[p]{n+i}\right] = \left[\sqrt[p]{k^p n + c}\right] \qquad (**)$$

(见定理 2.3)这样,虽然(正如我们将证明的)对于 $k > 5$ 式(*)不成立,但我们可以提供类似公式的无尽补充,例如

$[\sqrt{n} + \sqrt{n+1} + \sqrt{n+2} + \sqrt{n+3} + \sqrt{n+4} + \sqrt{n+5}] = [\sqrt{36n+89}], n \geq 4$ ⑤

$[\sqrt[3]{n} + \sqrt[3]{n+1}] = [\sqrt[3]{8n+3}], n \geq 1$ ⑥

$[\sqrt[3]{n} + \sqrt[3]{n+1} + \sqrt[3]{n+2}] = [\sqrt[3]{27n+26}], n \geq 1$ ⑦

$[\sqrt[3]{n} + \sqrt[3]{n+1} + \sqrt[3]{n+2} + \sqrt[3]{n+3}] = [\sqrt[3]{64n+95}], n \geq 3$ ⑧

$[\sqrt[3]{n} + \sqrt[3]{n+1} + \sqrt[3]{n+2} + \sqrt[3]{n+3} + \sqrt[3]{n+4}] = [\sqrt[3]{125n+249}], n \geq 2$ ⑨

我们将解释这些公式以及2中的类似公式(引理 2.1—2.2),并且刻划满足式(**)的实数的集合(引理 2.4).例如,我们会看到:1,8,20,89,3 和 95 并非是使得①,②,③,⑤,⑥和⑧分别成立的唯一的整数,然而 49,26 和 249 却是使得④,⑦和⑨分别成立的唯一的整数(推论 2.5).我们以证明对所有 $p \geq 2$,当 $k \to \infty$ 时 $n_k^{(p)} \to \infty$(定理 2.7)来结束2.① 最后,在3 中我们转

---

① 在[4]中,Wang 证明了对充分大的 k 有 $n_k^{(2)} > 1$.——原注

向 Zhan 的猜想和相关的结果.

2. 相继整数方根的近似和

对于任何一个实函数 f 和整数 $k \geqslant 2$, 令 $f_k(x) = \sum_{i=0}^{k-1} f(x+i)$. 如果在 $\mathbf{R}^+$ 上 f 是严格凹的, 那么对所有 $x \in \mathbf{R}^+$ 有 $f_k(x) < kf(x+(k-1)/2)$. 正如我们在引理 2.1 中将要解释的, 对于一类重要的凹函数(包括函数 $f(x) = x^{\frac{1}{p}}$ 和 $f(x) = \log_p x$), 事实上我们有渐近等式: $f_k(x) \approx kf(x+(k-1)/2)$. 这就提示我们去寻求对在最大的整数域上以及可能的实数成立的一致近似形式 $f_k(x) \approx kf(x+c)$. 读者会注意到公式①—⑨都是这种形式, 而其中近似的众数(mode)是最大取整函数: $[f_k(n)] = [kf(n+c)]$.

引理 2.1 令 $f(x)$ 在 $\mathbf{R}^+$ 上是(严格)凹的增函数, 那么对所有整数 $k \geqslant 2$ 有:

(i) 对所有 $x \in \mathbf{R}^+$, 有 $f_k(x) < kf(x+(k-1)/2)$.

(ii) 如果当 $x \to \infty$ 时 $r_f(x) \equiv -f''(x)/f'(x) \to 0$,① 并且如果 $f(x)$ 有正的 3 阶导数, 那么对所有实的 $\varepsilon > 0$ 和充分大的 x, 有
$$kf(x+(k-1)/2-\varepsilon) < f_k(x)$$

证明 从 f 是严格凹的即得第 1 个陈述. 对于 (ii), 我们用带拉格朗日余项的一阶和二阶的泰勒多项式, 并同时利用关于导数符号的条件, 得到
$$kf(x+(k-1)/2-\varepsilon) < f(x) + ((k-1)/2-\varepsilon)f'(x)$$

---

① 在经济学文献中, $r_f(x)$ 被称为效用函数 $f(x)$ 的风险厌恶的 Arrow-Pratt 度量, 而 $r_f(x) \to 0$ 是一个通常的假设, 即当财富增加时风险厌恶减少. ——原注

和

$$f_k(x) \geq \sum_{i=0}^{k-1}\left(f(x)+f'(x)i+\frac{f''(x)i^2}{2}\right)=$$
$$k(f(x)+((k-1)/2)f'(x)+s_k f''(x))$$

(其中 $s_k = \sum_{i=0}^{k-1} i^2/2k = (2k-1)(k-1)/12$). 这样,如果 $f(x)+((k-1)/2-\varepsilon)f'(x) < f(x)+((k-1)/2) \cdot f'(x)+s_k f''(x)$,此时只需选取 x 充分大使得 $r_f(x) < \varepsilon/s_k$,即有

$$f\left(x+\frac{k-1}{2}-\varepsilon\right) < \frac{f_k(x)}{k}$$

引理 2.1 导致了多种所期望的一致近似. 这里我们只专注于整数 $p \geq 2$ 时的函数 $f^{(p)}(x) \equiv x^{\frac{1}{p}}$,则得到:

引理 2.2 令 $c_k^{(p)} \equiv k^p(k-1)/2 - 1$. 则有:

(i) 对每个整数 $n \geq 1$,有 $f_k^{(p)}(n) < \sqrt[p]{k^p n + c_k^{(p)} + 1}$.

(ii) 如果 $n > k^p(k-1)(2k-1)(p-1)/12p$,那么 $f_k^{(p)}(n) > \sqrt[p]{k^p n + c_k^{(p)}}$.

(iii) 如果 $n > k^p(k-1)(2k-1)(p-1)/12p$,那么 $[f_k^{(p)}(n)] = [\sqrt[p]{k^p n + c_k^{(p)}}]$.

证明 从引理 2.1 即得第 1 个陈述,而第 2 个陈述从在引理 2.1(ii) 的证明中取 $\varepsilon = 1/k^p$ 即得. (此时关于 n 的条件等价于 $r_{f^p} < \varepsilon/s_k$). 如果(iii)不成立,那么(ii)就蕴涵着存在整数 n 和 m,使得

$$\sqrt[p]{k^p n + c_k^{(p)}} < m \leq f_k^{(p)}(n) < \sqrt[p]{k^p n + c_k^{(p)} + 1}$$

或者

$$k^p n + c_k^{(p)} < m^p < k^p n + c_k^{(p)} + 1$$

编辑手记

这是一个矛盾.

引理2.2(iii)可以用来推导①—⑨和类似的公式.例如,为了建立⑦,我们取 $p=k=3$,因而只要 $n>15$,⑦即成立,余下的情形($1 \leqslant n \leqslant 15$)可以直接验证.一般地,引理2.2(iii)中给出的 n 的下界不是最优的,自然,对于这些公式中的某一些,有一些比我们这里给出的证明更精美的证明([2]—[5]).

依赖于引理2.2,我们现在把 $n_k^{(p)}$ 定义为使得对某个常数 c,等式 $[f_k^{(p)}(n)]=[\sqrt[p]{k^p n+c}]$ 对所有 $n \geqslant n_k^{(p)}$ 都成立的最小正整数.(由引理2.2(iii)有 $n_k^{(p)} \leqslant [k^p(k-1)(2k-1)(p-1)/12p]+1$,但 $n_k^{(p)}$ 的这个上界在下文中并不起作用.)

现在如果我们令 $a_{k,n}^{(p)}=[f_k^{(p)}(n)]^p-k^p n$ 和 $b_{k,n}^{(p)}=[f_k^{(p)}(n)+1]^p-k^p n$,那么可以直接验证:$[f_k^{(p)}(n)]=[\sqrt[p]{k^p n+c}]$ 当且仅当 $a_{k,n}^{(p)} \leqslant c < b_{k,n}^{(p)}$.这样,$n_k^{(p)} \leqslant m$ 当且仅当 $\bigcap_{n \geqslant m}[a_{k,n}^{(p)},b_{k,n}^{(p)}) \neq \varnothing$,即,当且仅当对所有整数 $l,n \geqslant m$,有 $b_{k,l}^{(p)} > a_{k,n}^{(p)}$.由于 $I_k^{(p)} \equiv \bigcap_{n \geqslant n_k^{(p)}}[a_{k,n}^{(p)},b_{k,n}^{(p)}) \neq \varnothing$,我们必定有 $I_k^{(p)}=[a_k^{(p)},b_k^{(p)})$,其中 $a_k^{(p)}=\max_{n \geqslant n_k^{(p)}} a_{k,n}^{(p)}$ 和 $b_k^{(p)}=\min_{n \geqslant n_k^{(p)}} b_{k,n}^{(p)}$.最后,我们注意到,对所有 n,由引理2.1(i)有 $a_{k,n}^{(p)}=[f_k^{(p)}(n)]^p-k^p n \leqslant (f_k^{(p)}(n))^p-k^p n < c_k^{(p)}+1$,这样,由于两者都是整数,即有 $a_k^{(p)} \leqslant c_k^{(p)}$.我们把这些注记总结在下述定理中:

定理2.3 对于所有整数 $p \geqslant 2$ 和 $k \geqslant 2$,存在整数 $n_k^{(p)},a_k^{(p)}$ 和 $b_k^{(p)}$,使得:

(i)对所有 $n \geqslant n_k^{(p)}$ 和 $c \in I_k^{(p)}=[a_k^{(p)},b_k^{(p)})$,有

$[f_k^{(p)}(n)] = [\sqrt[p]{k^p n + c}]$.

(ii) $a_k^{(p)} = \max\limits_{n \geq n_k^{(p)}} ([f_k^{(p)}(n)]^p - k^p n)$ 和 $b_k^{(p)} = \min\limits_{n \geq n_k^{(p)}} ([f_k^{(p)}(n) + 1]^p - k^p n)$.

(iii) $a_k^{(p)} \leq c_k^{(p)} = \dfrac{k^p(k-1)}{2} - 1$.

(iv) $n_k^{(p)} > m$, 当且仅当存在整数 $l, n \geq m$, 使得 $b_{k,l}^{(p)} \leq a_{k,n}^{(p)}$ (这里 $a_{k,n}^{(p)} = [f_k^{(p)}(n)]^p - k^p n$ 和 $b_{k,l}^{(p)} = [f_k^{(p)}(l) + 1]^p - k^p l$).

为了举例说明定理 2.3, 我们请读者对 $p = 2$ 和 $2 \leq k \leq 10$ 确认下列数据(参阅公式①—⑤和 Wagon [3]):

表 1

k	$n_k^{(2)}$	$I_k^{(2)}$
2	1	[1, 4)
3	1	[7, 9)
4	1	[20, 25)
5	1	[49, 50)
6	4	[88, 97)
7	4	[144, 147)
8	9	[217, 225)
9	9	[322, 324)
10	5	[449, 456)

正如我们在下面要说明的, 表 1 中所列的 $a_k^{(2)}$ 和 $b_k^{(2)}$ 的值是 $\bmod k^2$ 的两个相继的二次剩余, 而 $c_k^{(2)}$ 在它们

之间的半开区间之中:

引理 2.4 对于所有 $p \geq 2$ 和 $k \geq 2$, $a = a_k^{(p)}$ 和 $b = b_k^{(p)}$ 是 $\bmod k^p$ 的两个相继的 p 次剩余, 使得 $a \leq c_k^{(p)} < b$. 即:

(i) $a_k^{(p)}$ 是满足 $a \leq c_k^{(p)}$ 的最大整数, 它是 $\bmod k^p$ 的一个 p 次剩余(即, 使得对于某个整数 m 有 $a \equiv m^p \pmod{k^p}$).

(ii) $b_k^{(p)}$ 是满足 $b > a_k^{(p)}$ 的最小整数, 它是 $\bmod k^p$ 的一个 p 次剩余.

证明 分别从定理 2.3(ii) 和定理 2.3(iii) 即得 $a_k^{(p)}$ 和 $b_k^{(p)}$ 是满足 $a_k^{(p)} \leq c_k^{(p)}$ 的 $\bmod k^p$ 的 p 次剩余. 对于(i), 假设 $a_k^{(p)} < a \leq c_k^{(p)}$, 以及对于某个(因而, 无穷多个) m 满足 $a \equiv m^p \pmod{k^p}$. 那么对于 n 和 m 的一个无限集合就会成立等式 $k^p n + a = m^p$, 并且对于这样的 n 和 m, 当 n 充分大时就有 $k^p n + a_k^{(p)} < m^p = k^p n + a \leq k^p n + c_k^{(p)} \leq (f_k^{(p)}(n))^p$, 这里最后一个不等式从引理 2.2(ii) 即得. 但是此时即有

$$[\sqrt[p]{k^p n + a_k^{(p)}}] < m \leq [(f_k^{(p)}(n))]$$

这与定理 2.3(i) 矛盾.

对于(ii), 假设 $a_k^{(p)} < b$, 并假设对于某个(因而, 无穷多个) m 满足 $b \equiv m^p \pmod{k^p}$. 那么对于无穷多个正整数 n 和 m 有 $k^p n + a_k^{(p)} < m^p = k^p n + b$, 并且定理 2.3(i) 蕴涵着对于这样的 n 和 m, 以及 $n \geq n_k^{(p)}$, 有

$$[f_k^{(p)}(n)] = [\sqrt[p]{k^p n + a_k^{(p)}}] < m = [\sqrt[p]{k^p n + b}]$$

再次应用定理 2.3(i) 即得 $b_k^{(p)} \leq b$.

特别, 引理 2.4 蕴涵着 $c_k^{(p)} \in I_k^{(p)}$. 这就使我们在简单的情形(见表1)能计算 $a_k^{(p)}$ 和 $b_k^{(p)}$. 例如:

推论 2.5 对于 $p \geq 2$ 和 $k \geq 2$：

(i) $b_k^{(p)} = c_k^{(p)} + 1$ 当且仅当 k 是奇数.

(ii) 如果 p 和 k 都是奇数，那么 $a_k^{(p)} = c_k^{(p)}$.

(iii) 如果 $k \equiv 1 \pmod{4}$，并且 k 是素数，那么 $a_k^{(2)} = c_k^{(2)}$.

(iv) 如果 $k \equiv 3 \pmod{4}$，并且 k 是素数，那么 $b_k^{(2)} - a_k^{(2)} = k^2(k-1)/2 - a_k^{(2)}$ 是 $\bmod\, k$ 的最小二次非剩余.

证明 对于 (i)，我们假设 $b_k^{(p)} = c_k^{(p)} + 1$. 那么由引理 2.4，存在整数 m 和 n，使得 $k^p(k-2n-1) = 2m^p$. 但是如果 k 是偶数，等式两端的因数分解包含 2 的不同幂次，这是一个矛盾. 我们把 (i) 余下的部分和 (ii) 给读者.

对于 (iii) 和 (iv)，我们回忆，如果 $k \nmid a$，那么当 a 是 $\bmod\, k$ 的一个二次剩余时，勒让德符号 $(a|k)$ 被定义为 $+1$，当 a 是 $\bmod\, k$ 的一个二次非剩余时，它被定义为 -1. 那么，如果 k 是一个奇素数，并且 n 和 m 是对于 k 相对素的整数，则由初等数论知有下列 3 个事实：(a) $(-1|k) = 1$ 当且仅当 $k \equiv 1 \pmod 4$；(b) n 是 $\bmod\, k$ 的一个二次剩余，当且仅当它是 $\bmod\, k^2$ 的一个二次剩余；(c) $(nm|k) = (n|k)(m|k)$. 现在注意，如果 $k \equiv 1 \pmod 4$ 并且 k 是素数，那么 $c_k^{(2)} = k^2(k-1)/2 - 1$ 是 $\bmod\, k^2$ 的一个二次剩余 (由 (a) 和 (b)). 因而从引理 2.4(i) 即得 (iii).

对于 (iv)，我们注意，从 (i) 即得 $b_k^{(2)} - a_k^{(2)} = k^2(k-1)/2 - a_k^{(2)}$. 如果 $k \equiv 3 \pmod 4$ 并且 k 是素数，那么 -1 是 $\bmod\, k$ 的一个二次剩余 (由 (a)). 但是由引理 2.4，$a_k^{(2)}$ 是 $\bmod\, k^2$ 的一个二次剩余，因而也是 $\bmod\, k$ 的二

次剩余,这样,$k^2(k-1)/2 - a_k^{(2)} \equiv -a_k^{(2)} \pmod{k}$ 就是 mod k 的一个二次非剩余(由(c)). 最后,x 是一个满足 $0 < k^2(k-1)/2 - x < k^2(k-1)/2 - a_k^{(2)}$ 的整数,那么 $a_k^{(2)} < x \leq c_k^{(2)}$,因而引理2.4(i)蕴涵着 x 是 mod k^2 的一个二次非剩余,因而也是 mod k 的二次非剩余. 但是此时 $k^2(k-1)/2 - x$ 是 mod k 的一个二次剩余(由(c)),这就完成了(iv)的证明.

推论2.5(i)和(ii)说明了,例如,为什么 $26 = c_3^{(3)}$ 和 $249 = c_5^{(3)}$ 是使得公式⑦和⑨成立的唯一整数,正如我们在引言中所提及的那样. 而推论2.5(i)和(iii)说明了为什么 $49 = c_5^{(2)}$ 是使得公式④成立的唯一整数. 另一方面,推论2.5(i)解释了为什么 $1 = c_2^{(2)}$,$20 = c_4^{(2)}$,$89 = c_6^{(2)}$,$3 = c_2^{(3)}$ 和 $95 = c_4^{(3)}$ 不是分别满足公式①,③,⑤,⑥和⑧的唯一的整数:在每种情形,k 是偶数,这样,$b_k^{(p)} > c_k^{(p)} + 1$,以致定理2.3(i)对于 $c = c_k^{(p)}$ 和 $c = c_k^{(p)} + 1$ 都成立. 最后,对于偶数 p,容易验证 $a_3^{(p)} < c_3^{(p)}$,因此存在多于一个的数满足公式②(例如,$c = 7$ 和 $c = 8$ 都满足②).

推论2.5(iv)由表1中 $k = 7$ 的项所解释:$3 = b_7^{(2)} - a_7^{(2)}$ 是 mod 7 的最小二次非剩余. 这暗示着 $a_k^{(p)}$(和 $b_k^{(7)}$)的计算一般而言是一个困难的问题,因为关于 mod k 的最小二次非剩余的大小我们知道得很少,而不像在广义黎曼假设下我们知道它小于或等于 $2(\lg k)^2$. (见 Ankeny[1])然而我们可以得到 $a_k^{(p)}$ 的一个有用的下界:

引理2.6 $a_k^{(p)} \geq c_k^{(p)} - pk^{p-1} + 2$.

证明 由引理2.4,我们只需证明区间 $I = [c_k^{(p)} - $

$pk^{p-1}+2, c_k^{(p)}]$ 包含 $\bmod k^p$ 的一个 p 次剩余. 考虑诸幂 $(ak^{p-1}-1)^p$, 它们的 $\bmod k^p$ 的剩余是 $r_a = (-1)^{p-1} \cdot pak^{p-1}+(-1)^p$. 由于 $|r_{a+1}-r_a|=pk^{p-1}$ 以及 I 的长度为 $pk^{p-1}-2$, 如果不存在整数 a 使得 $r_a \in I$, 那么对于某个 $a, r_a = c_k^{(p)}+1-pk^{p-1}$. 但是 $c_k^{(p)}+1-pk^{p-1} \equiv 0(\bmod k^{p-1})$, 同时 $r_a \equiv (-1)^p (\bmod k^{p-1})$. 这样, 正如所期望的, 有剩余在 I 中.

作为 k 的函数, 序列 $n_k^{(p)}$ 不是增函数(见公式 ⑧—⑨和列于表 1 中的值). 然而, 我们现在可以证明, 它的增长是无界的:

定理 2.7 对于所有 $p \geqslant 2$, 当 $k \to \infty$ 时有 $n_k^{(p)} \to \infty$.

证明 由定理 2.3(i), 只需证明对于任何 $m>0$ 和充分大的 k, 有

$$[f_k^{(p)}(m)] < [\sqrt[p]{k^p m + a_k^{(p)}}]$$

或由引理 2.6, 对于任何 $m>0$ 和充分大的 k, 有

$$[f_k^{(p)}(m)] < [\sqrt[p]{k^p m + c_k^{(p)} - pk^{p-1}+2}] \qquad (\mathrm{i})$$

因为 $f_k^{(p)}(m) < \int_k^{k+m} x^{\frac{1}{p}} \mathrm{d}x = p/(p+1)((k+m)^{\frac{p+1}{p}}-m^{\frac{p+1}{p}})$, 所以如果我们能证明

$$\sqrt[p]{k^p m + c_k^{(p)} - pk^{p-1}+2} - p/(p+1)((k+m)^{\frac{p+1}{p}}-m^{\frac{p+1}{p}}) \qquad (\mathrm{ii})$$

作为 k 的函数是无界的, 那么对于充分大的 k, (i)就成立. 但是(ii)渐近于 $k^{\frac{p+1}{p}}((1/2)^{\frac{1}{p}}-(p+1)/p)$, 因而即得定理.

3. Zhan 的猜想

在这最后一节中, 我们来检验 $p=2$ 和 $p=3$ 的情

形. 我们从 Zhan 的猜想开始:

定理 3.1　$n_k^{(2)} > 1$,当且仅当 $k \geq 6$.

证明　公式①—④证明了当 $2 \leq k \leq 5$ 时 $n_k^{(2)} = 1$. 回忆一下定理 2.7 的证明,在 $p = 2$ 和 $m = 1$ 时 2.7(ii) 变为

$$\sqrt{k^2 + c_k^{(2)} - 2k + 2} - \frac{2((k+1)^{\frac{3}{2}} - 1)}{3}$$

并且当 $k = 20$ 时此式大于 1,因而当 $k \geq 20$ 时也大于 1(因为此表达式是 k 的增函数). 仍对于 $p = 2$ 和 $m = 1$, 2.7(i)变为

$$[f_k^{(2)}(1)] < [\sqrt{k^2 + c_k^{(2)} - 2k + 2}]$$

而我们可以直接计算而知道,当 $10 \leq k \leq 19$ 时上式成立. 最后,对于 $6 \leq k \leq 9$ 的情形,我们用定理 2.3(iv),并计算而得

$b_{6,1}^{(2)} \leq a_{6,11}^{(2)}$(在[5]中已经注意到的一个事实),
$b_{7,3}^{(2)} \leq a_{7,18}^{(2)}, b_{8,8}^{(2)} \leq a_{8,18}^{(2)}, b_{9,8}^{(2)} \leq a_{9,20}^{(2)}$

这就完成了 Zhan 猜想的证明.

对于 $p = 2$ 和 $k > 22$,我们甚至可以建立一个更强的结论,它是由 Syan Wagon[3]所猜想的:

定理 3.2　对于 $k > 22$,不存在常数 c(仅依赖于 k),使得对于所有正整数 n 有 $|f_k(n) - \sqrt{k^2 n + c}| < 1$.

证明　注意,$|f_k(n) - \sqrt{k^2 n + c}| < 1$,当且仅当 $c \in (a_n, b_n)$,这里 $a_n = (f_k(n) - 1)^2 - k^2 n, b_n = (f_k(n) + 1)^2 - k^2 n$. 为了证明定理,只需证明对 $k > 22$ 存在一个正整数 n,使得 $f_k(n) - \sqrt{k^2 n + l_k} > 1$,其中 $l_k \equiv (f_k(1) + 1)^2 - k^2$. 对于 $23 \leq k \leq 43$,可以通过计算来验证(例如,对于 $n = 16$). 对于 $k \geq 44$,我们用积分

[x]与{x}

近似

$$(x+k-1)^{\frac{3}{2}} - (x-1)^{\frac{3}{2}} < \frac{3f_k(x)}{2} < (x+k)^{\frac{3}{2}} - x^{\frac{3}{2}}$$

而得到

$$f_k(n) - \sqrt{k^2 n + l_k} > (2/3)((n+k-1)^{\frac{3}{2}} - (n-1)^{\frac{3}{2}}) - \sqrt{k^2 n + ((2/3)((k+1)^{\frac{3}{2}} - 1) + 1)^2 - k^2}$$

令 $n = k$,上式右端变为

$$(2/3)((2k-1)^{\frac{3}{2}} - (k-1)^{\frac{3}{2}}) - \sqrt{k^3 + (4/9)(k+1)^3 - k^2 + (4/9)(k+1)^{\frac{3}{2}} + (1/9)}$$

这个表达式在 $k=44$ 处的值大于 1,并且不难证明对于 $k \geq 44$ 其导数是正的,因而定理被证明了.

自然,定理 3.2 导致定理 3.1 的另一个证明. 最后,转向 $p=3$,我们有:

定理 3.3 $n_k^{(3)} > 1$,当且仅当 $k \geq 4$.

证明 公式⑥和⑦证明了,对于 $2 \leq k \leq 3$ 有 $n_k^{(3)} = 1$. 再回忆定理 2.7 的证明,我们发现当 $p=3, m=1$ 和 $k \geq 21$ 时表达式 2.7(ii) 大于 1,并且当 $p=3, m=1$ 时我们可以直接计算而得当 $9 \leq k \leq 10$ 和 $12 \leq k \leq 20$ 时 2.7(i) 成立. 对于余下的情形,我们用定理 2.3(iv),并计算而得
$b_{4,2}^{(3)} \leq a_{4,10}^{(3)}, b_{5,1}^{(3)} \leq a_{5,4}^{(3)}, b_{6,1}^{(3)} \leq a_{6,164}^{(3)}, b_{7,1}^{(3)} \leq a_{7,157}^{(3)},$
$b_{8,1}^{(3)} \leq a_{8,31}^{(3)},$ 和 $b_{11,7}^{(3)} \leq a_{11,47}^{(3)}.$

有人说现在资讯发达,世界各地的竞赛试题都容易被搜到,这样一本以解题为内容的书还有意义吗? 美国西方文化史名家雅克·巴尔赞(1907—2012)写了一本长达 868 页的大书《从黎明到衰落——西方文化生活五百年 1500 年至今》甫一出版,好评如潮,我

编辑手记

国著名哲学家陈嘉映是这样评价的：

作者的博学令人惊叹,无书不知,且不说同样熟悉艺术、音乐、史学,哲学和自然科学也不陌生,如今互联网发达,更是还有谷歌,什么信息都可以在网上查到,但在文史这一行,会搜索信息与满腹学问不是一回事. 知识在资料库里有一种组织法,装在脑子里是另一种组织法：只有装在同一个大脑里,知识才会勾连成一个鲜活的整体,满腹学问才能满腹经纶.

同样,本书作者是将 Gauss 函数真正吃透了才会写成,如不信可写一本试试！

刘培杰
2015.3.20
于哈工大

哈尔滨工业大学出版社刘培杰数学工作室
已出版(即将出版)图书目录

书　名	出版时间	定　价	编号
新编中学数学解题方法全书(高中版)上卷	2007—09	38.00	7
新编中学数学解题方法全书(高中版)中卷	2007—09	48.00	8
新编中学数学解题方法全书(高中版)下卷(一)	2007—09	42.00	17
新编中学数学解题方法全书(高中版)下卷(二)	2007—09	38.00	18
新编中学数学解题方法全书(高中版)下卷(三)	2010—06	58.00	73
新编中学数学解题方法全书(初中版)上卷	2008—01	28.00	29
新编中学数学解题方法全书(初中版)中卷	2010—07	38.00	75
新编中学数学解题方法全书(高考复习卷)	2010—01	48.00	67
新编中学数学解题方法全书(高考真题卷)	2010—01	38.00	62
新编中学数学解题方法全书(高考精华卷)	2011—03	68.00	118
新编平面解析几何解题方法全书(专题讲座卷)	2010—01	18.00	61
新编中学数学解题方法全书(自主招生卷)	2013—08	88.00	261
数学眼光透视	2008—01	38.00	24
数学思想领悟	2008—01	38.00	25
数学应用展观	2008—01	38.00	26
数学建模导引	2008—01	28.00	23
数学方法溯源	2008—01	38.00	27
数学史话览胜	2008—01	28.00	28
数学思维技术	2013—09	38.00	260
从毕达哥拉斯到怀尔斯	2007—10	48.00	9
从迪利克雷到维斯卡尔迪	2008—01	48.00	21
从哥德巴赫到陈景润	2008—05	98.00	35
从庞加莱到佩雷尔曼	2011—08	138.00	136
数学解题中的物理方法	2011—06	28.00	114
数学解题的特殊方法	2011—06	48.00	115
中学数学计算技巧	2012—01	48.00	116
中学数学证明方法	2012—01	58.00	117
数学趣题巧解	2012—03	28.00	128
三角形中的角格点问题	2013—01	88.00	207
含参数的方程和不等式	2012—09	28.00	213

Ⅰ

哈尔滨工业大学出版社刘培杰数学工作室
已出版(即将出版)图书目录

书 名	出版时间	定 价	编号
数学奥林匹克与数学文化(第一辑)	2006—05	48.00	4
数学奥林匹克与数学文化(第二辑)(竞赛卷)	2008—01	48.00	19
数学奥林匹克与数学文化(第二辑)(文化卷)	2008—07	58.00	36'
数学奥林匹克与数学文化(第三辑)(竞赛卷)	2010—01	48.00	59
数学奥林匹克与数学文化(第四辑)(竞赛卷)	2011—08	58.00	87
数学奥林匹克与数学文化(第五辑)	2014—09		370
发展空间想象力	2010—01	38.00	57
走向国际数学奥林匹克的平面几何试题诠释(上、下)(第1版)	2007—01	68.00	11,12
走向国际数学奥林匹克的平面几何试题诠释(上、下)(第2版)	2010—02	98.00	63,64
平面几何证明方法全书	2007—08	35.00	1
平面几何证明方法全书习题解答(第1版)	2005—10	18.00	2
平面几何证明方法全书习题解答(第2版)	2006—12	18.00	10
平面几何天天练上卷·基础篇(直线型)	2013—01	58.00	208
平面几何天天练中卷·基础篇(涉及圆)	2013—01	28.00	234
平面几何天天练下卷·提高篇	2013—01	58.00	237
平面几何专题研究	2013—07	98.00	258
最新世界各国数学奥林匹克中的平面几何试题	2007—09	38.00	14
数学竞赛平面几何典型题及新颖解	2010—07	48.00	74
初等数学复习及研究(平面几何)	2008—09	58.00	38
初等数学复习及研究(立体几何)	2010—06	38.00	71
初等数学复习及研究(平面几何)习题解答	2009—01	48.00	42
世界著名平面几何经典著作钩沉——几何作图专题卷(上)	2009—06	48.00	49
世界著名平面几何经典著作钩沉——几何作图专题卷(下)	2011—03	88.00	80
世界著名平面几何经典著作钩沉(民国平面几何老课本)	2011—03	38.00	113
世界著名解析几何经典著作钩沉——平面解析几何卷	2014—01	38.00	273
世界著名数论经典著作钩沉(算术卷)	2012—01	28.00	125
世界著名数学经典著作钩沉——立体几何卷	2011—02	28.00	88
世界著名三角学经典著作钩沉(平面三角卷Ⅰ)	2010—06	28.00	69
世界著名三角学经典著作钩沉(平面三角卷Ⅱ)	2011—01	38.00	78
世界著名初等数论经典著作钩沉(理论和实用算术卷)	2011—07	38.00	126
几何学教程(平面几何卷)	2011—03	68.00	90
几何学教程(立体几何卷)	2011—07	68.00	130
几何变换与几何证题	2010—06	88.00	70
计算方法与几何证题	2011—06	28.00	129
立体几何技巧与方法	2014—04	88.00	293
几何瑰宝——平面几何500名题暨1000条定理(上、下)	2010—07	138.00	76,77
三角形的解法与应用	2012—07	18.00	183
近代的三角形几何学	2012—07	48.00	184
一般折线几何学	即将出版	58.00	203
三角形的五心	2009—06	28.00	51
三角形趣谈	2012—08	28.00	212
解三角形	2014—01	28.00	265
三角学专门教程	2014—09	28.00	387
距离几何分析导引	2015—02	68.00	446

哈尔滨工业大学出版社刘培杰数学工作室
已出版(即将出版)图书目录

书　名	出版时间	定价	编号
圆锥曲线习题集(上册)	2013—06	68.00	255
圆锥曲线习题集(中册)	2015—01	78.00	434
圆锥曲线习题集(下册)	即将出版		
俄罗斯平面几何问题集	2009—08	88.00	55
俄罗斯立体几何问题集	2014—03	58.00	283
俄罗斯几何大师——沙雷金论数学及其他	2014—01	48.00	271
来自俄罗斯的5000道几何习题及解答	2011—03	58.00	89
俄罗斯初等数学问题集	2012—05	38.00	177
俄罗斯函数问题集	2011—03	38.00	103
俄罗斯组合分析问题集	2011—01	48.00	79
俄罗斯初等数学万题选——三角卷	2012—11	38.00	222
俄罗斯初等数学万题选——代数卷	2013—08	68.00	225
俄罗斯初等数学万题选——几何卷	2014—01	68.00	226
463个俄罗斯几何老问题	2012—01	28.00	152
近代欧氏几何学	2012—03	48.00	162
罗巴切夫斯基几何学及几何基础概要	2012—07	28.00	188
用三角、解析几何、复数、向量计算解数学竞赛几何题	2015—03	48.00	455
美国中学几何教程	2015—04	88.00	458
三线坐标与三角形特征点	2015—04	98.00	460
平面解析几何方法与研究(第1卷)	2015—05	18.00	471
平面解析几何方法与研究(第2卷)	即将出版		472
平面解析几何方法与研究(第3卷)	即将出版		473
超越吉米多维奇——数列的极限	2009—11	48.00	58
超越普里瓦洛夫——留数卷	2015—01	28.00	437
Barban Davenport Halberstam 均值和	2009—01	40.00	33
初等数论难题集(第一卷)	2009—05	68.00	44
初等数论难题集(第二卷)(上、下)	2011—02	128.00	82,83
谈谈素数	2011—03	18.00	91
平方和	2011—03	18.00	92
数论概貌	2011—03	18.00	93
代数数论(第二版)	2013—08	58.00	94
代数多项式	2014—06	38.00	289
初等数论的知识与问题	2011—02	28.00	95
超越数论基础	2011—03	28.00	96
数论初等教程	2011—03	28.00	97
数论基础	2011—03	18.00	98
数论基础与维诺格拉多夫	2014—03	18.00	292
解析数论基础	2012—08	28.00	216
解析数论基础(第二版)	2014—01	48.00	287
解析数论问题集(第二版)	2014—05	88.00	343
解析几何研究	2015—01	38.00	425
初等几何研究	2015—02	58.00	444
数论入门	2011—03	38.00	99
代数数论入门	2015—03	38.00	448
数论开篇	2012—07	28.00	194
解析数论引论	2011—03	48.00	100

哈尔滨工业大学出版社刘培杰数学工作室
已出版(即将出版)图书目录

书　名	出版时间	定　价	编号
复变函数引论	2013—10	68.00	269
伸缩变换与抛物旋转	2015—01	38.00	449
无穷分析引论(上)	2013—04	88.00	247
无穷分析引论(下)	2013—04	98.00	245
数学分析	2014—04	28.00	338
数学分析中的一个新方法及其应用	2013—01	38.00	231
数学分析例选:通过范例学技巧	2013—01	88.00	243
三角级数论(上册)(陈建功)	2013—01	38.00	232
三角级数论(下册)(陈建功)	2013—01	48.00	233
三角级数论(哈代)	2013—06	48.00	254
基础数论	2011—03	28.00	101
超越数	2011—03	18.00	109
三角和方法	2011—03	18.00	112
谈谈不定方程	2011—05	28.00	119
整数论	2011—05	38.00	120
随机过程(Ⅰ)	2014—01	78.00	224
随机过程(Ⅱ)	2014—01	68.00	235
整数的性质	2012—11	38.00	192
初等数论 100 例	2011—05	18.00	122
初等数论经典例题	2012—07	18.00	204
最新世界各国数学奥林匹克中的初等数论试题(上、下)	2012—01	138.00	144,145
算术探索	2011—12	158.00	148
初等数论(Ⅰ)	2012—01	18.00	156
初等数论(Ⅱ)	2012—01	18.00	157
初等数论(Ⅲ)	2012—01	28.00	158
组合数学	2012—04	28.00	178
组合数学浅谈	2012—03	28.00	159
同余理论	2012—05	38.00	163
丢番图方程引论	2012—03	48.00	172
平面几何与数论中未解决的新老问题	2013—01	68.00	229
法雷级数	2014—08	18.00	367
代数数论简史	2014—11	28.00	408
摆线族	2015—01	38.00	438
拉普拉斯变换及其应用	2015—02	38.00	447
函数方程及其解法	2015—05	38.00	470
罗巴切夫斯基几何学初步	2015—06	28.00	474
历届美国中学生数学竞赛试题及解答(第一卷)1950—1954	2014—07	18.00	277
历届美国中学生数学竞赛试题及解答(第二卷)1955—1959	2014—04	18.00	278
历届美国中学生数学竞赛试题及解答(第三卷)1960—1964	2014—06	18.00	279
历届美国中学生数学竞赛试题及解答(第四卷)1965—1969	2014—04	28.00	280
历届美国中学生数学竞赛试题及解答(第五卷)1970—1972	2014—06	18.00	281
历届美国中学生数学竞赛试题及解答(第七卷)1981—1986	2015—01	18.00	424

哈尔滨工业大学出版社刘培杰数学工作室
已出版(即将出版)图书目录

书　名	出版时间	定　价	编号
历届 IMO 试题集(1959—2005)	2006—05	58.00	5
历届 CMO 试题集	2008—09	28.00	40
历届中国数学奥林匹克试题集	2014—10	38.00	394
历届加拿大数学奥林匹克试题集	2012—08	38.00	215
历届美国数学奥林匹克试题集:多解推广加强	2012—08	38.00	209
历届波兰数学竞赛试题集. 第1卷,1949~1963	2015—03	18.00	453
历届波兰数学竞赛试题集. 第2卷,1964~1976	2015—03	18.00	454
保加利亚数学奥林匹克	2014—10	38.00	393
圣彼得堡数学奥林匹克试题集	2015—01	48.00	429
历届国际大学生数学竞赛试题集(1994—2010)	2012—01	28.00	143
全国大学生数学夏令营数学竞赛试题及解答	2007—03	28.00	15
全国大学生数学竞赛辅导教程	2012—07	28.00	189
全国大学生数学竞赛复习全书	2014—04	48.00	340
历届美国大学生数学竞赛试题集	2009—03	88.00	43
前苏联大学生数学奥林匹克竞赛题解(上编)	2012—04	28.00	169
前苏联大学生数学奥林匹克竞赛题解(下编)	2012—04	38.00	170
历届美国数学邀请赛试题集	2014—01	48.00	270
全国高中数学竞赛试题及解答. 第1卷	2014—07	38.00	331
大学生数学竞赛讲义	2014—09	28.00	371
高考数学临门一脚(含密押三套卷)(理科版)	2015—01	24.80	421
高考数学临门一脚(含密押三套卷)(文科版)	2015—01	24.80	422
新课标高考数学题型全归纳(文科版)	2015—05	72.00	467
新课标高考数学题型全归纳(理科版)	2015—05	82.00	468
整函数	2012—08	18.00	161
多项式和无理数	2008—01	68.00	22
模糊数据统计学	2008—03	48.00	31
模糊分析学与特种泛函空间	2013—01	68.00	241
受控理论与解析不等式	2012—05	78.00	165
解析不等式新论	2009—06	68.00	48
反问题的计算方法及应用	2011—11	28.00	147
建立不等式的方法	2011—03	98.00	104
数学奥林匹克不等式研究	2009—08	68.00	56
不等式研究(第二辑)	2012—02	68.00	153
初等数学研究(Ⅰ)	2008—09	68.00	37
初等数学研究(Ⅱ)(上、下)	2009—05	118.00	46,47
中国初等数学研究　2009卷(第1辑)	2009—05	20.00	45
中国初等数学研究　2010卷(第2辑)	2010—05	30.00	68
中国初等数学研究　2011卷(第3辑)	2011—07	60.00	127
中国初等数学研究　2012卷(第4辑)	2012—07	48.00	190
中国初等数学研究　2014卷(第5辑)	2014—02	48.00	288
数阵及其应用	2012—02	28.00	164
绝对值方程—折边与组合图形的解析研究	2012—07	48.00	186
不等式的秘密(第一卷)	2012—02	28.00	154
不等式的秘密(第一卷)(第2版)	2014—02	38.00	286
不等式的秘密(第二卷)	2014—01	38.00	268

Ⅴ

哈尔滨工业大学出版社刘培杰数学工作室
已出版（即将出版）图书目录

书　　名	出版时间	定价	编号
初等不等式的证明方法	2010—06	38.00	123
初等不等式的证明方法（第二版）	2014—11	38.00	407
数学奥林匹克在中国	2014—06	98.00	344
数学奥林匹克问题集	2014—01	38.00	267
数学奥林匹克不等式散论	2010—06	38.00	124
数学奥林匹克不等式欣赏	2011—09	38.00	138
数学奥林匹克超级题库（初中卷上）	2010—01	58.00	66
数学奥林匹克不等式证明方法和技巧（上、下）	2011—08	158.00	134,135
近代拓扑学研究	2013—04	38.00	239
新编640个世界著名数学智力趣题	2014—01	88.00	242
500个最新世界著名数学智力趣题	2008—06	48.00	3
400个最新世界著名数学最值问题	2008—09	48.00	36
500个世界著名数学征解问题	2009—06	48.00	52
400个中国最佳初等数学征解老问题	2010—01	48.00	60
500个俄罗斯数学经典老题	2011—01	28.00	81
1000个国外中学物理好题	2012—04	48.00	174
300个日本高考数学题	2012—05	38.00	142
500个前苏联早期高考数学试题及解答	2012—05	28.00	185
546个早期俄罗斯大学生数学竞赛题	2014—03	38.00	285
548个来自美苏的数学好问题	2014—11	28.00	396
20所苏联著名大学早期入学试题	2015—10	18.00	452
161道德国工科大学生必做的微分方程习题	2015—05	28.00	469
德国讲义日本考题.微积分卷	2015—04	48.00	456
德国讲义日本考题.微分方程卷	2015—04	38.00	457
博弈论精粹	2008—03	58.00	30
博弈论精粹.第二版（精装）	2015—01	88.00	461
数学 我爱你	2008—01	28.00	20
精神的圣徒　别样的人生——60位中国数学家成长的历程	2008—09	48.00	39
数学史概论	2009—06	78.00	50
数学史概论（精装）	2013—03	158.00	272
斐波那契数列	2010—02	28.00	65
数学拼盘和斐波那契魔方	2010—07	38.00	72
斐波那契数列欣赏	2011—01	28.00	160
数学的创造	2011—02	48.00	85
数学中的美	2011—02	38.00	84
数论中的美学	2014—12	38.00	351
数学王者　科学巨人——高斯	2015—01	28.00	428
王连笑教你怎样学数学:高考选择题解题策略与客观题实用训练	2014—01	48.00	262
王连笑教你怎样学数学:高考数学高层次讲座	2015—02	48.00	432
最新全国及各省市高考数学试卷解法研究及点拨评析	2009—02	38.00	41
高考数学的理论与实践	2009—08	38.00	53
中考数学专题总复习	2007—04	28.00	6
向量法巧解数学高考题	2009—08	28.00	54
高考数学核心题型解题方法与技巧	2010—01	28.00	86
高考思维新平台	2014—03	38.00	259
数学解题——靠数学思想给力（上）	2011—07	38.00	131
数学解题——靠数学思想给力（中）	2011—07	48.00	132
数学解题——靠数学思想给力（下）	2011—07	38.00	133

哈尔滨工业大学出版社刘培杰数学工作室
已出版(即将出版)图书目录

书　名	出版时间	定　价	编号
我怎样解题	2013—01	48.00	227
和高中生漫谈：数学与哲学的故事	2014—08	28.00	369
2011年全国及各省市高考数学试题审题要津与解法研究	2011—10	48.00	139
2013年全国及各省市高考数学试题解析与点评	2014—01	48.00	282
全国及各省市高考数学试题审题要津与解法研究	2015—02	48.00	450
新课标高考数学——五年试题分章详解(2007~2011)(上、下)	2011—10	78.00	140,141
30分钟拿下高考数学选择题、填空题(第二版)	2012—01	28.00	146
全国中考数学压轴审题要津与解法研究	2013—04	78.00	248
新编全国及各省市中考数学压轴审题要津与解法研究	2014—05	58.00	342
全国及各省市5年中考数学压轴题审题要津与解法研究	2015—04	58.00	462
高考数学压轴题解题诀窍(上)	2012—02	78.00	166
高考数学压轴题解题诀窍(下)	2012—03	28.00	167
自主招生考试中的参数方程问题	2015—01	28.00	435
自主招生考试中的极坐标问题	2015—01	28.00	463
近年全国重点大学自主招生数学试题全解及研究.华约卷	2015—02	38.00	441
近年全国重点大学自主招生数学试题全解及研究.北约卷	即将出版		
格点和面积	2012—07	18.00	191
射影几何趣谈	2012—04	28.00	175
斯潘纳尔引理——从一道加拿大数学奥林匹克试题谈起	2014—01	28.00	228
李普希兹条件——从几道近年高考数学试题谈起	2012—10	18.00	221
拉格朗日中值定理——从一道北京高考试题的解法谈起	2012—10	18.00	197
闵科夫斯基定理——从一道清华大学自主招生试题谈起	2014—01	28.00	198
哈尔测度——从一道冬令营试题的背景谈起	2012—08	28.00	202
切比雪夫逼近问题——从一道中国台北数学奥林匹克试题谈起	2013—04	38.00	238
伯恩斯坦多项式与贝齐尔曲面——从一道全国高中数学联赛试题谈起	2013—03	38.00	236
卡塔兰猜想——从一道普特南竞赛试题谈起	2013—06	18.00	256
麦卡锡函数和阿克曼函数——从一道前南斯拉夫数学奥林匹克试题谈起	2012—08	18.00	201
贝蒂定理与拉姆贝克莫斯尔定理——从一个拣石子游戏谈起	2012—08	18.00	217
皮亚诺曲线和豪斯道夫分球定理——从无限谈起	2012—08	18.00	211
平面凸图形与凸多面体	2012—10	28.00	218
斯坦因豪斯问题——从一道二十五省市自治区中学数学竞赛试题谈起	2012—07	18.00	196
纽结理论中的亚历山大多项式与琼斯多项式——从一道北京市高一数学竞赛试题谈起	2012—07	28.00	195
原则与策略——从波利亚"解题表"谈起	2013—04	38.00	244
转化与化归——从三大尺规作图不能问题谈起	2012—08	28.00	214
代数几何中的贝祖定理(第一版)——从一道IMO试题的解法谈起	2013—08	18.00	193
成功连贯理论与约当块理论——从一道比利时数学竞赛试题谈起	2012—04	18.00	180
磨光变换与范·德·瓦尔登猜想——从一道环球城市竞赛试题谈起	即将出版		
素数判定与大数分解	2014—08	18.00	199
置换多项式及其应用	2012—10	18.00	220
椭圆函数与模函数——从一道美国加州大学洛杉矶分校(UCLA)博士资格考题谈起	2012—10	28.00	219

哈尔滨工业大学出版社刘培杰数学工作室已出版(即将出版)图书目录

书　名	出版时间	定　价	编号
差分方程的拉格朗日方法——从一道2011年全国高考理科试题的解法谈起	2012—08	28.00	200
力学在几何中的一些应用	2013—01	38.00	240
高斯散度定理、斯托克斯定理和平面格林定理——从一道国际大学生数学竞赛试题谈起	即将出版		
康托洛维奇不等式——从一道全国高中联赛试题谈起	2013—03	28.00	337
西格尔引理——从一道第18届IMO试题的解法谈起	即将出版		
罗斯定理——从一道前苏联数学竞赛试题谈起	即将出版		
拉克斯定理和阿廷定理——从一道IMO试题的解法谈起	2014—01	58.00	246
毕卡大定理——从一道美国大学数学竞赛试题谈起	2014—07	18.00	350
贝齐尔曲线——从一道全国高中联赛试题谈起	即将出版		
拉格朗日乘子定理——从一道2005年全国高中联赛试题谈起	即将出版		
雅可比定理——从一道日本数学奥林匹克试题谈起	2013—04	48.00	249
李天岩－约克定理——从一道波兰数学竞赛试题谈起	2014—06	28.00	349
整系数多项式因式分解的一般方法——从克朗耐克算法谈起	即将出版		
布劳维不动点定理——从一道前苏联数学奥林匹克试题谈起	2014—01	38.00	273
压缩不动点定理——从一道高考数学试题的解法谈起	即将出版		
伯恩赛德定理——从一道英国数学奥林匹克试题谈起	即将出版		
布查特－莫斯特定理——从一道上海市初中竞赛试题谈起	即将出版		
数论中的同余数问题——从一道普特南竞赛试题谈起	即将出版		
范·德蒙行列式——从一道美国数学奥林匹克试题谈起	即将出版		
中国剩余定理:总数法构建中国历史年表	2015—01	28.00	430
牛顿程序与方程求根——从一道全国高考试题解法谈起	即将出版		
库默尔定理——从一道IMO预选试题谈起	即将出版		
卢丁定理——从一道冬令营试题的解法谈起	即将出版		
沃斯滕霍姆定理——从一道IMO预选试题谈起	即将出版		
卡尔松不等式——从一道莫斯科数学奥林匹克试题谈起	即将出版		
信息论中的香农熵——从一道近年高考压轴题谈起	即将出版		
约当不等式——从一道希望杯竞赛试题谈起	即将出版		
拉比诺维奇定理	即将出版		
刘维尔定理——从一道《美国数学月刊》征解问题的解法谈起	即将出版		
卡塔兰恒等式与级数求和——从一道IMO试题的解法谈起	即将出版		
勒让德猜想与素数分布——从一道爱尔兰竞赛试题谈起	即将出版		
天平称重与信息论——从一道基辅市数学奥林匹克试题谈起	即将出版		
哈密尔顿－凯莱定理:从一道高中数学联赛试题的解法谈起	2014—09	18.00	376
艾思特曼定理——从一道CMO试题的解法谈起	即将出版		

哈尔滨工业大学出版社刘培杰数学工作室
已出版（即将出版）图书目录

书　名	出版时间	定　价	编号
一个爱尔特希问题——从一道西德数学奥林匹克试题谈起	即将出版		
有限群中的爱丁格尔问题——从一道北京市初中二年级数学竞赛试题谈起	即将出版		
贝克码与编码理论——从一道全国高中联赛试题谈起	即将出版		
帕斯卡三角形	2014—03	18.00	294
蒲丰投针问题——从2009年清华大学的一道自主招生试题谈起	2014—01	38.00	295
斯图姆定理——从一道"华约"自主招生试题的解法谈起	2014—01	18.00	296
许瓦兹引理——从一道加利福尼亚大学伯克利分校数学系博士生试题谈起	2014—08	18.00	297
拉格朗日中值定理——从一道北京高考试题的解法谈起	2014—01		298
拉姆塞定理——从王诗宬院士的一个问题谈起	2014—01		299
坐标法	2013—12	28.00	332
数论三角形	2014—04	38.00	341
毕克定理	2014—07	18.00	352
数林掠影	2014—09	48.00	389
我们周围的概率	2014—10	38.00	390
凸函数最值定理：从一道华约自主招生题的解法谈起	2014—10	28.00	391
易学与数学奥林匹克	2014—10	38.00	392
生物数学趣谈	2015—01	18.00	409
反演	2015—01		420
因式分解与圆锥曲线	2015—01	18.00	426
轨迹	2015—01	28.00	427
面积原理：从常庚哲命的一道CMO试题的积分解法谈起	2015—01	48.00	431
形形色色的不动点定理：从一道28届IMO试题谈起	2015—01	38.00	439
柯西函数方程：从一道上海交大自主招生的试题谈起	2015—02	28.00	440
三角恒等式	2015—01	28.00	442
无理性判定：从一道2014年"北约"自主招生试题谈起	2015—01	38.00	443
数学归纳法	2015—03	18.00	451
极端原理与解题	2015—04	28.00	464
中等数学英语阅读文选	2015—12	38.00	13
统计学专业英语	2007—03	28.00	16
统计学专业英语（第二版）	2012—07	48.00	176
统计学专业英语（第三版）	2015—04	68.00	465
幻方和魔方（第一卷）	2012—05	68.00	173
尘封的经典——初等数学经典文献选读（第一卷）	2012—07	48.00	205
尘封的经典——初等数学经典文献选读（第二卷）	2012—07	38.00	206
实变函数论	2012—06	78.00	181
非光滑优化及其变分分析	2014—01	48.00	230
疏散的马尔科夫链	2014—01	58.00	266
马尔科夫过程论基础	2015—01	28.00	433
初等微分拓扑学	2012—07	18.00	182
方程式论	2011—03	38.00	105
初级方程式论	2011—03	28.00	106
Galois理论	2011—03	18.00	107
古典数学难题与伽罗瓦理论	2012—11	58.00	223
伽罗华与群论	2014—01	28.00	290
代数方程的根式解及伽罗瓦理论	2011—03	28.00	108
代数方程的根式解及伽罗瓦理论（第二版）	2015—01	28.00	423

哈尔滨工业大学出版社刘培杰数学工作室
已出版(即将出版)图书目录

书　　名	出版时间	定价	编号
线性偏微分方程讲义	2011—03	18.00	110
N 体问题的周期解	2011—03	28.00	111
代数方程式论	2011—05	18.00	121
动力系统的不变量与函数方程	2011—07	48.00	137
基于短语评价的翻译知识获取	2012—02	48.00	168
应用随机过程	2012—04	48.00	187
概率论导引	2012—04	18.00	179
矩阵论(上)	2013—06	58.00	250
矩阵论(下)	2013—06	48.00	251
趣味初等方程妙题集锦	2014—09	48.00	388
趣味初等数论选美与欣赏	2015—02	48.00	445
对称锥互补问题的内点法：理论分析与算法实现	2014—08	68.00	368
抽象代数：方法导引	2013—06	38.00	257
闵嗣鹤文集	2011—03	98.00	102
吴从炘数学活动三十年(1951~1980)	2010—07	99.00	32
函数论	2014—11	78.00	395
耕读笔记(上卷)：一位农民数学爱好者的初数探索	2015—04	48.00	459
数贝偶拾——高考数学题研究	2014—04	28.00	274
数贝偶拾——初等数学研究	2014—04	38.00	275
数贝偶拾——奥数题研究	2014—04	48.00	276
集合、函数与方程	2014—01	28.00	300
数列与不等式	2014—01	38.00	301
三角与平面向量	2014—01	28.00	302
平面解析几何	2014—01	38.00	303
立体几何与组合	2014—01	28.00	304
极限与导数、数学归纳法	2014—01	38.00	305
趣味数学	2014—03	28.00	306
教材教法	2014—04	68.00	307
自主招生	2014—05	58.00	308
高考压轴题(上)	2014—11	48.00	309
高考压轴题(下)	2014—10	68.00	310
从费马到怀尔斯——费马大定理的历史	2013—10	198.00	I
从庞加莱到佩雷尔曼——庞加莱猜想的历史	2013—10	298.00	II
从切比雪夫到爱尔特希(上)——素数定理的初等证明	2013—07	48.00	III
从切比雪夫到爱尔特希(下)——素数定理100年	2012—12	98.00	III
从高斯到盖尔方特——二次域的高斯猜想	2013—10	198.00	IV
从库默尔到朗兰兹——朗兰兹猜想的历史	2014—01	98.00	V
从比勒巴赫到德布朗斯——比勒巴赫猜想的历史	2014—02	298.00	VI
从麦比乌斯到陈省身——麦比乌斯变换与麦比乌斯带	2014—02	298.00	VII
从布尔到豪斯道夫——布尔方程与格论漫谈	2013—10	198.00	VIII
从开普勒到阿诺德——三体问题的历史	2014—05	298.00	IX
从华林到华罗庚——华林问题的历史	2013—10	298.00	X

哈尔滨工业大学出版社刘培杰数学工作室
已出版(即将出版)图书目录

书 名	出版时间	定 价	编号
吴振奎高等数学解题真经(概率统计卷)	2012—01	38.00	149
吴振奎高等数学解题真经(微积分卷)	2012—01	68.00	150
吴振奎高等数学解题真经(线性代数卷)	2012—01	58.00	151
高等数学解题全攻略(上卷)	2013—06	58.00	252
高等数学解题全攻略(下卷)	2013—06	58.00	253
高等数学复习纲要	2014—01	18.00	384
钱昌本教你快乐学数学(上)	2011—12	48.00	155
钱昌本教你快乐学数学(下)	2012—03	58.00	171
三角函数	2014—01	38.00	311
不等式	2014—01	38.00	312
数列	2014—01	38.00	313
方程	2014—01	28.00	314
排列和组合	2014—01	28.00	315
极限与导数	2014—01	28.00	316
向量	2014—09	38.00	317
复数及其应用	2014—08	28.00	318
函数	2014—01	38.00	319
集合	即将出版		320
直线与平面	2014—01	28.00	321
立体几何	2014—04	28.00	322
解三角形	即将出版		323
直线与圆	2014—01	28.00	324
圆锥曲线	2014—01	38.00	325
解题通法(一)	2014—07	38.00	326
解题通法(二)	2014—07	38.00	327
解题通法(三)	2014—05	38.00	328
概率与统计	2014—01	28.00	329
信息迁移与算法	即将出版		330
第19~23届"希望杯"全国数学邀请赛试题审题要津详细评注(初一版)	2014—03	28.00	333
第19~23届"希望杯"全国数学邀请赛试题审题要津详细评注(初二、初三版)	2014—03	38.00	334
第19~23届"希望杯"全国数学邀请赛试题审题要津详细评注(高一版)	2014—03	28.00	335
第19~23届"希望杯"全国数学邀请赛试题审题要津详细评注(高二版)	2014—03	38.00	336
第19~25届"希望杯"全国数学邀请赛试题审题要津详细评注(初一版)	2015—01	38.00	416
第19~25届"希望杯"全国数学邀请赛试题审题要津详细评注(初二、初三版)	2015—01	58.00	417
第19~25届"希望杯"全国数学邀请赛试题审题要津详细评注(高一版)	2015—01	48.00	418
第19~25届"希望杯"全国数学邀请赛试题审题要津详细评注(高二版)	2015—01	48.00	419
物理奥林匹克竞赛大题典——力学卷	2014—11	48.00	405
物理奥林匹克竞赛大题典——热学卷	2014—04	28.00	339
物理奥林匹克竞赛大题典——电磁学卷	即将出版		406
物理奥林匹克竞赛大题典——光学与近代物理卷	2014—06	28.00	345

哈尔滨工业大学出版社刘培杰数学工作室
已出版(即将出版)图书目录

书　名	出版时间	定　价	编号
历届中国东南地区数学奥林匹克试题集(2004~2012)	2014—06	18.00	346
历届中国西部地区数学奥林匹克试题集(2001~2012)	2014—07	18.00	347
历届中国女子数学奥林匹克试题集(2002~2012)	2014—08	18.00	348
几何变换(Ⅰ)	2014—07	28.00	353
几何变换(Ⅱ)	即将出版		354
几何变换(Ⅲ)	2015—01	38.00	355
几何变换(Ⅳ)	即将出版		356
美国高中数学竞赛五十讲.第1卷(英文)	2014—08	28.00	357
美国高中数学竞赛五十讲.第2卷(英文)	2014—08	28.00	358
美国高中数学竞赛五十讲.第3卷(英文)	2014—09	28.00	359
美国高中数学竞赛五十讲.第4卷(英文)	2014—09	28.00	360
美国高中数学竞赛五十讲.第5卷(英文)	2014—10	28.00	361
美国高中数学竞赛五十讲.第6卷(英文)	2014—11	28.00	362
美国高中数学竞赛五十讲.第7卷(英文)	2014—12	28.00	363
美国高中数学竞赛五十讲.第8卷(英文)	2015—01	28.00	364
美国高中数学竞赛五十讲.第9卷(英文)	2015—01	28.00	365
美国高中数学竞赛五十讲.第10卷(英文)	2015—02	38.00	366
IMO 50年.第1卷(1959—1963)	2014—11	28.00	377
IMO 50年.第2卷(1964—1968)	2014—11	28.00	378
IMO 50年.第3卷(1969—1973)	2014—09	28.00	379
IMO 50年.第4卷(1974—1978)	即将出版		380
IMO 50年.第5卷(1979—1984)	即将出版		381
IMO 50年.第6卷(1985—1989)	2015—04	58.00	382
IMO 50年.第7卷(1990—1994)	即将出版		383
IMO 50年.第8卷(1995—1999)	即将出版		384
IMO 50年.第9卷(2000—2004)	2015—04	58.00	385
IMO 50年.第10卷(2005—2008)	即将出版		386
历届美国大学生数学竞赛试题集.第一卷(1938—1949)	2015—01	28.00	397
历届美国大学生数学竞赛试题集.第二卷(1950—1959)	2015—01	28.00	398
历届美国大学生数学竞赛试题集.第三卷(1960—1969)	2015—01	28.00	399
历届美国大学生数学竞赛试题集.第四卷(1970—1979)	2015—01	18.00	400
历届美国大学生数学竞赛试题集.第五卷(1980—1989)	2015—01	28.00	401
历届美国大学生数学竞赛试题集.第六卷(1990—1999)	2015—01	28.00	402
历届美国大学生数学竞赛试题集.第七卷(2000—2009)	即将出版		403
历届美国大学生数学竞赛试题集.第八卷(2010—2012)	2015—01	18.00	404

哈尔滨工业大学出版社刘培杰数学工作室
已出版(即将出版)图书目录

书　名	出版时间	定　价	编号
新课标高考数学创新题解题诀窍:总论	2014—09	28.00	372
新课标高考数学创新题解题诀窍:必修1～5分册	2014—08	38.00	373
新课标高考数学创新题解题诀窍:选修2—1,2—2,1—1,1—2分册	2014—09	38.00	374
新课标高考数学创新题解题诀窍:选修2—3,4—4,4—5分册	2014—09	18.00	375
全国重点大学自主招生英文数学试题全攻略:词汇卷	即将出版		410
全国重点大学自主招生英文数学试题全攻略:概念卷	2015—01	28.00	411
全国重点大学自主招生英文数学试题全攻略:文章选读卷(上)	即将出版		412
全国重点大学自主招生英文数学试题全攻略:文章选读卷(下)	即将出版		413
全国重点大学自主招生英文数学试题全攻略:试题卷	即将出版		414
全国重点大学自主招生英文数学试题全攻略:名著欣赏卷	即将出版		415

联系地址:哈尔滨市南岗区复华四道街10号　哈尔滨工业大学出版社刘培杰数学工作室
网　　址:http://lpj.hit.edu.cn/
邮　　编:150006
联系电话:0451—86281378　　13904613167
E-mail:lpj1378@163.com